国家电网有限公司
**STATE GRID**
CORPORATION OF CHINA

# 电网生产技术改造与设备大修项目
# 典型造价汇编

## 通信 / 继电保护 / 自动化技改检修分册

国家电网有限公司设备管理部　组编

中国电力出版社
CHINA ELECTRIC POWER PRESS

## 内 容 提 要

本书为《电网生产技术改造与设备大修项目典型造价汇编（2023 年版） 通信/继电保护/自动化技改检修分册》，共分为四部分：第一部分为通信（技改）专业，第二部分为继电保护（技改）专业，第三部分为自动化（技改）专业，第四部分为通信（检修）专业。四部分均分为三篇，其中，第一篇为总论，包括概述、编制过程、总说明；第二篇为典型方案造价，包含方案概况、主要技术条件、估算费用、电气设备材料和工程量等内容；第三篇为使用说明。

本书可供电网生产技术改造与设备大修项目管理相关人员、项目评审单位参考使用，也可供从事电力行业规划、设计、建设、运维等相关工作的专业技术人员学习使用。

**图书在版编目（CIP）数据**

电网生产技术改造与设备大修项目典型造价汇编：2023 年版. 通信/继电保护/自动化技改检修分册 / 国家电网有限公司设备管理部组编. —北京：中国电力出版社，2023.12
ISBN 978-7-5198-8524-3

Ⅰ．①电… Ⅱ．①国… Ⅲ．①电网–技改工程–工程造价–中国 Ⅳ．①F426.61

中国国家版本馆 CIP 数据核字（2023）第 248546 号

---

出版发行：中国电力出版社
地　　址：北京市东城区北京站西街 19 号（邮政编码 100005）
网　　址：http://www.cepp.sgcc.com.cn
责任编辑：刘子婷（010-63412785）
责任校对：黄　蓓　李　楠
装帧设计：张俊霞
责任印制：石　雷

---

印　　刷：三河市万龙印装有限公司
版　　次：2023 年 12 月第一版
印　　次：2023 年 12 月北京第一次印刷
开　　本：787 毫米×1092 毫米　16 开本
印　　张：15.75
字　　数：336 千字
印　　数：0001—1000 册
定　　价：68.00 元

---

# 电网生产技术改造与设备大修项目典型造价汇编
## （2023 年版）
### 通信/继电保护/自动化技改检修分册

## 编 委 会

主　　编　吕　军
副 主 编　周宏宇　张贺军
编　　委　刘　昊　李培栋　郑　燕　曾　军　张　凯　吴　强
　　　　　梁　瑜　李景华　吴化君　王国功　杜　平　杨本渤
　　　　　项　薇

## 编 写 组

成　　员　李　瞳　张　恒　王艳芹　吕　琦　张弘扬　高静仁
　　　　　慈文斌　胡　伟　雷　鸣　王林峰　刘雅琼　王梅宝
　　　　　李　明　李　凯　王霖浩　张立杨　秦　昆　卢　斌
　　　　　高宝琪　郭丽娟　赵学花　李　燕　荣高升　倪冬云
　　　　　肖艳利　王　铮　谢海滨　段　兵　安　然　陶　涛
　　　　　郭孟鑫

# 前言

　　电网生产技术改造与设备大修项目（简称项目）规范化管理是落实国家电网有限公司（简称国家电网公司）资产全寿命周期管理提升行动，推动构建现代设备管理体系的重要手段。近年来，随着电力体制改革不断深化，电网运行安全、质量和效益管理要求不断提升，对项目精益管理水平提出更高要求。

　　为进一步提升项目规范化管理水平及造价计列精准性，2021年始，国家电网公司组织有关单位，依据国家最新定额标准，结合项目管理实际，在充分调研、精心比选、反复论证的基础上，历时近2年时间，修编完成《电网生产技术改造与设备大修项目典型造价汇编（2023年版）》丛书（简称《2023年版典型造价》）。《2023年版典型造价》汲取了以往电网工程典型造价的编制经验，并充分考虑当前项目立项、实施、结算等环节管理特点，以单项工程为计价单元，优化提炼出具有代表性的典型方案，按照设计规程规范、建设标准和现行的估算编制依据，编制形成典型造价。

　　《2023年版典型造价》共6册，分别为《变电技改分册》《变电检修分册》《输电技改分册》《输电检修分册》《配电技改检修分册》《通信/继电保护/自动化技改检修分册》。涵盖变电、输电、配电、继电保护、自动化、通信6个专业，覆盖0.4～500kV电压等级，涉及30类设备、341个典型项目方案，方案包含方案概况、主要技术条件、估算费用、电气设备材料和工程量等内容。

　　《2023年版典型造价》在编写过程中得到了电力设备运维人员、管理人员，电力工程设计人员、施工人员等的大力支持，在此表示感谢。

　　因时间关系，书中难免有疏漏之处，敬请各位读者批评指正。

电网生产技术改造与设备大修项目

典型造价编制工作组

2023年7月

# 目录

# 第二部分　继电保护（技改）专业

# 第六篇 使用说明 ……………………………………………………… 187

## 第 14 章 典型造价使用说明 ……………………………………… 187

# 第三部分 自动化（技改）专业

# 第七篇 总论 …………………………………………………………… 189

## 第 15 章 概述 ……………………………………………………… 189

## 第 16 章 典型造价编制过程 ……………………………………… 190

## 第 17 章 典型造价总说明 ………………………………………… 191

# 第八篇 典型方案造价 ………………………………………………… 194

## 第 18 章 综合自动化改造 ………………………………………… 194

# 第四部分　通信（检修）专业

# 第一部分
# 通信（技改）专业

# 第一篇 总 论

# 第1章 概 述

为服务国家电网公司"一体四翼"发展战略，支撑现代设备管理体系建设，进一步提升电网生产技术改造与设备大修项目（简称项目）管理水平，提高项目可研、设计、采购、结算质效，国家电网公司委托国网经济技术研究院有限公司（简称国网经研院）、国网河北省电力有限公司（简称国网河北电力）牵头收集整理2019年6月～2023年8月期间各类典型项目，明确技术条件和工程取费标准，在《电网生产技术改造工程典型造价（2017年版）》的基础上，修编形成《电网生产技术改造与设备大修项目典型造价汇编（2023年版）》（简称《2023年版典型造价》）。

《2023年版典型造价》基于标准化设计，遵循"方案典型、造价合理、编制科学"的原则，形成典型方案库。一是方案典型。通过对大量实际工程的统计、分析，结合公司各区域工程建设实际特点，合理归并、科学优化典型方案。二是造价合理。统一典型造价的编制原则、编制深度和编制依据，按照国家电网公司项目建设标准，综合考虑各地区工程建设实际情况，体现近年项目造价的综合平均水平。三是编制科学。典型造价编制工作结合项目管理实际，提出既能满足当前工程要求又有一定代表性的典型方案，根据现行的估算编制依据，优化假设条件，使典型造价更合理、更科学。

《电网生产技术改造与设备大修项目典型造价汇编（2023年版）通信/继电保护/自动化技改检修分册》为第六册，包含通信（技改）、继电保护（技改）、自动化（技改）、通信（检修）四部分，其中通信（技改）专业适用于更换SDH光端机、更换其他通信设备等电网生产技术改造项目。

本分册共分为三篇，第一篇为总论，包括概述、编制过程、总说明；第二篇为典型方案造价，包含方案概况、主要技术条件、估算费用、电气设备材料和工程量等内容；第三篇为使用说明。

本分册典型造价应用时需与实际工作结合，充分考虑电网工程技术进步、国家政策等影响造价的各类因素。一是处理好与工程实际的关系。典型造价与工程实际的侧重点不同，但编制原则、技术条件一致，因此，在应用中可根据两者的特点，相互补充参考。二是因地制宜，加强对各类费用的控制。《2023年版典型造价》按照《电网技术改造工程预算编制与计算规定（2020年版）》（简称《预规》）计算了每个典型方案的具体造价，对于计价依据明确的费用，在实际工程设计评审等管理环节中必须严格把关；对于建设场地征用及清理费用等地区差异较大、计价依据未明确的费用，应进行合理的比较、分析与控制。

# 第2章 典型造价编制过程

典型造价编制工作于 2021 年 7 月启动，2023 年 8 月形成最终成果，期间召开 5 次研讨会，明确各阶段工作任务，对典型方案、估算编制原则和典型造价进行评审，提高典型造价科学性、正确性和合理性。具体编制过程如下：

2021 年 7～9 月，召开启动会，明确编制任务，研讨《电网生产技术改造工程典型造价（2017 年版）》方案设置情况，结合项目实际情况，经多次会议讨论，梳理形成《2023 年版典型造价》方案清单。

2021 年 10～11 月，细化方案清单，明确典型方案的主要技术条件及主要工程量，明确对应的定额子目。在北京召开集中研讨会，审定典型方案的技术条件及设计规模，初步确定定额子目及配套使用规则。

2021 年 12 月～2022 年 4 月，国网经研院、国网河北电力统一编制标准、明确编制依据，各参研单位根据典型方案技术规模、《预规》等计价规范，编制形成典型造价案例库。

2022 年 5～11 月，在编制组内开展互查互审工作，对典型造价案例库的技术规模和定额计费情况征集修改意见，组织多轮修改工作和集中审查工作，统一《2023 年版典型造价》形式。

2022 年 12 月～2023 年 1 月，线上召开电网生产技改与设备大修项目典型造价汇报审查会议，根据审查意见，依据《国网设备部关于印发电网生产技术改造和设备大修项目估算编制指导意见的通知》（设备计划〔2022〕96 号文）调整典型造价估算书，并根据当前市场价格更新主要材料与设备价格。

2023 年 2～6 月，邀请国网湖北省电力有限公司、国网福建省电力有限公司对编制成果进行审查，同期组织第二次编制组内互查互审工作，对审查意见进行集中梳理研讨并对应完成修改工作。

2023 年 6～8 月，国网经研院与国网河北电力完成终稿校审工作。

# 第3章　典型造价总说明

典型造价编制严格执行国家有关法律法规、电网工程技术改造预算编制与计算规定和配套定额、电网检修工程预算编制与计算规定和配套定额，设备材料以 2022 年为价格水平基准年，结合实际工程情况，形成典型造价方案、确定典型造价编制依据。估算书的编制深度和内容符合现行《电网技术改造工程预算编制与计算规定（2020 年版）》及《电网检修工程预算编制与计算规定（2020 年版）》的要求，表现形式遵循《预规》规定的表格形式、项目划分及费用性质划分原则。

## 3.1　典型方案形成过程

本册典型方案从实际工程选取，参考河北、山东、江苏、河南、重庆、辽宁、宁夏、新疆等地区电网生产技术改造项目类型确定，典型方案形成过程如下：

（1）典型方案选择原则：根据造价水平相当的原则，科学合理归并方案，确保方案的适用性、典型性。

（2）典型方案选取：以各地区常见工程为基础，充分考虑地区差异，整理分析典型工程，按专业类型及工程规模形成主体框架。

（3）典型方案确定：根据不同地区、各电压等级电网生产技术改造项目特点，以单项工程为计价单元，优化提炼出具有一定代表性的典型方案。

（4）典型方案主要技术条件：明确典型方案的主要技术条件，确定各方案边界条件及组合原则。

（5）典型方案主要内容：确定各方案具体工作内容。

## 3.2　典型造价编制依据

（1）项目划分及取费执行国家能源局发布的《电网技术改造工程预算编制与计算规定（2020 年版）》及《电网检修工程预算编制与计算规定（2020 年版）》。

（2）定额采用《电网技术改造工程概算定额（2020 年版）》《电网技术改造工程预算定额（2020 年版）》《电网检修工程预算定额（2020 年版）》《电网拆除工程预算定额（2020 年版）》。

（3）措施费取费标准按北京地区（Ⅱ类地区）计取，不计列特殊地区施工增加费。

（4）定额价格水平调整执行《电力工程造价与定额管理总站关于发布 2020 版电网技术改造及检修工程概预算定额 2022 年上半年价格水平调整系数的通知》（定额〔2022〕21 号）相关规定。人工费和材机费调整金额只计取税金，汇总计入总表"编制基准期价差"。

（5）建筑地方材料根据《北京工程造价信息》（月刊〔总第 266 期〕）计列。

（6）电气设备及主要材料价格统一按照《电网工程设备材料信息参考价》（2022 年第三季度）计列，信息价格中未含部分，按照 2022 年第三季度国家电网公司区域工程项目招标中标平均价计列。综合材料价格按《电力建设工程装置性材料综合信息价（2021 年版）》计列。

（7）住房公积金和社会保险费按北京标准执行，分别按 12%和 28.3%（含基本养老保险、失业保险、基本医疗保险、生育保险、工伤保险）计取。

（8）甲供设备材料增值税税金按 13%计列，乙供设备材料及施工增值税税金按 9%计列，设计、监理、咨询等技术服务增值税税金按 6%计列。

（9）建筑、安装、拆除工程取费基数及费率见附录 A，其他费用取费基数及费率见附录 B。

## 3.3 典型造价编制相关说明

典型造价编制过程中通过广泛调研，明确了各专业设计方案的主要技术条件，确定了工程造价的编制原则及依据，具体如下：

（1）各典型造价技术方案中的环境条件按北京地区典型条件考虑，各参数假定条件为地形：平原；地貌：Ⅲ类土；海拔：2000m 以下；气温：−20～45℃。

（2）建筑材料按不含税价考虑，电气设备、主要材料按含税价考虑。

（3）设备、配件按供货至现场考虑，按设备、配件价格及相应计提比例计列卸车费，施工现场的配件保管费已在临时设施费和企业管理费等费用中综合考虑。

（4）设计费除计列基本设计费外，同时计列了施工图预算编制费和竣工图文件编制费，施工图预算若由施工队伍编制，则不应列入设计费中。

（5）多次进场增加费考虑综合情况，实际进出场次数按 1 次考虑。

（6）总费用中不计列基本预备费。

（7）"典型方案工程量表"与"典型方案电气设备材料表"中"序号"列显示内容包含项目划分的序号、定额编码、物料编码。其中项目划分的序号、定额编码与《预规》及定额保持一致。

（8）根据《预规》与定额要求需对定额进行调整时，在定额序号前标"调"，同时分别注明人材机的调整系数，其中"R"表示人工费，"C"表示材料费，"J"表示机械费。根据实际情况，没有与实际工作内容完全一致的定额时，需套用相关定额或其他定额时，在定额序号前标"参"，根据实际情况，定额中的人材机与定额子目明细不同时，套用此定额需在定额序号前加"换"。

## 3.4 典型造价编码规则

典型方案编码含义：

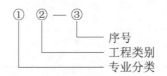

典型方案编码规则分别见表 3－1～表 3－3。

表 3－1 专 业 分 类 编 码 规 则

| 专业分类 | 变电 | 输电 | 配电 | 通信 | 继电保护 | 自动化 |
|---|---|---|---|---|---|---|
| 技改代码 | A | B | C | D | E | F |
| 检修代码 | XA | XB | XC | XD | / | / |

表 3－2 工 程 类 别 编 码 规 则

| 工程类别 | 更换光端机 | | 更换其他通信设备 |
|---|---|---|---|
| 代码 | 1 | | 2 |

表 3－3 序 号 编 码 规 则

| 流水号 | 1 | 2 | 3 | … | N | N+1 |
|---|---|---|---|---|---|---|

## 3.5 典型造价一览表

典型造价一览表为本册方案总览，包含方案编码、方案名称、主设备型号规格、方案规模、方案投资、设备购置费，详见表 3－4。

表 3－4 通信（技改）专业典型造价一览表

| 方案编码 | 方案名称 | 主设备型号规格 | 方案规模 | 方案投资 | 其中：设备购置费 |
|---|---|---|---|---|---|
| D | 通信（技改）专业 | | | | |
| D1 | 更换 SDH 光端机 | | | 万元 | 万元 |
| D1－1 | 更换 110kV SDH 光端机（622Mb/s） | 128×128VC4 | 1 套 | 34.76 | 23.31 |
| D1－2 | 更换 220kV SDH 光端机（2.5Gb/s） | 256×256VC4 | 1 套 | 47.92 | 34.85 |
| D1－3 | 更换 220kV SDH 光端机（10Gb/s） | 768×768VC4 | 1 套 | 82.85 | 66.87 |
| D2 | 更换其他通信设备 | | | 万元 | 万元 |
| D2－1 | 更换 220kV 变电站综合接入设备（32 路） | 32 路 IAD | 1 套 | 8.93 | 3.10 |
| D2－2 | 更换 220kV 变电站通信电源 | 200A，300Ah | 1 套 | 9.54 | 6.61 |
| D2－3 | 更换 220kV 变电站通信蓄电池组 | DC2V，300Ah | 1 套 | 8.08 | 5.21 |
| D2－4 | 更换 220kV 路由器（核心层） | 400Mpps，8 个万兆光，20 个千兆光 | 1 套 | 20.09 | 16.56 |
| D2－5 | 更换 220kV 路由器（汇聚层） | 100Mpps，8 个千兆光，8 个千兆电 | 1 套 | 9.03 | 6.61 |
| D2－6 | 更换 110kV 路由器（接入层） | 15Mpps，8 个千兆光，8 个千兆电 | 1 套 | 2.32 | 0.72 |

# 第二篇 典型方案造价

## 第4章 更换 SDH 光端机

典型方案说明 ▸─────────────────────────────────────────

　　更换光端机典型方案共 3 个，按照电压等级、设备规格、业务接入等分为 110～220kV 不同光传输速率的光端机更换。所有典型方案的工作范围只包含 SDH 光端机设备本体及该光端机配套的电源线缆、光纤、同轴电缆安装以及单台 SDH 光端机主体的拆除，不包含机柜组立、机柜外其他设备和线缆拆除等。

### 4.1 D1-1更换110kV SDH光端机（622Mb/s）

#### 4.1.1 典型方案主要内容

　　本典型方案为单环网中 1 套 622Mb/s 速率的光端机设备更换，内容包括光纤同步数字（SDH）传输设备安装调测；网络管理系统安装调测；数字通信通道安装调测；布放设备电缆，旧设备拆除。

#### 4.1.2 典型方案主要技术条件

　　典型方案 D1-1 主要技术条件见表 4-1。

表 4-1　　　　　　　　　　典型方案 D1-1 主要技术条件

| 方案名称 | 工程主要技术条件 | |
|---|---|---|
| 更换 110kV SDH 光端机（622Mb/s） | 安装环境 | 110kV 变电站 |
| | 传输速率 | 622Mb/s |
| | 10G 业务接口 | 0 |
| | 2.5G 业务接口 | 0 |
| | 622M 业务接口 | 4 |
| | 155M 业务接口 | 0 |
| | 2M 业务接口 | 63 |
| | FE 业务接口 | 8 |

#### 4.1.3 典型方案估算书

　　估算投资为总投资，编制依据按第 3 章要求。典型方案 D1-1 估算书包括总估算汇总表、安装工程专业汇总表、拆除工程专业汇总表、其他费用估算表，分别见表 4-2～表 4-5。

表 4-2 　　　　　　　　　　典型方案 D1-1 总估算汇总表 　　　　　　金额单位：万元

| 序号 | 工程或费用名称 | 含税金额 | 占工程投资的比例（%） | 不含税金额 | 可抵扣增值税金额 |
|---|---|---|---|---|---|
| 一 | 建筑工程费 | | | | |
| 二 | 安装工程费 | 7.59 | 21.84 | 6.96 | 0.63 |
| 三 | 拆除工程费 | 0.1 | 0.29 | 0.09 | 0.01 |
| 四 | 设备购置费 | 23.31 | 67.06 | 20.63 | 2.68 |
| | 其中：编制基准期价差 | 0.17 | 0.49 | 0.17 | |
| 五 | 小计 | 31 | 89.18 | 27.68 | 3.32 |
| | 其中：甲供设备材料费 | 23.4 | 67.32 | 20.71 | 2.69 |
| 六 | 其他费用 | 3.76 | 10.82 | 3.55 | 0.21 |
| 七 | 基本预备费 | | | | |
| 八 | 特殊项目 | | | | |
| 九 | 工程投资合计 | 34.76 | 100 | 31.23 | 3.53 |
| | 其中：可抵扣增值税金额 | 3.53 | | | 3.53 |
| | 其中：施工费 | 7.6 | 21.86 | 6.97 | 0.63 |

表 4-3 　　　　　　　　　　典型方案 D1-1 安装工程专业汇总表 　　　　金额单位：元

| 序号 | 工程或费用名称 | 安装工程费 | | | 设备购置费 | 合计 |
|---|---|---|---|---|---|---|
| | | 未计价材料费 | 安装费 | 小计 | | |
| | 安装工程 | 3848 | 72058 | 75906 | 233137 | 309043 |
| 八 | 通信及远动系统 | 3848 | 72058 | 75906 | 233137 | 309043 |
| 1 | 通信系统 | 3848 | 72058 | 75906 | 233137 | 309043 |
| 1.1 | 光纤通信系统 | 3848 | 72058 | 75906 | 233137 | 309043 |
| | 合计 | 3848 | 72058 | 75906 | 233137 | 309043 |

表 4-4 　　　　　　　　　　典型方案 D1-1 拆除工程专业汇总表 　　　　金额单位：元

| 序号 | 工程或费用名称 | 拆除工程费 |
|---|---|---|
| | 拆除工程 | 979 |
| | 安装拆除 | 979 |
| 八 | 通信及远动系统 | 979 |
| 1 | 通信系统 | 979 |
| 1.1 | 光纤通信系统 | 979 |
| | 合计 | 979 |

| 表 4-5 | | 典型方案 D1-1 其他费用估算表 | 金额单位：元 |
|---|---|---|---|
| 序号 | 工程或费用项目名称 | 编制依据及计算说明 | 合价 |
| 2 | 项目管理费 | | 7496 |
| 2.1 | 管理经费 | （建筑工程费＋安装工程费＋拆除工程费）×3.53% | 2714 |
| 2.2 | 招标费 | （建筑工程费＋安装工程费＋拆除工程费）×1.81% | 1392 |
| 2.3 | 工程监理费 | （建筑工程费＋安装工程费＋拆除工程费）×4.41% | 3391 |
| 3 | 项目技术服务费 | | 30105 |
| 3.1 | 前期工作费 | （建筑工程费＋安装工程费）×3.05% | 2315 |
| 3.3 | 工程勘察设计费 | | 25418 |
| 3.3.2 | 设计费 | 设计费×100% | 25418 |
| 3.4 | 设计文件评审费 | | 1572 |
| 3.4.1 | 初步设计文件评审费 | 基本设计费×3.5% | 754 |
| 3.4.2 | 施工图文件评审费 | 基本设计费×3.8% | 819 |
| 3.5 | 施工过程造价咨询及竣工结算审核费 | （建筑工程费＋安装工程费＋拆除工程费）×0.53% | 800 |
| | 合计 | | 37601 |

### 4.1.4 典型方案电气设备材料表

典型方案 D1-1 电气设备材料表见表 4-6。

| 表 4-6 | 典型方案 D1-1 电气设备材料表 | | | |
|---|---|---|---|---|
| 序号 | 设备或材料名称 | 单位 | 数量 | 备注 |
| | 安装工程 | | | |
| 八 | 通信及远动系统 | | | |
| 1 | 通信系统 | | | |
| 1.1 | 光纤通信系统 | | | |
| 500133260 | SDH 设备 622Mb/s，无，无，4，8，63，无 | 套 | 1 | |
| 500009692 | 数字配线架（DDF），≤40 系统 | 套 | 1 | |
| | 2M 头 | 个 | 126 | |
| 500014805 | 布电线，BV，铜，2.5，1 | m | 40 | |
| 500014865 | 布电线，BV，铜，50，1 | m | 80 | |
| 500011738 | 防火堵料 | t | 0.006 | |

### 4.1.5 典型方案工程量表

典型方案 D1-1 工程量见表 4-7。

表 4-7 典型方案 D1-1 工程量表

| 序号 | 项目名称 | 单位 | 数量 | 备注 |
|------|---------|------|------|------|
|  | 安装工程 |  |  |  |
| 八 | 通信及远动系统 | 元/kVA |  |  |
| 1 | 通信系统 |  |  |  |
| 1.1 | 光纤通信系统 | 元/系统 |  |  |
| JGZ1-5 | 光纤数字传输设备安装调测 SDH光端机 2.5Gbit/s 以下 | 套 | 1 |  |
| JGZ6-6 | 配线架安装 配线架 整架 | 架 | 1 |  |
| JGD7-10 | 电缆防火安装 防火堵料 | t | 0.006 |  |
| JGZ1-13 | 数字通信通道调测 数字线路段光端对测 | 方向·系统 | 2 |  |
| JGZ1-14 | 数字通信通道调测 光、电调测中间站配合 | 站 | 1 |  |
| JGZ15-1 | 业务接入 电口业务 | 条 | 63 |  |
|  | 拆除工程 |  |  |  |
|  | 安装拆除 |  |  |  |
| 八 | 通信及远动系统 | 元/kVA |  |  |
| 1 | 通信系统 |  |  |  |
| 1.1 | 光纤通信系统 | 元/系统 |  |  |
| 调 CYZ1-2<br>R×0.5<br>C×0.5<br>J×0.5 | 光传输设备拆除 光端机 SDH | 套 | 1 |  |
| 调 CYZ1-40<br>R×0.5<br>C×0.5<br>J×0.5 | 辅助设备拆除 设备电缆 | 100m | 0.800 |  |

## 4.2 D1-2 更换 220kV SDH 光端机（2.5Gb/s）

### 4.2.1 典型方案主要内容

本典型方案为单环网中 1 套 2.5Gb/s 速率的光端机的同等容量设备更换，内容包括光纤同步数字（SDH）传输设备安装调测；网络管理系统安装调测；数字通信通道安装调测；布放设备电缆，旧设备拆除。

### 4.2.2 典型方案主要技术条件

典型方案 D1-2 主要技术条件见表 4-8。

表 4-8 典型方案 D1-2 主要技术条件

| 方案名称 | 工程主要技术条件 | |
|---------|------|------|
| 更换 220kV SDH 光端机<br>（2.5Gb/s） | 安装环境 | 220kV 变电站 |
|  | 传输速率 | 2.5Gb/s |
|  | 10G 业务接口 | 0 |

| 方案名称 | 工程主要技术条件 | |
|---|---|---|
| 更换 220kV SDH 光端机（2.5Gb/s） | 2.5G 业务接口 | 4 |
| | 622M 业务接口 | 4 |
| | 155M 业务接口 | 0 |
| | 2M 业务接口 | 63 |
| | FE 业务接口 | 16 |

### 4.2.3 典型方案估算书

估算投资为总投资，编制依据按第 3 章要求。典型方案 D1-2 估算书包括总估算汇总表、安装工程专业汇总表、拆除工程专业汇总表、其他费用估算表，分别见表 4-9～表 4-12。

表 4-9　　　　　　　　　　**典型方案 D1-2 总估算汇总表**　　　　　　　金额单位：万元

| 序号 | 工程或费用名称 | 含税金额 | 占工程投资的比例（%） | 不含税金额 | 可抵扣增值税金额 |
|---|---|---|---|---|---|
| 一 | 建筑工程费 | | | | |
| 二 | 安装工程费 | 8.09 | 16.88 | 7.42 | 0.67 |
| 三 | 拆除工程费 | 0.1 | 0.21 | 0.09 | 0.01 |
| 四 | 设备购置费 | 34.85 | 72.73 | 30.85 | 4 |
| | 其中：编制基准期价差 | 0.19 | 0.4 | 0.19 | |
| 五 | 小计 | 43.04 | 89.82 | 38.36 | 4.68 |
| | 其中：甲供设备材料费 | 34.94 | 72.91 | 30.93 | 4.01 |
| 六 | 其他费用 | 4.88 | 10.18 | 4.6 | 0.28 |
| 七 | 基本预备费 | | | | |
| 八 | 特殊项目 | | | | |
| 九 | 工程投资合计 | 47.92 | 100 | 42.96 | 4.96 |
| | 其中：可抵扣增值税金额 | 4.96 | | | 4.96 |
| | 其中：施工费 | 8.1 | 16.9 | 7.43 | 0.67 |

表 4-10　　　　　　　　　　**典型方案 D1-2 安装工程专业汇总表**　　　　　　金额单位：元

| 序号 | 工程或费用名称 | 安装工程费 | | | 设备购置费 | 合计 |
|---|---|---|---|---|---|---|
| | | 未计价材料费 | 安装费 | 小计 | | |
| | 安装工程 | 3848 | 77045 | 80893 | 348539 | 429432 |
| 八 | 通信及远动系统 | 3848 | 77045 | 80893 | 348539 | 429432 |
| 1 | 通信系统 | 3848 | 77045 | 80893 | 348539 | 429432 |
| 1.1 | 光纤通信系统 | 3848 | 77045 | 80893 | 348539 | 429432 |
| | 合计 | 3848 | 77045 | 80893 | 348539 | 429432 |

表 4-11　　　　　　　　　　典型方案 D1-2 拆除工程专业汇总表　　　　　　金额单位：元

| 序号 | 工程或费用名称 | 拆除工程费 |
|---|---|---|
| | 拆除工程 | 979 |
| | 安装拆除 | 979 |
| 八 | 通信及远动系统 | 979 |
| 1 | 通信系统 | 979 |
| 1.1 | 光纤通信系统 | 979 |
| | 合计 | 979 |

表 4-12　　　　　　　　　　典型方案 D1-2 其他费用估算表　　　　　　金额单位：元

| 序号 | 工程或费用项目名称 | 编制依据及计算说明 | 合价 |
|---|---|---|---|
| 2 | 项目管理费 | | 7983 |
| 2.1 | 管理经费 | （建筑工程费＋安装工程费＋拆除工程费）×3.53% | 2890 |
| 2.2 | 招标费 | （建筑工程费＋安装工程费＋拆除工程费）×1.81% | 1482 |
| 2.3 | 工程监理费 | （建筑工程费＋安装工程费＋拆除工程费）×4.41% | 3611 |
| 3 | 项目技术服务费 | | 40771 |
| 3.1 | 前期工作费 | （建筑工程费＋安装工程费）×3.05% | 2467 |
| 3.3 | 工程勘察设计费 | | 35319 |
| 3.3.2 | 设计费 | 设计费×100% | 35319 |
| 3.4 | 设计文件评审费 | | 2185 |
| 3.4.1 | 初步设计文件评审费 | 基本设计费×3.5% | 1048 |
| 3.4.2 | 施工图文件评审费 | 基本设计费×3.8% | 1137 |
| 3.5 | 施工过程造价咨询及竣工结算审核费 | （建筑工程费＋安装工程费＋拆除工程费）×0.53% | 800 |
| | 合计 | | 48754 |

### 4.2.4　典型方案电气设备材料表

典型方案 D1-2 电气设备材料表见表 4-13。

表 4-13　　　　　　　　　　典型方案 D1-2 电气设备材料表

| 序号 | 设备或材料名称 | 单位 | 数量 | 备注 |
|---|---|---|---|---|
| | 安装工程 | | | |
| 八 | 通信及远动系统 | | | |
| 1 | 通信系统 | | | |
| 1.1 | 光纤通信系统 | | | |
| 500133814 | SDH 设备 2.5Gb/s，无，4，6，16，63，无 | 套 | 1 | |
| 500009692 | 数字配线架（DDF），≤40 系统 | 套 | 1 | |
| | 2M 头 | 个 | 126 | |
| 500014805 | 布电线，BV，铜，2.5，1 | m | 40 | |
| 500014865 | 布电线，BV，铜，50，1 | m | 80 | |
| 500011738 | 防火堵料 | t | 0.006 | |

4.2.5　典型方案工程量表

典型方案 D1－2 工程量见表 4－14。

表 4－14　　　　　　　　　　　典型方案 D1－2 工程量表

| 序号 | 项目名称 | 单位 | 数量 | 备注 |
|---|---|---|---|---|
| | 安装工程 | | | |
| 八 | 通信及远动系统 | 元/kVA | | |
| 1 | 通信系统 | | | |
| 1.1 | 光纤通信系统 | 元/系统 | | |
| JGZ1－5 | 光纤数字传输设备安装调测　SDH 光端机　2.5Gbit/s 以下 | 套 | 1 | |
| JGZ6－6 | 配线架安装　配线架　整架 | 架 | 1 | |
| JGD7－10 | 电缆防火安装　防火堵料 | t | 0.006 | |
| JGZ1－13 | 数字通信通道调测　数字线路段光端对测 | 方向·系统 | 4 | |
| JGZ1－14 | 数字通信通道调测　光、电调测中间站配合 | 站 | 2 | |
| JGZ15－1 | 业务接入　电口业务 | 条 | 63 | |
| | 拆除工程 | | | |
| | 安装拆除 | | | |
| 八 | 通信及远动系统 | 元/kVA | | |
| 1 | 通信系统 | | | |
| 1.1 | 光纤通信系统 | 元/系统 | | |
| 调 CYZ1－2<br>R×0.5<br>C×0.5<br>J×0.5 | 光传输设备拆除　光端机　SDH | 套 | 1 | |
| 调 CYZ1－40<br>R×0.5<br>C×0.5<br>J×0.5 | 辅助设备拆除　设备电缆 | 100m | 0.800 | |

## 4.3　D1-3 更换 220kV SDH 光端机（10Gb/s）

### 4.3.1　典型方案主要内容

本典型方案为单环网中 1 套 10Gb/s 速率的光端机的同等容量设备更换，内容包括光纤同步数字（SDH）传输设备安装调测；网络管理系统安装调测；数字通信通道安装调测；布放设备电缆，旧设备拆除。

### 4.3.2　典型方案主要技术条件

典型方案 D1－3 主要技术条件见表 4－15。

表 4-15　　　　　　　　　　　典型方案 D1-3 主要技术条件

| 方案名称 | 工程主要技术条件 | |
|---|---|---|
| 更换 220kV SDH 光端机（10Gb/s） | 安装环境 | 220kV 变电站 |
| | 传输速率 | 10Gb/s |
| | 10G 业务接口 | 4 |
| | 2.5G 业务接口 | 4 |
| | 622M 业务接口 | 4 |
| | 155M 业务接口 | 0 |
| | 2M 业务接口 | 63 |
| | FE 业务接口 | 4 |

### 4.3.3　典型方案估算书

估算投资为总投资，编制依据按第 3 章要求。典型方案 D1-3 估算书包括总估算汇总表、安装工程专业汇总表、拆除工程专业汇总表、其他费用估算表，分别见表 4-16～表 4-19。

表 4-16　　　　　　　　　典型方案 D1-3 总估算汇总表　　　　　　金额单位：万元

| 序号 | 工程或费用名称 | 含税金额 | 占工程投资的比例（%） | 不含税金额 | 可抵扣增值税金额 |
|---|---|---|---|---|---|
| 一 | 建筑工程费 | | | | |
| 二 | 安装工程费 | 8.19 | 9.89 | 7.51 | 0.68 |
| 三 | 拆除工程费 | 0.1 | 0.12 | 0.09 | 0.01 |
| 四 | 设备购置费 | 66.87 | 80.71 | 59.18 | 7.69 |
| | 其中：编制基准期价差 | 0.19 | 0.23 | 0.19 | |
| 五 | 小计 | 75.16 | 90.72 | 66.78 | 8.38 |
| | 其中：甲供设备材料费 | 66.96 | 80.82 | 59.26 | 7.7 |
| 六 | 其他费用 | 7.69 | 9.28 | 7.25 | 0.44 |
| 七 | 基本预备费 | | | | |
| 八 | 特殊项目 | | | | |
| 九 | 工程投资合计 | 82.85 | 100 | 74.03 | 8.82 |
| | 其中：可抵扣增值税金额 | 8.82 | | | 8.82 |
| | 其中：施工费 | 8.2 | 9.9 | 7.52 | 0.68 |

表 4-17　　　　　　　　　典型方案 D1-3 安装工程专业汇总表　　　　　　金额单位：元

| 序号 | 工程或费用名称 | 安装工程费 | | | 设备购置费 | 合计 |
|---|---|---|---|---|---|---|
| | | 未计价材料费 | 安装费 | 小计 | | |
| | 安装工程 | 3848 | 78050 | 81898 | 668698 | 750596 |
| 八 | 通信及远动系统 | 3848 | 78050 | 81898 | 668698 | 750596 |
| 1 | 通信系统 | 3848 | 78050 | 81898 | 668698 | 750596 |
| 1.1 | 光纤通信系统 | 3848 | 78050 | 81898 | 668698 | 750596 |
| | 合计 | 3848 | 78050 | 81898 | 668698 | 750596 |

表 4-18　　　　　　　　　　典型方案 D1-3 拆除工程专业汇总表　　　　　　金额单位：元

| 序号 | 工程或费用名称 | 拆除工程费 |
|---|---|---|
|  | 拆除工程 | 979 |
|  | 安装拆除 | 979 |
| 八 | 通信及远动系统 | 979 |
| 1 | 通信系统 | 979 |
| 1.1 | 光纤通信系统 | 979 |
|  | 合计 | 979 |

表 4-19　　　　　　　　　　　典型方案 D1-3 其他费用估算表　　　　　　金额单位：元

| 序号 | 工程或费用项目名称 | 编制依据及计算说明 | 合价 |
|---|---|---|---|
| 2 | 项目管理费 |  | 8080 |
| 2.1 | 管理经费 | （建筑工程费+安装工程费+拆除工程费）×3.53% | 2926 |
| 2.2 | 招标费 | （建筑工程费+安装工程费+拆除工程费）×1.81% | 1500 |
| 2.3 | 工程监理费 | （建筑工程费+安装工程费+拆除工程费）×4.41% | 3655 |
| 3 | 项目技术服务费 |  | 68850 |
| 3.1 | 前期工作费 | （建筑工程费+安装工程费）×3.05% | 2498 |
| 3.3 | 工程勘察设计费 |  | 61733 |
| 3.3.2 | 设计费 | 设计费×100% | 61733 |
| 3.4 | 设计文件评审费 |  | 3819 |
| 3.4.1 | 初步设计文件评审费 | 基本设计费×3.5% | 1831 |
| 3.4.2 | 施工图文件评审费 | 基本设计费×3.8% | 1988 |
| 3.5 | 施工过程造价咨询及竣工结算审核费 | （建筑工程费+安装工程费+拆除工程费）×0.53% | 800 |
|  | 合计 |  | 76931 |

### 4.3.4　典型方案电气设备材料表

典型方案 D1-3 电气设备材料表见表 4-20。

表 4-20　　　　　　　　　　　典型方案 D1-3 电气设备材料表

| 序号 | 设备或材料名称 | 单位 | 数量 | 备注 |
|---|---|---|---|---|
|  | 安装工程 |  |  |  |
| 八 | 通信及远动系统 |  |  |  |
| 1 | 通信系统 |  |  |  |
| 1.1 | 光纤通信系统 |  |  |  |
| 500117526 | SDH 设备 10Gb/s，4，4，4，4，63，无 | 套 | 1 |  |
| 500009692 | 数字配线架（DDF），≤40 系统 | 套 | 1 |  |

| 序号 | 设备或材料名称 | 单位 | 数量 | 备注 |
|---|---|---|---|---|
| | 2M 头 | 个 | 126 | |
| 500014805 | 布电线 BV，铜，2.5，1 | m | 40 | |
| 500014865 | 布电线 BV，铜，50，1 | m | 80 | |
| 500011738 | 防火堵料 | t | 0.006 | |

### 4.3.5　典型方案工程量表

典型方案 D1-3 工程量见表 4-21。

**表 4-21**　　　　　　　　　　　**典型方案 D1-3 工程量表**

| 序号 | 项目名称 | 单位 | 数量 | 备注 |
|---|---|---|---|---|
| | 安装工程 | | | |
| 八 | 通信及远动系统 | 元/kVA | | |
| 1 | 通信系统 | | | |
| 1.1 | 光纤通信系统 | 元/系统 | | |
| JGZ1-6 | 光纤数字传输设备安装调测　SDH 光端机　2.5Gbit/s 以上 | 套 | 1 | |
| JGZ6-6 | 配线架安装　配线架　整架 | 架 | 1 | |
| JGD7-10 | 电缆防火安装　防火堵料 | t | 0.006 | |
| JGZ1-13 | 数字通信通道调测　数字线路段光端对测 | 方向·系统 | 4 | |
| JGZ1-14 | 数字通信通道调测　光、电调测中间站配合 | 站 | 2 | |
| JGZ15-1 | 业务接入　电口业务 | 条 | 63 | |
| | 拆除工程 | | | |
| | 安装拆除 | | | |
| 八 | 通信及远动系统 | 元/kVA | | |
| 1 | 通信系统 | | | |
| 1.1 | 光纤通信系统 | 元/系统 | | |
| 调 CYZ1-2<br>R×0.5<br>C×0.5<br>J×0.5 | 光传输设备拆除　光端机　SDH | 套 | 1 | |
| 调 CYZ1-40<br>R×0.5<br>C×0.5<br>J×0.5 | 辅助设备拆除　设备电缆 | 100m | 0.800 | |

# 第5章 更换其他通信设备

典型方案说明

其他通信设备改造典型方案共 6 个，按照电压等级、设备规格、业务接入等分为110～220kV 的其他通信设备更换。其中加装 220kV 变电站综合接入设备工作范围只包含在机柜内对软交换设备单体的安装及附属线缆布放和分线盒安装，不包含对原有设备的拆除、机柜组立、电话安装等，更换 220kV 通信电源及蓄电池组工作范围是包括通信电源的安装和蓄电池组的安装，以及对原通信电源和蓄电池组的拆除，加装路由器分别根据变电站的电压等级、路由器的拓扑层次定位分为了核心层、汇聚层、接入层路由器的安装。

## 5.1 D2-1 更换 220kV 变电站综合接入设备（32 路）

### 5.1.1 典型方案主要内容

本典型方案为 1 套 32 路 IAD 综合设备接入安装，内容包括旧设备拆除，软交换设备安装调测；布放设备电缆；分线设备安装；业务接入、调试。

### 5.1.2 典型方案主要技术条件

典型方案 D2-1 主要技术条件见表 5-1。

表 5-1 典型方案 D2-1 主要技术条件

| 方案名称 | 工程主要技术条件 | |
| --- | --- | --- |
| 更换 220kV 变电站综合接入设备（32 路） | 安装环境 | 220kV 变电站 |
| | 设备类型 | 语音网关 |
| | RJ11 型 POTS | 32 路 |
| | RJ45 以太网口 | 1 路 |
| | RS232 本地维护串口（console） | 1 路 |
| | 网络协议 | MGCP/SIP |

### 5.1.3 典型方案估算书

估算投资为总投资，编制依据按第 3 章要求。典型方案 D2-1 估算书包括总估算汇总表、安装工程专业汇总表、拆除工程专业汇总表、其他费用估算表，分别见表 5-2～表 5-5。

表 5-2　　　　　　　　　　典型方案 D2-1 总估算汇总表　　　　　　　　金额单位：万元

| 序号 | 工程或费用名称 | 含税金额 | 占工程投资的比例（%） | 不含税金额 | 可抵扣增值税金额 |
|---|---|---|---|---|---|
| 一 | 建筑工程费 | | | | |
| 二 | 安装工程费 | 4.43 | 49.61 | 4 | 0.43 |
| 三 | 拆除工程费 | 0.09 | 1.01 | 0.08 | 0.01 |
| 四 | 设备购置费 | 3.1 | 34.71 | 2.74 | 0.36 |
| | 其中：编制基准期价差 | 0.06 | 0.67 | 0.06 | |
| 五 | 小计 | 7.62 | 85.33 | 6.82 | 0.8 |
| | 其中：甲供设备材料费 | 5.16 | 57.78 | 4.57 | 0.59 |
| 六 | 其他费用 | 1.31 | 14.67 | 1.24 | 0.07 |
| 七 | 基本预备费 | | | | |
| 八 | 特殊项目 | | | | |
| 九 | 工程投资合计 | 8.93 | 100 | 8.06 | 0.87 |
| | 其中：可抵扣增值税金额 | 0.87 | | | 0.87 |
| | 其中：施工费 | 2.45 | 27.44 | 2.25 | 0.2 |

表 5-3　　　　　　　　　　典型方案 D2-1 安装工程专业汇总表　　　　　　金额单位：元

| 序号 | 工程或费用名称 | 安装工程费 | | | 设备购置费 | 合计 |
|---|---|---|---|---|---|---|
| | | 未计价材料费 | 安装费 | 小计 | | |
| | 安装工程 | 20720 | 23565 | 44285 | 30954 | 75239 |
| 八 | 通信及远动系统 | 20720 | 23565 | 44285 | 30954 | 75239 |
| 1 | 通信系统 | 20720 | 23565 | 44285 | 30954 | 75239 |
| 1.1 | 光纤通信系统 | 20720 | 23565 | 44285 | 30954 | 75239 |
| | 合计 | 20720 | 23565 | 44285 | 30954 | 75239 |

表 5-4　　　　　　　　　　典型方案 D2-1 拆除工程专业汇总表　　　　　　金额单位：元

| 序号 | 工程或费用名称 | 拆除工程费 |
|---|---|---|
| | 拆除工程 | 915 |
| | 安装拆除 | 915 |
| 八 | 通信及远动系统 | 915 |
| 1 | 通信系统 | 915 |
| 1.1 | 光纤通信系统 | 915 |
| | 合计 | 915 |

**表 5-5** 　　　　　　　　　　**典型方案 D2-1 其他费用估算表**　　　　　　　金额单位：元

| 序号 | 工程或费用项目名称 | 编制依据及计算说明 | 合价 |
|---|---|---|---|
| 2 | 项目管理费 | | 4407 |
| 2.1 | 管理经费 | （建筑工程费＋安装工程费＋拆除工程费）×3.53% | 1596 |
| 2.2 | 招标费 | （建筑工程费＋安装工程费＋拆除工程费）×1.81% | 818 |
| 2.3 | 工程监理费 | （建筑工程费＋安装工程费＋拆除工程费）×4.41% | 1993 |
| 3 | 项目技术服务费 | | 8722 |
| 3.1 | 前期工作费 | （建筑工程费＋安装工程费）×3.05% | 1351 |
| 3.3 | 工程勘察设计费 | | 6188 |
| 3.3.2 | 设计费 | 设计费×100% | 6188 |
| 3.4 | 设计文件评审费 | | 383 |
| 3.4.1 | 初步设计文件评审费 | 基本设计费×3.5% | 184 |
| 3.4.2 | 施工图文件评审费 | 基本设计费×3.8% | 199 |
| 3.5 | 施工过程造价咨询及竣工结算审核费 | （建筑工程费＋安装工程费＋拆除工程费）×0.53% | 800 |
| | 合计 | | 13129 |

## 5.1.4 典型方案电气设备材料表

典型方案 D2-1 电气设备材料表见表 5-6。

**表 5-6** 　　　　　　　　　　**典型方案 D2-1 电气设备材料表**

| 序号 | 设备或材料名称 | 单位 | 数量 | 备注 |
|---|---|---|---|---|
| | 安装工程 | | | |
| 八 | 通信及远动系统 | | | |
| 1 | 通信系统 | | | |
| 1.1 | 光纤通信系统 | | | |
| 500130622 | 接入设备，32 路 IAD | 台 | 1 | |
| 500009689 | 音频配线架（VDF），100～400 回线 | 套 | 1 | |
| 500109068 | 阻燃交联乙烯绝缘钢带铠装聚氯乙烯护套电力电缆 ZR-YJV22　1kV　四芯　25 | km | 0.400 | |
| 500011738 | 防火堵料 | t | 0.006 | |

## 5.1.5 典型方案工程量表

典型方案 D2-1 工程量见表 5-7。

**表 5-7** 　　　　　　　　　　**典型方案 D2-1 工程量表**

| 序号 | 项目名称 | 单位 | 数量 | 备注 |
|---|---|---|---|---|
| | 安装工程 | | | |
| 八 | 通信及远动系统 | 元/kVA | | |

续表

| 序号 | 项目名称 | 单位 | 数量 | 备注 |
|---|---|---|---|---|
| 1 | 通信系统 | | | |
| 1.1 | 光纤通信系统 | 元/系统 | | |
| JGZ1-4 | 光纤数字传输设备安装调测　低速率业务接入设备 | 套 | 1 | |
| JGZ6-10 | 配线架安装　音频配线架 | 架 | 1 | |
| JGD7-1 | 全站电缆敷设　电力电缆 6kV 以下　全站 | 100m | 4 | |
| JGD7-10 | 电缆防火安装　防火堵料 | t | 0.006 | |
| JGZ15-1 | 业务接入　电口业务 | 条 | 16 | |
| JGZ15-3 | 业务接入　以太网业务 | 条 | 1 | |
| | 拆除工程 | | | |
| | 安装拆除 | | | |
| 八 | 通信及远动系统 | 元/kVA | | |
| 1 | 通信系统 | | | |
| 1.1 | 光纤通信系统 | 元/系统 | | |
| 调 CYZ1-6<br>R×0.5<br>C×0.5<br>J×0.5 | 光传输设备拆除　脉冲编码调制（PCM）设备 | 套 | 1 | |
| 调 CYZ1-40<br>R×0.5<br>C×0.5<br>J×0.5 | 辅助设备拆除　设备电缆 | 100m | 4 | |

## 5.2　D2-2 更换 220kV 变电站通信电源

### 5.2.1　典型方案主要内容

本典型方案为更换 220kV 变电站 1 套通信电源（不包括蓄电池组），内容包括高频开关电源屏和交流配电屏安装调测，及高频开关电源屏和交流配电屏拆除。

### 5.2.2　典型方案主要技术条件

典型方案 D2-2 主要技术条件见表 5-8。

表 5-8　　　　　　　典型方案 D2-2 主要技术条件

| 方案名称 | 工程主要技术条件 | |
|---|---|---|
| 更换 220kV 变电站<br>通信电源 | 安装环境 | 220kV 变电站 |
| | 设备类型 | 通信电源 |
| | 电压 | IN AC 380V |
| | 整流模块 | OUT DC-48V |
| | 整流容量 | ≥4 |
| | 屏柜配置 | 200A |

### 5.2.3 典型方案估算书

估算投资为总投资，编制依据按第 3 章要求。典型方案 D2-2 估算书包括总估算汇总表、安装工程专业汇总表、拆除工程专业汇总表、其他费用估算表，分别见表 5-9～表 5-12。

表 5-9　　　　　　　　　　　典型方案 D2-2 总估算汇总表　　　　　　　金额单位：万元

| 序号 | 工程或费用名称 | 含税金额 | 占工程投资的比例（%） | 不含税金额 | 可抵扣增值税金额 |
|---|---|---|---|---|---|
| 一 | 建筑工程费 | | | | |
| 二 | 安装工程费 | 1.79 | 18.76 | 1.61 | 0.18 |
| 三 | 拆除工程费 | 0.09 | 0.94 | 0.08 | 0.01 |
| 四 | 设备购置费 | 6.61 | 69.29 | 5.85 | 0.76 |
| | 其中：编制基准期价差 | 0.02 | 0.21 | 0.02 | |
| 五 | 小计 | 8.49 | 88.99 | 7.54 | 0.95 |
| | 其中：甲供设备材料费 | 7.64 | 80.08 | 6.76 | 0.88 |
| 六 | 其他费用 | 1.05 | 11.01 | 0.99 | 0.06 |
| 七 | 基本预备费 | | | | |
| 八 | 特殊项目 | | | | |
| 九 | 工程投资合计 | 9.54 | 100 | 8.53 | 1.01 |
| | 其中：可抵扣增值税金额 | 1.01 | | | 1.01 |
| | 其中：施工费 | 0.85 | 8.91 | 0.78 | 0.07 |

表 5-10　　　　　　　　　　　典型方案 D2-2 安装工程专业汇总表　　　　　　金额单位：元

| 序号 | 工程或费用名称 | 安装工程费 | | | 设备购置费 | 合计 |
|---|---|---|---|---|---|---|
| | | 未计价材料费 | 安装费 | 小计 | | |
| | 安装工程 | 10373 | 7537 | 17910 | 66063 | 83973 |
| 八 | 通信及远动系统 | 10373 | 7537 | 17910 | 66063 | 83973 |
| 1 | 通信系统 | 10373 | 7537 | 17910 | 66063 | 83973 |
| 1.4 | 通信电源系统 | 10373 | 7537 | 17910 | 66063 | 83973 |
| | 合计 | 10373 | 7537 | 17910 | 66063 | 83973 |

表 5-11　　　　　　　　　　　典型方案 D2-2 拆除工程专业汇总表　　　　　　金额单位：元

| 序号 | 工程或费用名称 | 拆除工程费 |
|---|---|---|
| | 拆除工程 | 937 |
| | 安装拆除 | 937 |
| 八 | 通信及远动系统 | 937 |
| 1 | 通信系统 | 937 |
| 1.4 | 通信电源系统 | 937 |
| | 合计 | 937 |

表 5-12　　　　　　　　　　　　**典型方案 D2-2 其他费用估算表**　　　　　　　　金额单位：元

| 序号 | 工程或费用项目名称 | 编制依据及计算说明 | 合价 |
|---|---|---|---|
| 2 | 项目管理费 | | 1838 |
| 2.1 | 管理经费 | （建筑工程费＋安装工程费＋拆除工程费）×3.53% | 665 |
| 2.2 | 招标费 | （建筑工程费＋安装工程费＋拆除工程费）×1.81% | 341 |
| 2.3 | 工程监理费 | （建筑工程费＋安装工程费＋拆除工程费）×4.41% | 831 |
| 3 | 项目技术服务费 | | 8680 |
| 3.1 | 前期工作费 | （建筑工程费＋安装工程费）×3.05% | 546 |
| 3.3 | 工程勘察设计费 | | 6906 |
| 3.3.2 | 设计费 | 设计费×100% | 6906 |
| 3.4 | 设计文件评审费 | | 427 |
| 3.4.1 | 初步设计文件评审费 | 基本设计费×3.5% | 205 |
| 3.4.2 | 施工图文件评审费 | 基本设计费×3.8% | 222 |
| 3.5 | 施工过程造价咨询及竣工结算审核费 | （建筑工程费＋安装工程费＋拆除工程费）×0.53% | 800 |
| | 合计 | | 10518 |

### 5.2.4　典型方案电气设备材料表

典型方案 D2-2 电气设备材料表见表 5-13。

表 5-13　　　　　　　　　　　　**典型方案 D2-2 电气设备材料表**

| 序号 | 设备或材料名称 | 单位 | 数量 | 备注 |
|---|---|---|---|---|
| | 安装工程 | | | |
| 八 | 通信及远动系统 | | | |
| 1 | 通信系统 | | | |
| 1.4 | 通信电源系统 | | | |
| 500094199 | 直流-48V 通信电源成套设备，200A | 套 | 1 | |
| 500109068 | 阻燃交联乙烯绝缘钢带铠装聚氯乙烯护套电力电缆 ZR-YJV22 1kV 四芯 25 | km | 0.200 | |
| 500011738 | 防火堵料 | t | 0.006 | |

### 5.2.5　典型方案工程量表

典型方案 D2-2 工程量见表 5-14。

表 5-14　　　　　　　　　　　　**典型方案 D2-2 工程量表**

| 序号 | 项目名称 | 单位 | 数量 | 备注 |
|---|---|---|---|---|
| | 安装工程 | | | |
| 八 | 通信及远动系统 | 元/kVA | | |

续表

| 序号 | 项目名称 | 单位 | 数量 | 备注 |
|---|---|---|---|---|
| 1 | 通信系统 | | | |
| 1.4 | 通信电源系统 | 元/系统 | | |
| JGZ3－5 | 高频开关电源安装调测　高频开关电源屏 300A 以下 | 面 | 1 | |
| JGZ3－9 | 配电设备安装调测　配电屏 | 台 | 1 | |
| JGD7－1 | 全站电缆敷设　电力电缆 6kV 以下　全站 | 100m | 2 | |
| JGD7－10 | 电缆防火安装　防火堵料 | t | 0.006 | |
| | 拆除工程 | | | |
| | 安装拆除 | | | |
| 八 | 通信及远动系统 | 元/kVA | | |
| 1 | 通信系统 | | | |
| 1.4 | 通信电源系统 | 元/系统 | | |
| 调CYZ1－21<br>R×0.5<br>C×0.5<br>J×0.5 | 通信电源拆除　高频开关电源屏 | 面 | 1 | |
| 调CYZ1－22<br>R×0.5<br>C×0.5<br>J×0.5 | 通信电源拆除　配电屏 | 面 | 1 | |
| 调CYZ1－40<br>R×0.5<br>C×0.5<br>J×0.5 | 辅助设备拆除　设备电缆 | 100m | 2 | |

## 5.3　D2－3 更换 220kV 变电站通信蓄电池组

### 5.3.1　典型方案主要内容

本典型方案为更换 220kV 变电站 1 套通信蓄电池组,内容包括蓄电池组安装调测及旧蓄电池组拆除。

### 5.3.2　典型方案主要技术条件

典型方案 D2－3 主要技术条件见表 5－15。

表 5－15　　　　　　　　典型方案 D2－3 主要技术条件

| 方案名称 | 工程主要技术条件 | |
|---|---|---|
| 更换 220kV 变电站通信蓄电池组 | 安装环境 | 220kV 变电站 |
| | 设备类型 | 阀控制铅酸蓄电池组 |
| | 电压 | DC 2V |
| | 容量 | 300Ah |

续表

| 方案名称 | 工程主要技术条件 | |
|---|---|---|
| 更换220kV变电站通信蓄电池组 | 电池结构 | 正极板、负极板、AGM隔膜、硫酸电解液、安全阀、电池壳和电池盖等组成 |
| | 浮充电压 | 2.23～2.27V±0.02（25℃） |
| | 均充电压 | 2.35～2.40V<br>随环境变化3mv/℃ |

### 5.3.3　典型方案估算书

估算投资为总投资，编制依据按第3章要求。典型方案D2-3估算书包括总估算汇总表、安装工程专业汇总表、拆除工程专业汇总表、其他费用估算表，分别见表5-16～表5-19。

表5-16　　　　　　　　　　**典型方案D2-3总估算汇总表**　　　　　　金额单位：万元

| 序号 | 工程或费用名称 | 含税金额 | 占工程投资的比例（%） | 不含税金额 | 可抵扣增值税金额 |
|---|---|---|---|---|---|
| 一 | 建筑工程费 | | | | |
| 二 | 安装工程费 | 1.76 | 21.78 | 1.58 | 0.18 |
| 三 | 拆除工程费 | 0.18 | 2.23 | 0.17 | 0.01 |
| 四 | 设备购置费 | 5.21 | 64.48 | 4.61 | 0.6 |
| | 其中：编制基准期价差 | 0.02 | 0.25 | 0.02 | |
| 五 | 小计 | 7.15 | 88.49 | 6.36 | 0.79 |
| | 其中：甲供设备材料费 | 6.24 | 77.23 | 5.52 | 0.72 |
| 六 | 其他费用 | 0.93 | 11.51 | 0.88 | 0.05 |
| 七 | 基本预备费 | | | | |
| 八 | 特殊项目 | | | | |
| 九 | 工程投资合计 | 8.08 | 100 | 7.24 | 0.84 |
| | 其中：可抵扣增值税金额 | 0.84 | | | 0.84 |
| | 其中：施工费 | 0.91 | 11.26 | 0.83 | 0.08 |

表5-17　　　　　　　　　　**典型方案D2-3安装工程专业汇总表**　　　　　　金额单位：元

| 序号 | 工程或费用名称 | 安装工程费 | | | 设备购置费 | 合计 |
|---|---|---|---|---|---|---|
| | | 未计价材料费 | 安装费 | 小计 | | |
| | 安装工程 | 10373 | 7258 | 17630 | 52091 | 69721 |
| 八 | 通信及远动系统 | 10373 | 7258 | 17630 | 52091 | 69721 |
| 1 | 通信系统 | 10373 | 7258 | 17630 | 52091 | 69721 |
| 1.4 | 通信电源系统 | 10373 | 7258 | 17630 | 52091 | 69721 |
| | 合计 | 10373 | 7258 | 17630 | 52091 | 69721 |

表 5-18          典型方案 D2-3 拆除工程专业汇总表          金额单位：元

| 序号 | 工程或费用名称 | 拆除工程费 |
|---|---|---|
|  | 拆除工程 | 1808 |
|  | 安装拆除 | 1808 |
| 八 | 通信及远动系统 | 1808 |
| 1 | 通信系统 | 1808 |
| 1.4 | 通信电源系统 | 1808 |
|  | 合计 | 1808 |

表 5-19          典型方案 D2-3 其他费用估算表          金额单位：元

| 序号 | 工程或费用项目名称 | 编制依据及计算说明 | 合价 |
|---|---|---|---|
| 2 | 项目管理费 |  | 1895 |
| 2.1 | 管理经费 | （建筑工程费＋安装工程费＋拆除工程费）×3.53% | 686 |
| 2.2 | 招标费 | （建筑工程费＋安装工程费＋拆除工程费）×1.81% | 352 |
| 2.3 | 工程监理费 | （建筑工程费＋安装工程费＋拆除工程费）×4.41% | 857 |
| 3 | 项目技术服务费 |  | 7427 |
| 3.1 | 前期工作费 | （建筑工程费＋安装工程费）×3.05% | 538 |
| 3.3 | 工程勘察设计费 |  | 5734 |
| 3.3.2 | 设计费 | 设计费×100% | 5734 |
| 3.4 | 设计文件评审费 |  | 355 |
| 3.4.1 | 初步设计文件评审费 | 基本设计费×3.5% | 170 |
| 3.4.2 | 施工图文件评审费 | 基本设计费×3.8% | 185 |
| 3.5 | 施工过程造价咨询及竣工结算审核费 | （建筑工程费＋安装工程费＋拆除工程费）×0.53% | 800 |
|  | 合计 |  | 9322 |

### 5.3.4 典型方案电气设备材料表

典型方案 D2-3 电气设备材料表见表 5-20。

表 5-20          典型方案 D2-3 电气设备材料表

| 序号 | 设备或材料名称 | 单位 | 数量 | 备注 |
|---|---|---|---|---|
|  | 安装工程 |  |  |  |
| 八 | 通信及远动系统 |  |  |  |
| 1 | 通信系统 |  |  |  |
| 1.4 | 通信电源系统 |  |  |  |
| 500009119 | 蓄电池组，DC2V，300Ah，阀控式密封 | 套 | 1 |  |
| 500108081 | 阻燃交联乙烯绝缘铜丝屏蔽聚氯乙烯护套电力电缆 ZR-YJV 1kV 双芯 70 | km | 0.200 |  |
| 500011738 | 防火堵料 | t | 0.006 |  |

### 5.3.5 典型方案工程量表

典型方案 D2-3 工程量见表 5-21。

表 5-21　　　　　　　　　　典型方案 D2-3 工程量表

| 序号 | 项目名称 | 单位 | 数量 | 备注 |
|---|---|---|---|---|
| | 安装工程 | | | |
| 八 | 通信及远动系统 | 元/kVA | | |
| 1 | 通信系统 | | | |
| 1.4 | 通信电源系统 | 元/系统 | | |
| JGZ3-1 | 蓄电池安装调测　48V 阀控式密封铅酸蓄电池　500Ah 以下 | 组 | 1 | |
| JGD7-1 | 全站电缆敷设　电力电缆 6kV 以下　全站 | 100m | 2 | |
| JGD7-10 | 电缆防火安装　防火堵料 | t | 0.006 | |
| | 拆除工程 | | | |
| | 安装拆除 | | | |
| 八 | 通信及远动系统 | 元/kVA | | |
| 1 | 通信系统 | | | |
| 1.4 | 通信电源系统 | 元/系统 | | |
| 调 CYD5-4 R×0.5 C×0.5 J×0.5 | 蓄电池组拆除　蓄电池组 300Ah | 组 | 1 | |
| 调 CYZ1-40 R×0.5 C×0.5 J×0.5 | 辅助设备拆除　设备电缆 | 100m | 2 | |

## 5.4　D2-4 更换 220kV 路由器（核心层）

### 5.4.1 典型方案主要内容

本典型方案为单环网中 1 套核心层路由器的同等容量设备安装，本端配置 8 个万兆光连接，20 个千兆光连接，不考虑对端业务扩容。内容包括路由器安装调测，网络系统调试，布放设备电缆，旧设备拆除。

### 5.4.2 典型方案主要技术条件

典型方案 D2-4 主要技术条件见表 5-22。

表 5-22　　　　　　　　　　典型方案 D2-4 主要技术条件

| 方案名称 | 工程主要技术条件 | |
|---|---|---|
| 更换 220kV 路由器 （核心层） | 安装环境 | 220kV 变电站 |
| | 设备类型 | 路由器（核心层） |

| 方案名称 | 工程主要技术条件 | |
|---|---|---|
| | 端口结构 | 模块化 |
| 更换 220kV 路由器（核心层） | 网络安全 | 支持 ACL 报文过滤；支持 URPF、GTSM、DHCP Snooping；支持防 ARP 攻击、防 DOS/DDOS 攻击；支持 MAC 地址限制、MAC 与 IP 绑定；支持 SSH、SSH v2；支持 NetStream |
| | MPLS 特性 | 支持 MPLS TE；支持 MPLS/BGP VPN；支持三种跨域实现方式；支持组播 VPN；支持 MPLS – TP |

### 5.4.3　典型方案估算书

估算投资为总投资，编制依据按第 3 章要求。典型方案 D2-4 估算书包括总估算汇总表、安装工程专业汇总表、拆除工程专业汇总表、其他费用估算表，分别见表 5-23～表 5-26。

表 5-23　　　　　　　　　**典型方案 D2-4 总估算汇总表**　　　　　金额单位：万元

| 序号 | 工程或费用名称 | 含税金额 | 占工程投资的比例（%） | 不含税金额 | 可抵扣增值税金额 |
|---|---|---|---|---|---|
| 一 | 建筑工程费 | | | | |
| 二 | 安装工程费 | 1.69 | 8.41 | 1.55 | 0.14 |
| 三 | 拆除工程费 | 0.06 | 0.3 | 0.06 | |
| 四 | 设备购置费 | 16.56 | 82.43 | 14.66 | 1.9 |
| | 其中：编制基准期价差 | 0.04 | 0.2 | 0.04 | |
| 五 | 小计 | 18.31 | 91.14 | 16.27 | 2.04 |
| | 其中：甲供设备材料费 | 16.6 | 82.63 | 14.69 | 1.91 |
| 六 | 其他费用 | 1.78 | 8.86 | 1.68 | 0.1 |
| 七 | 基本预备费 | | | | |
| 八 | 特殊项目 | | | | |
| 九 | 工程投资合计 | 20.09 | 100 | 17.95 | 2.14 |
| | 其中：可抵扣增值税金额 | 2.14 | | | 2.14 |
| | 其中：施工费 | 1.71 | 8.51 | 1.57 | 0.14 |

表 5-24　　　　　　　　　**典型方案 D2-4 安装工程专业汇总表**　　　　金额单位：元

| 序号 | 工程或费用名称 | 安装工程费 | | | 设备购置费 | 合计 |
|---|---|---|---|---|---|---|
| | | 未计价材料费 | 安装费 | 小计 | | |
| | 安装工程 | 446 | 16448 | 16894 | 165647 | 182542 |
| 八 | 通信及远动系统 | 446 | 16448 | 16894 | 165647 | 182542 |
| 1 | 通信系统 | 446 | 16448 | 16894 | 165647 | 182542 |
| 1.1 | 光纤通信系统 | 446 | 16448 | 16894 | 165647 | 182542 |
| | 合计 | 446 | 16448 | 16894 | 165647 | 182542 |

表 5－25　　　　　　　　　典型方案 D2－4 拆除工程专业汇总表　　　　　　　金额单位：元

| 序号 | 工程或费用名称 | 拆除工程费 |
|---|---|---|
| | 拆除工程 | 572 |
| | 安装拆除 | 572 |
| 八 | 通信及远动系统 | 572 |
| 1 | 通信系统 | 572 |
| 1.1 | 光纤通信系统 | 572 |
| | 合计 | 572 |

表 5－26　　　　　　　　　典型方案 D2－4 其他费用估算表　　　　　　　金额单位：元

| 序号 | 工程或费用项目名称 | 编制依据及计算说明 | 合价 |
|---|---|---|---|
| 2 | 项目管理费 | | 1703 |
| 2.1 | 管理经费 | （建筑工程费＋安装工程费＋拆除工程费）×3.53% | 617 |
| 2.2 | 招标费 | （建筑工程费＋安装工程费＋拆除工程费）×1.81% | 316 |
| 2.3 | 工程监理费 | （建筑工程费＋安装工程费＋拆除工程费）×4.41% | 770 |
| 3 | 项目技术服务费 | | 16070 |
| 3.1 | 前期工作费 | （建筑工程费＋安装工程费）×3.05% | 515 |
| 3.3 | 工程勘察设计费 | | 13895 |
| 3.3.2 | 设计费 | 设计费×100% | 13895 |
| 3.4 | 设计文件评审费 | | 860 |
| 3.4.1 | 初步设计文件评审费 | 基本设计费×3.5% | 412 |
| 3.4.2 | 施工图文件评审费 | 基本设计费×3.8% | 447 |
| 3.5 | 施工过程造价咨询及竣工结算审核费 | （建筑工程费＋安装工程费＋拆除工程费）×0.53% | 800 |
| | 合计 | | 17773 |

### 5.4.4　典型方案电气设备材料表

典型方案 D2－4 电气设备材料表见表 5－27。

表 5－27　　　　　　　　　典型方案 D2－4 电气设备材料表

| 序号 | 设备或材料名称 | 单位 | 数量 | 备注 |
|---|---|---|---|---|
| | 安装工程 | | | |
| 八 | 通信及远动系统 | | | |
| 1 | 通信系统 | | | |
| 1.1 | 光纤通信系统 | | | |
| 500114932 | 路由器高端，核心层，网络路由器，400Mpps，8 个万兆，20 个千兆光 | 台 | 1 | |
| 700000002 | 超五类网络通信线 | m | 150 | |
| 500014805 | 布电线 BV，铜，2.5，1 | m | 50 | |

5.4.5　典型方案工程量表

典型方案 D2－4 工程量见表 5－28。

表 5－28　　　　　　　　　　　　　典型方案 D2－4 工程量表

| 序号 | 项目名称 | 单位 | 数量 | 备注 |
|---|---|---|---|---|
| | 安装工程 | | | |
| 八 | 通信及远动系统 | 元/kVA | | |
| 1 | 通信系统 | | | |
| 1.1 | 光纤通信系统 | 元/系统 | | |
| JGZ11－3 | 路由器安装调测　路由器　核心层 | 台 | 1 | |
| JGZ11－27 | 网络系统调试　接入广域网系统调试 | 系统 | 1 | |
| | 拆除工程 | | | |
| | 安装拆除 | | | |
| 八 | 通信及远动系统 | 元/kVA | | |
| 1 | 通信系统 | | | |
| 1.1 | 光纤通信系统 | 元/系统 | | |
| 调 CYZ1－58<br>R×0.5<br>C×0.5<br>J×0.5 | 数据网设备拆除　路由器 | 台 | 1 | |
| 调 CYZ1－40<br>R×0.5<br>C×0.5<br>J×0.5 | 辅助设备拆除　设备电缆 | 100m | 2 | |

## 5.5　D2－5 更换 220kV 路由器（汇聚层）

### 5.5.1　典型方案主要内容

本典型方案为单环网中 1 套汇聚层路由器的同等容量设备安装，本端配置 8 个千兆光连接，8 个千兆电连接，不考虑对端的业务扩容。内容包括路由器安装调测，网络系统调试，布放设备电缆，旧设备拆除。

### 5.5.2　典型方案主要技术条件

典型方案 D2－5 主要技术条件见表 5－29。

表 5－29　　　　　　　　　　　　典型方案 D2－5 主要技术条件

| 方案名称 | 工程主要技术条件 | |
|---|---|---|
| 更换 220kV 路由器<br>（汇聚层） | 安装环境 | 220kV 变电站 |
| | 设备类型 | 路由器（汇聚层） |
| | 端口结构 | 模块化 |

续表

| 方案名称 | 工程主要技术条件 | |
|---|---|---|
| 更换 220kV 路由器（汇聚层） | 网络安全 | 支持 ACL 报文过滤；支持 URPF、GTSM、DHCP Snooping；支持防 ARP 攻击、防 DOS/DDOS 攻击；支持 MAC 地址限制、MAC 与 IP 绑定；支持 SSH、SSH v2；支持 NetStream |
| | MPLS 特性 | 支持 MPLS TE；支持 MPLS/BGP VPN；支持三种跨域实现方式；支持组播 VPN；支持 MPLS－TP |

### 5.5.3　典型方案估算书

估算投资为总投资，编制依据按第 3 章要求。典型方案 D2－5 估算书包括总估算汇总表、安装工程专业汇总表、拆除工程专业汇总表、其他费用估算表，分别见表 5－30～表 5－33。

**表 5－30**　　　　　　　　　　**典型方案 D2－5 总估算汇总表**　　　　　　　　金额单位：万元

| 序号 | 工程或费用名称 | 含税金额 | 占工程投资的比例（%） | 不含税金额 | 可抵扣增值税金额 |
|---|---|---|---|---|---|
| 一 | 建筑工程费 | | | | |
| 二 | 安装工程费 | 1.4 | 15.5 | 1.28 | 0.12 |
| 三 | 拆除工程费 | 0.06 | 0.66 | 0.06 | |
| 四 | 设备购置费 | 6.61 | 73.2 | 5.85 | 0.76 |
| | 其中：编制基准期价差 | 0.04 | 0.44 | 0.04 | |
| 五 | 小计 | 8.07 | 89.37 | 7.19 | 0.88 |
| | 其中：甲供设备材料费 | 6.65 | 73.64 | 5.89 | 0.76 |
| 六 | 其他费用 | 0.96 | 10.63 | 0.91 | 0.05 |
| 七 | 基本预备费 | | | | |
| 八 | 特殊项目 | | | | |
| 九 | 工程投资合计 | 9.03 | 100 | 8.1 | 0.93 |
| | 其中：可抵扣增值税金额 | 0.93 | | | 0.93 |
| | 其中：施工费 | 1.42 | 15.73 | 1.3 | 0.12 |

**表 5－31**　　　　　　　　　　**典型方案 D2－5 安装工程专业汇总表**　　　　　　　金额单位：元

| 序号 | 工程或费用名称 | 安装工程费 | | | 设备购置费 | 合计 |
|---|---|---|---|---|---|---|
| | | 未计价材料费 | 安装费 | 小计 | | |
| | 安装工程 | 446 | 13517 | 13963 | 66116 | 80078 |
| 八 | 通信及远动系统 | 446 | 13517 | 13963 | 66116 | 80078 |
| 1 | 通信系统 | 446 | 13517 | 13963 | 66116 | 80078 |
| 1.1 | 光纤通信系统 | 446 | 13517 | 13963 | 66116 | 80078 |
| | 合计 | 446 | 13517 | 13963 | 66116 | 80078 |

| 表5-32 | 典型方案D2-5拆除工程专业汇总表 | 金额单位：元 |
|---|---|---|
| 序号 | 工程或费用名称 | 拆除工程费 |
|  | 拆除工程 | 572 |
|  | 安装拆除 | 572 |
| 八 | 通信及远动系统 | 572 |
| 1 | 通信系统 | 572 |
| 1.1 | 光纤通信系统 | 572 |
|  | 合计 | 572 |

| 表5-33 | 典型方案D2-5其他费用估算表 |  | 金额单位：元 |
|---|---|---|---|
| 序号 | 工程或费用项目名称 | 编制依据及计算说明 | 合价 |
| 2 | 项目管理费 |  | 1417 |
| 2.1 | 管理经费 | （建筑工程费+安装工程费+拆除工程费）×3.53% | 513 |
| 2.2 | 招标费 | （建筑工程费+安装工程费+拆除工程费）×1.81% | 263 |
| 2.3 | 工程监理费 | （建筑工程费+安装工程费+拆除工程费）×4.41% | 641 |
| 3 | 项目技术服务费 |  | 8219 |
| 3.1 | 前期工作费 | （建筑工程费+安装工程费）×3.05% | 426 |
| 3.3 | 工程勘察设计费 |  | 6586 |
| 3.3.2 | 设计费 | 设计费×100% | 6586 |
| 3.4 | 设计文件评审费 |  | 407 |
| 3.4.1 | 初步设计文件评审费 | 基本设计费×3.5% | 195 |
| 3.4.2 | 施工图文件评审费 | 基本设计费×3.8% | 212 |
| 3.5 | 施工过程造价咨询及竣工结算审核费 | （建筑工程费+安装工程费+拆除工程费）×0.53% | 800 |
|  | 合计 |  | 9637 |

### 5.5.4 典型方案电气设备材料表

典型方案D2-5电气设备材料表见表5-34。

| 表5-34 | 典型方案D2-5电气设备材料表 | | | |
|---|---|---|---|---|
| 序号 | 设备或材料名称 | 单位 | 数量 | 备注 |
|  | 安装工程 |  |  |  |
| 八 | 通信及远动系统 |  |  |  |
| 1 | 通信系统 |  |  |  |
| 1.1 | 光纤通信系统 |  |  |  |
| 500124971 | 路由器中端，汇聚层，网络路由器，100Mpps，8个千兆光，8个千兆电 | 台 | 1 |  |
| 700000002 | 超五类网络通信线 | m | 150 |  |
| 500014805 | 布电线BV，铜，2.5，1 | m | 50 |  |

5.5.5　典型方案工程量表

典型方案 D2－5 工程量见表 5－35。

表 5－35　　　　　　　　　　典型方案 D2－5 工程量表

| 序号 | 项目名称 | 单位 | 数量 | 备注 |
|---|---|---|---|---|
| | 安装工程 | | | |
| 八 | 通信及远动系统 | 元/kVA | | |
| 1 | 通信系统 | | | |
| 1.1 | 光纤通信系统 | 元/系统 | | |
| JGZ11－2 | 路由器安装调测　路由器　汇聚层 | 台 | 1 | |
| JGZ11－27 | 网络系统调试　接入广域网系统调试 | 系统 | 1 | |
| | 拆除工程 | | | |
| | 安装拆除 | | | |
| 八 | 通信及远动系统 | 元/kVA | | |
| 1 | 通信系统 | | | |
| 1.1 | 光纤通信系统 | 元/系统 | | |
| 调 CYZ1－58<br>R×0.5<br>C×0.5<br>J×0.5 | 数据网设备拆除　路由器 | 台 | 1 | |
| 调 CYZ1－40<br>R×0.5<br>C×0.5<br>J×0.5 | 辅助设备拆除　设备电缆 | 100m | 2 | |

# 5.6　D2－6 更换 110kV 路由器（接入层）

## 5.6.1　典型方案主要内容

本典型方案为单环网中 1 套接入层路由器的同等容量设备安装，本端配置 8 个千兆光连接，8 个千兆电连接，不考虑对端的业务扩容。内容包括路由器安装调测，网络系统调试，布放设备电缆，旧设备拆除。

## 5.6.2　典型方案主要技术条件

典型方案 D2－6 主要技术条件见表 5－36。

表 5－36　　　　　　　　　　典型方案 D2－6 主要技术条件

| 方案名称 | 工程主要技术条件 | |
|---|---|---|
| D2－6 更换 110kV 路由器<br>（接入层） | 安装环境 | 110kV 变电站 |
| | 设备类型 | 路由器（接入层） |
| | 端口结构 | 模块化/非模块化 |
| | 堆叠功能 | 可堆叠 |
| | 其他参数 | 支持 RIP，OSPF，ISIS，BGP，MPLS VPN，IP v6 |

### 5.6.3 典型方案估算书

估算投资为总投资,编制依据按第 3 章要求。典型方案 D2-6 估算书包括总估算汇总表、安装工程专业汇总表、拆除工程专业汇总表、其他费用估算表,分别见表 5-37~表 5-40。

表 5-37　　　　　　　　　典型方案 D2-6 总估算汇总表　　　　　　　　金额单位:万元

| 序号 | 工程或费用名称 | 含税金额 | 占工程投资的比例（%） | 不含税金额 | 可抵扣增值税金额 |
|---|---|---|---|---|---|
| 一 | 建筑工程费 | | | | |
| 二 | 安装工程费 | 1.07 | 46.12 | 0.98 | 0.09 |
| 三 | 拆除工程费 | 0.06 | 2.59 | 0.06 | |
| 四 | 设备购置费 | 0.72 | 31.03 | 0.64 | 0.08 |
| | 其中:编制基准期价差 | 0.03 | 1.29 | 0.03 | |
| 五 | 小计 | 1.85 | 79.74 | 1.68 | 0.17 |
| | 其中:甲供设备材料费 | 0.75 | 32.33 | 0.66 | 0.09 |
| 六 | 其他费用 | 0.47 | 20.26 | 0.44 | 0.03 |
| 七 | 基本预备费 | | | | |
| 八 | 特殊项目 | | | | |
| 九 | 工程投资合计 | 2.32 | 100 | 2.12 | 0.2 |
| | 其中:可抵扣增值税金额 | 0.2 | | | 0.2 |
| | 其中:施工费 | 1.09 | 46.98 | 1 | 0.09 |

表 5-38　　　　　　　　　典型方案 D2-6 安装工程专业汇总表　　　　　　　金额单位:元

| 序号 | 工程或费用名称 | 安装工程费 | | | 设备购置费 | 合计 |
|---|---|---|---|---|---|---|
| | | 未计价材料费 | 安装费 | 小计 | | |
| | 安装工程 | 446 | 10207 | 10653 | 7182 | 17834 |
| 八 | 通信及远动系统 | 446 | 10207 | 10653 | 7182 | 17834 |
| 1 | 通信系统 | 446 | 10207 | 10653 | 7182 | 17834 |
| 1.1 | 光纤通信系统 | 446 | 10207 | 10653 | 7182 | 17834 |
| | 合计 | 446 | 10207 | 10653 | 7182 | 17834 |

表 5-39　　　　　　　　　典型方案 D2-6 拆除工程专业汇总表　　　　　　　金额单位:元

| 序号 | 工程或费用名称 | 拆除工程费 |
|---|---|---|
| | 拆除工程 | 572 |
| | 安装拆除 | 572 |
| 八 | 通信及远动系统 | 572 |
| 1 | 通信系统 | 572 |
| 1.1 | 光纤通信系统 | 572 |
| | 合计 | 572 |

表 5-40　　　　　　　　　　　　典型方案 D2-6 其他费用估算表　　　　　　　　　　金额单位：元

| 序号 | 工程或费用项目名称 | 编制依据及计算说明 | 合价 |
|---|---|---|---|
| 2 | 项目管理费 | | 1094 |
| 2.1 | 管理经费 | （建筑工程费＋安装工程费＋拆除工程费）×3.53% | 396 |
| 2.2 | 招标费 | （建筑工程费＋安装工程费＋拆除工程费）×1.81% | 203 |
| 2.3 | 工程监理费 | （建筑工程费＋安装工程费＋拆除工程费）×4.41% | 495 |
| 3 | 项目技术服务费 | | 3631 |
| 3.1 | 前期工作费 | （建筑工程费＋安装工程费）×3.05% | 325 |
| 3.3 | 工程勘察设计费 | | 2360 |
| 3.3.2 | 设计费 | 设计费×100% | 2360 |
| 3.4 | 设计文件评审费 | | 146 |
| 3.4.1 | 初步设计文件评审费 | 基本设计费×3.5% | 70 |
| 3.4.2 | 施工图文件评审费 | 基本设计费×3.8% | 76 |
| 3.5 | 施工过程造价咨询及竣工结算审核费 | （建筑工程费＋安装工程费＋拆除工程费）×0.53% | 800 |
| | 合计 | | 4725 |

### 5.6.4　典型方案电气设备材料表

典型方案 D2-6 电气设备材料表见表 5-41。

表 5-41　　　　　　　　　　　　典型方案 D2-6 电气设备材料表

| 序号 | 设备或材料名称 | 单位 | 数量 | 备注 |
|---|---|---|---|---|
| | 安装工程 | | | |
| 八 | 通信及远动系统 | | | |
| 1 | 通信系统 | | | |
| 1.1 | 光纤通信系统 | | | |
| 500114921 | 路由器低端，接入层，网络路由器，15Mpps，8 个千兆光，8 个千兆电 | 台 | 1 | |
| 700000002 | 超五类网络通信线 | m | 150 | |
| 500014805 | 布电线 BV，铜，2.5，1 | m | 50 | |

### 5.6.5　典型方案工程量表

典型方案 D2-6 工程量见表 5-42。

表 5-42　　　　　　　　　　　　典型方案 D2-6 工程量表

| 序号 | 项目名称 | 单位 | 数量 | 备注 |
|---|---|---|---|---|
| | 安装工程 | | | |
| 八 | 通信及远动系统 | 元/kVA | | |

续表

| 序号 | 项目名称 | 单位 | 数量 | 备注 |
|---|---|---|---|---|
| 1 | 通信系统 | | | |
| 1.1 | 光纤通信系统 | 元/系统 | | |
| JGZ11-1 | 路由器安装调测 路由器 接入层 | 台 | 1 | |
| JGZ11-27 | 网络系统调试 接入广域网系统调试 | 系统 | 1 | |
| | 拆除工程 | | | |
| | 安装拆除 | | | |
| 八 | 通信及远动系统 | 元/kVA | | |
| 1 | 通信系统 | | | |
| 1.1 | 光纤通信系统 | 元/系统 | | |
| 调CYZ1-58<br>R×0.5<br>C×0.5<br>J×0.5 | 数据网设备拆除 路由器 | 台 | 1 | |
| 调CYZ1-40<br>R×0.5<br>C×0.5<br>J×0.5 | 辅助设备拆除 设备电缆 | 100m | 2 | |

# 第三篇　使　用　说　明

## 第6章　典型造价使用说明

### 6.1　典型方案应用范围

本册典型方案主要应用于电网生产技术改造项目估（概）算编制与审核工作，指导编制单位编制电网生产技术改造项目估（概）算，审核单位对比审核实际工程费用，分析费用差异原因。

### 6.2　典型方案应用方法

第一步：分析实际工程的主要技术条件和工程参数。

第二步：根据实际工程的主要技术条件和工程参数，从典型方案库中选择对应方案；若典型方案库中无实际工程的技术条件，则采用类似技术条件的典型方案。

第三步：按照实际工程的工程参数，选择单个方案或多个方案进行拼接。

（1）更换单一构件。

1）选择方案：选取单个方案，并根据实际工程的情况，乘以构件数量，实现工程量累加，得到拟编制工程的工程量。

2）取费及价格水平调整：按照当地取费要求、材机调价水平要求对方案进行调整。

3）工程量调整：根据实际工程与典型方案的差异，对工程量和物料进行调整，得出本体费用。

4）其他费用调整：根据实际工程所在区域调整典型方案中可调整的其他费用项，《预规》中规定的其他费用项计算标准不变，依此标准重新计算实际工程的其他费用。

（2）更换组合构件。

1）选择方案：选取多个方案，并根据实际工程的情况，每个方案乘以对应的构件数量，然后将各方案的工程量进行累加，拼接后得到拟编制工程的工程量。

2）取费及价格水平调整：按照当地取费要求、材机调价水平要求对方案进行调整。

3）工程量调整：根据实际工程与典型方案的差异，对工程量和物料进行调整，得出本体费用。

4）其他费用调整：根据实际工程所在区域调整典型方案中可调整的其他费用项，《预规》中规定的其他费用项计算标准不变，依此标准重新计算实际工程的其他费用。

第四步：得到实际工程造价，并得出实际工程与典型方案的差异。

# 第二部分
# 继电保护（技改）专业

# 第四篇　　总　　　　论

# 第7章　概　　　述

　　为服务国家电网公司"一体四翼"发展战略，支撑现代设备管理体系建设，进一步提升电网生产技术改造与设备大修项目（简称项目）管理水平，提高项目可研、设计、采购、结算质效，国家电网公司委托国网经济技术研究院有限公司（简称国网经研院）、国网河北省电力有限公司（简称国网河北电力）牵头收集整理 2019 年 6 月～2023 年 8 月期间各类典型项目，明确技术条件和工程取费标准，在《电网生产技术改造工程典型造价（2017 年版）》的基础上，修编形成《电网生产技术改造与设备大修项目典型造价汇编（2023 年版）》（简称《2023 年版典型造价》）。

　　《2023 年版典型造价》基于标准化设计，遵循"方案典型、造价合理、编制科学"的原则，形成典型方案库。一是方案典型。通过对大量实际工程的统计、分析，结合公司各区域工程建设实际特点，合理归并、科学优化典型方案。二是造价合理。统一典型造价的编制原则、编制深度和编制依据，按照国家电网公司项目建设标准，综合考虑各地区工程建设实际情况，体现近年项目造价的综合平均水平。三是编制科学。典型造价编制工作结合项目管理实际，提出既能满足当前工程要求又有一定代表性的典型方案，根据现行的概预算编制依据，优化假设条件，使典型造价更合理、更科学。

　　《电网生产技术改造与设备大修项目典型造价汇编（2023 年版）　通信/继电保护/自动化技改检修分册》为第六册，包含通信（技改）、继电保护（技改）、自动化（技改）、通信（检修）四部分，其中继电保护（技改）专业适用于更换主变压器保护、更换母差保护、更换断路器保护、更换线路保护等电网生产技术改造项目。

　　本分册共分为三篇，第一篇为总论，包括概述、编制过程、总说明；第二篇为典型方案造价，包含方案概况、主要技术条件、估算费用、电气设备材料和工程量等内容；第三篇为使用说明。

　　本分册典型造价应用时需与实际工作结合，充分考虑电网工程技术进步、国家政策等影响造价的各类因素。一是处理好与工程实际的关系。典型造价与工程实际的侧重点不同，但编制原则、技术条件一致，因此，在应用中可根据两者的特点，相互补充参考。二是因地制宜，加强对各类费用的控制。《2023 年版典型造价》按照《电网技术改造工程预算编制与计算规定（2020 年版）》（简称《预规》）计算了每个典型方案的具体造价，对于计价依据明确的费用，在实际工程设计评审等管理环节中必须严格把关；对于建设场地征用及清理费用等地区差异较大、计价依据未明确的费用，应进行合理的比较、分析与控制。

# 第8章  典型造价编制过程

典型造价编制工作于 2021 年 7 月启动，2023 年 8 月形成最终成果，期间召开 5 次研讨会，明确各阶段工作任务，对典型方案、估算编制原则和典型造价进行评审，提高典型造价科学性、正确性和合理性。具体编制过程如下：

2021 年 7～9 月，召开启动会，明确编制任务，研讨《电网生产技术改造工程典型造价（2017 年版）》方案设置情况，结合项目实际情况，经多次会议讨论，梳理形成《2023 年版典型造价》方案清单。

2021 年 10～11 月，细化方案清单，明确典型方案的主要技术条件及主要工程量，明确对应的定额子目。在北京召开集中研讨会，审定典型方案的技术条件及设计规模，初步确定定额子目及配套使用规则。

2021 年 12 月～2022 年 4 月，国网经研院、国网河北电力统一编制标准、明确编制依据，各参研单位根据典型方案技术规模、《预规》等计价规范，编制形成典型造价案例库。

2022 年 5～11 月，在编制组内开展互查互审工作，对典型造价案例库的技术规模和定额计费情况征集修改意见，组织多轮修改工作和集中审查工作，统一《2023 年版典型造价》形式。

2022 年 12 月～2023 年 1 月，线上召开电网生产技改与设备大修项目典型造价汇报审查会议，根据审查意见，依据《国网设备部关于印发电网生产技术改造和设备大修项目估算编制指导意见的通知》（设备计划〔2022〕96 号文）调整典型造价估算书，并根据当前市场价格更新主要材料与设备价格。

2023 年 2～6 月，邀请国网湖北省电力有限公司、国网福建省电力有限公司对编制成果进行审查，同期组织第二次编制组内互查互审工作，对审查意见进行集中梳理研讨并对应完成修改工作。

2023 年 6～8 月，国网经研院与国网河北电力完成终稿校审工作。

# 第9章　典型造价总说明

典型造价编制严格执行国家有关法律法规、电网工程技术改造预算编制与计算规定和配套定额、电网检修工程预算编制与计算规定和配套定额，设备材料以 2022 年为价格水平基准年，结合实际工程情况，形成典型造价方案、确定典型造价编制依据。估算书的编制深度和内容符合现行《电网技术改造工程预算编制与计算规定（2020 年版）》及《电网检修工程预算编制与计算规定（2020 年版）》的要求，表现形式遵循《预规》规定的表格形式、项目划分及费用性质划分原则。

## 9.1　典型方案形成过程

本册典型方案从实际工程选取，参考河北、山东、江苏、河南、重庆、辽宁、宁夏、新疆等地区电网生产技术改造项目类型确定，典型方案形成过程如下：

（1）典型方案选择原则：根据造价水平相当的原则，科学合理归并方案，确保方案的适用性、典型性。

（2）典型方案选取：以各地区常见工程为基础，充分考虑地区差异，整理分析典型工程，按专业类型及工程规模形成主体框架。

（3）典型方案确定：根据不同地区、各电压等级电网生产技术改造项目特点，以单项工程为计价单元，优化提炼出具有一定代表性的典型方案。

（4）典型方案主要技术条件：明确典型方案的主要技术条件，确定各方案边界条件及组合原则。

（5）典型方案主要内容：确定各方案具体工作内容。

## 9.2　典型造价编制依据

（1）项目划分及取费执行国家能源局发布的《电网技术改造工程预算编制与计算规定（2020 年版）》及《电网检修工程预算编制与计算规定（2020 年版）》。

（2）定额采用《电网技术改造工程概算定额（2020 年版）》《电网技术改造工程预算定额（2020 年版）》《电网检修工程预算定额（2020 年版）》《电网拆除工程预算定额（2020 年版）》。

（3）措施费取费标准按北京地区（Ⅱ类地区）计取，不计列特殊地区施工增加费。

（4）定额价格水平调整执行《电力工程造价与定额管理总站关于发布 2020 版电网技术改造及检修工程概预算定额 2022 年上半年价格水平调整系数的通知》（定额〔2022〕21 号）相关规定。人工费和材机费调整金额只计取税金，汇总计入总表"编制基准期价差"。

（5）建筑地方材料根据《北京工程造价信息》（月刊〔总第 266 期〕）计列。

（6）电气设备及主要材料价格统一按照《电网工程设备材料信息参考价（2022 年第三季

度）》计列，信息价格中未含部分，按照 2022 年第三季度国家电网公司区域工程项目招标中标平均价计列。综合材料价格按《电力建设工程装置性材料综合信息价（2021 年版）》计列。

（7）住房公积金和社会保险费按北京标准执行，分别按 12% 和 28.3%（含基本养老保险、失业保险、基本医疗保险、生育保险、工伤保险）计取。

（8）甲供设备材料增值税税金按 13% 计列，乙供设备材料及施工增值税税金按 9% 计列，设计、监理、咨询等技术服务增值税税金按 6% 计列。

（9）取费表取费基数及费率见附录 A，其他费用取费基数及费率见附录 C。

## 9.3　典型造价编制相关说明

典型造价编制过程中通过广泛调研，明确了各专业设计方案的主要技术条件，确定了工程造价的编制原则及依据，具体如下：

（1）各典型造价技术方案中的环境条件按北京地区典型条件考虑，各参数假定条件为地形：平原；地貌：Ⅲ类土；海拔：2000m 以下；气温：−20～45℃。

（2）建筑材料按不含税价考虑，电气设备、主要材料按含税价考虑。

（3）设备、配件按供货至现场考虑，按设备、配件价格及相应计提比例计列卸车费，施工现场的配件保管费已在临时设施费和企业管理费等费用中综合考虑。

（4）设计费除计列基本设计费外，同时计列了施工图预算编制费和竣工图文件编制费，施工图预算编制若由施工队伍编制，则不应列入设计费中。

（5）多次进场增加费考虑综合情况，实际进出场次数按 1 次考虑。

（6）总费用中不计列基本预备费。

（7）"典型方案工程量表"与"典型方案电气设备材料表"中"序号"列显示内容包含项目划分的序号、定额编码、物料编码。其中项目划分的序号、定额编码与《预规》及定额保持一致。

（8）根据《预规》与定额要求需对定额进行调整时，在定额序号前标"调"，同时分别注明人材机的调整系数，其中"R"表示人工费，"C"表示材料费，"J"表示机械费。根据实际情况，没有与实际工作内容完全一致的定额时，需套用相关定额或其他定额时，在定额序号前标"参"，根据实际情况，定额中的人材机与定额子目明细不同时，套用此定额需在定额序号前加"换"。

## 9.4　典型造价编码规则

典型方案编码含义：

典型方案编码规则分别见表 9-1～表 9-3。

**表 9-1** 　　　　　　　　　　　　**专 业 分 类 编 码 规 则**

| 专业分类 | 变电 | 输电 | 配电 | 通信 | 继电保护 | 自动化 |
|---|---|---|---|---|---|---|
| 技改代码 | A | B | C | D | E | F |
| 检修代码 | XA | XB | XC | XD | / | / |

**表 9-2** 　　　　　　　　　　　　**工 程 类 别 编 码 规 则**

| 工程类别 | 更换主变压器保护 | 更换母差保护 | 更换断路器保护 | 更换线路保护 |
|---|---|---|---|---|
| 代码 | 1 | 2 | 3 | 4 |

**表 9-3** 　　　　　　　　　　　　**序 号 编 码 规 则**

| 流水号 | 1 | 2 | 3 | ⋯ | N | N+1 |
|---|---|---|---|---|---|---|
| 代码 | 1 | 2 | 3 | ⋯ | N | N+1 |

## 9.5　典型造价一览表

典型造价一览表为本册方案总览，包含方案编码、方案名称、主设备型号规格、方案规模、方案投资、设备购置费，详见表 9-4。

**表 9-4** 　　　　　　　　　　　　**继电保护（技改）专业典型造价一览表**

| 方案编码 | 方案名称 | 主设备型号规格 | 方案规模 | 方案投资 | 其中：设备购置费 |
|---|---|---|---|---|---|
| E | 继电保护（技改）专业 | | | | |
| E1 | 更换主变压器保护 | | | 万元 | 万元 |
| E1-1 | 更换 35kV 主变压器保护 | 主后分开单套配置 | 1 个间隔 | 27.27 | 20.04 |
| E1-2 | 更换 35kV 主变压器保护及附属电缆 | 主后分开单套配置，含附属电缆 | 1 个间隔 | 34.72 | 20.04 |
| E1-3 | 更换 66kV 主变压器保护 | 主后一体双套配置 | 1 个间隔 | 34.27 | 24.68 |
| E1-4 | 更换 66kV 主变压器保护及附属电缆 | 主后一体双套配置，含附属电缆 | 1 个间隔 | 41.20 | 24.68 |
| E1-5 | 更换 110kV 主变压器保护 | 主后一体双套配置 | 1 个间隔 | 36.51 | 26.59 |
| E1-6 | 更换 110kV 主变压器保护及附属电缆 | 主后一体双套配置，含附属电缆 | 1 个间隔 | 46.78 | 26.59 |
| E1-7 | 更换 220kV 主变压器保护 | 主后一体双套配置 | 1 个间隔 | 52.58 | 36.02 |
| E1-8 | 更换 220kV 主变压器保护及附属电缆 | 主后一体双套配置，含附属电缆 | 1 个间隔 | 71.18 | 36.02 |
| E1-9 | 更换 330kV 主变压器保护 | 主后一体双套配置 | 1 个间隔 | 58.68 | 37.18 |
| E1-10 | 更换 330kV 主变压器保护及附属电缆 | 主后一体双套配置，含附属电缆 | 1 个间隔 | 76.50 | 37.18 |

续表

| 方案编码 | 方案名称 | 主设备型号规格 | 方案规模 | 方案投资 | 其中：设备购置费 |
|---|---|---|---|---|---|
| E1－11 | 更换 500kV 主变压器保护 | 主后一体双套配置 | 1 个间隔 | 97.71 | 68.28 |
| E1－12 | 更换 500kV 主变压器保护及附属电缆 | 主后一体双套配置，含附属电缆 | 1 个间隔 | 126.38 | 68.28 |
| E2 | 更换母差保护 | | | 万元 | 万元 |
| E2－1 | 更换 35kV 母差保护 | 单套配置 | 1 组 | 15.68 | 11.90 |
| E2－2 | 更换 35kV 母差保护及附属电缆 | 单套配置，含附属电缆 | 1 组 | 25.76 | 11.90 |
| E2－3 | 更换 66kV 母差保护 | 单套配置 | 1 组 | 18.00 | 13.33 |
| E2－4 | 更换 66kV 母差保护及附属电缆 | 单套配置，含附属电缆 | 1 组 | 29.59 | 13.33 |
| E2－5 | 更换 110kV 母差保护 | 单套配置 | 1 组 | 20.02 | 13.04 |
| E2－6 | 更换 110kV 母差保护及附属电缆 | 单套配置，含附属电缆 | 1 组 | 36.48 | 13.04 |
| E2－7 | 更换 220kV 母差保护 | 双套配置 | 1 组 | 43.61 | 30.37 |
| E2－8 | 更换 220kV 母差保护及附属电缆 | 双套配置，含附属电缆 | 1 组 | 65.28 | 30.37 |
| E2－9 | 更换 330kV 母差保护 | 双套配置 | 1 组 | 48.66 | 32.36 |
| E2－10 | 更换 330kV 母差保护及附属电缆 | 双套配置，含附属电缆 | 1 组 | 88.47 | 32.36 |
| E2－11 | 更换 500kV 母差保护 | 双套配置 | 1 组 | 52.85 | 36.34 |
| E2－12 | 更换 500kV 母差保护及附属电缆 | 双套配置，含附属电缆 | 1 组 | 115.26 | 36.34 |
| E3 | 更换断路器保护 | | | 万元 | 万元 |
| E3－1 | 更换 220kV 断路器保护 | 不含备自投，单套配置 | 1 个间隔 | 20.87 | 14.18 |
| E3－2 | 更换 220kV 断路器保护及附属电缆 | 不含备自投，单套配置，含附属电缆 | 1 个间隔 | 27.72 | 14.18 |
| E3－3 | 更换 330kV 断路器保护 | 不含备自投，单套配置 | 1 个间隔 | 20.92 | 14.28 |
| E3－4 | 更换 330kV 断路器保护及附属电缆 | 不含备自投，单套配置，含附属电缆 | 1 个间隔 | 28.30 | 14.28 |
| E3－5 | 更换 500kV 断路器保护 | 不含备自投，单套配置 | 1 个间隔 | 24.08 | 15.87 |
| E3－6 | 更换 500kV 断路器保护及附属电缆 | 不含备自投，单套配置，含附属电缆 | 1 个间隔 | 30.72 | 15.87 |
| E4 | 更换线路保护 | | | 万元 | 万元 |
| E4－1 | 更换 66kV 线路保护 | 距离、零序保护，单套配置 | 1 个间隔 | 14.46 | 9.98 |
| E4－2 | 更换 66kV 线路保护及附属电缆 | 距离、零序保护，单套配置，含附属电缆 | 1 个间隔 | 26.21 | 9.98 |
| E4－3 | 更换 110kV 线路保护 | 距离、零序保护，单套配置 | 1 个间隔 | 14.41 | 9.75 |
| E4－4 | 更换 110kV 线路保护及附属电缆 | 距离、零序保护，单套配置，含附属电缆 | 1 个间隔 | 25.69 | 9.75 |
| E4－5 | 更换 110kV 线路光差保护 | 光差保护、单套配置 | 1 个间隔 | 16.40 | 11.19 |
| E4－6 | 更换 110kV 线路光差保护及附属电缆 | 光差保护、单套配置，含附属电缆 | 1 个间隔 | 27.68 | 11.19 |
| E4－7 | 更换 220kV 线路保护 | 光差保护，双套配置 | 1 个间隔 | 35.56 | 26.23 |

续表

| 方案编码 | 方案名称 | 主设备型号规格 | 方案规模 | 方案投资 | 其中：设备购置费 |
|---|---|---|---|---|---|
| E4-8 | 更换220kV线路保护及附属电缆 | 光差保护，双套配置，含附属电缆 | 1个间隔 | 54.53 | 26.23 |
| E4-9 | 更换330kV线路保护 | 光差保护，双套配置 | 1个间隔 | 36.88 | 26.63 |
| E4-10 | 更换330kV线路保护及附属电缆 | 光差保护，双套配置，含附属电缆 | 1个间隔 | 55.29 | 26.63 |
| E4-11 | 更换500kV线路保护 | 光差保护，双套配置 | 1个间隔 | 59.98 | 44.74 |
| E4-12 | 更换500kV线路保护及附属电缆 | 光差保护，双套配置，含附属电缆 | 1个间隔 | 89.37 | 44.74 |

# 第五篇 典型方案造价

## 第10章 更换主变压器保护

更换主变保护典型方案共 12 个，包含 35～500kV 不同电压等级的主变压器保护更换。所有典型方案的工作范围均为常规综自变电站内微机保护装置单独组屏单独更换，不考虑保护装置与测控装置同屏安装或配套更换的情况，也不考虑一次设备配合改造的情况。本典型方案不包含智能变电站内保护更换的方案。

### 10.1 E1−1 更换 35kV 主变压器保护

#### 10.1.1 典型方案主要内容

本典型方案为旧保护屏柜和二次电缆拆除、新保护屏柜安装、屏柜接地、屏顶小母线敷设、二次设备间线缆（含低压电力电缆、控制电缆、通信线缆）敷设、二次接线，综自系统、保护信息子站相关参数设置与修改，保护定值整定、装置调试、开关传动。不包括二次电缆沟新增和修整、屏柜基础修整，不包括二次接地网改造，不包括瓦斯继电器、压力释放装置等变压器本体二次设备更换，不包括变压器调压控制装置、风冷控制装置更换。

#### 10.1.2 典型方案主要技术条件

典型方案 E1−1 主要技术条件见表 10−1。

表 10−1 典型方案 E1−1 主要技术条件

| 方案名称 | 工程主要技术条件 | |
| --- | --- | --- |
| | 电压等级 | 35kV |
| | 规格型号 | 主后分开，单套配置 |
| 更换 35kV 主变压器保护 | 组屏方式 | 电气量保护 2 套含非电量保护及操作箱等，组 1 面屏 |
| | 电气参数 | 主变压器容量 10MVA、变比 35/10kV、有载调压 |
| | 主接线方式 | 高压侧内桥接线，低压侧单母线分段接线 |

#### 10.1.3 典型方案估算书

估算投资为总投资，编制依据按第 9 章要求。典型方案 E1−1 估算书包括总估算汇总表、安装工程专业汇总表、拆除工程专业汇总表、其他费用估算表，分别见表 10−2～表 10−5。

**表 10-2**　　　　　　　　　　**典型方案 E1-1 总估算汇总表**　　　　金额单位：万元

| 序号 | 工程或费用名称 | 含税金额 | 占工程投资的比例（%） | 不含税金额 | 可抵扣增值税金额 |
|---|---|---|---|---|---|
| 一 | 建筑工程费 | | | | |
| 二 | 安装工程费 | 4.21 | 15.44 | 3.84 | 0.37 |
| 三 | 拆除工程费 | 0.26 | 0.95 | 0.24 | 0.02 |
| 四 | 设备购置费 | 20.04 | 73.49 | 17.74 | 2.3 |
| | 其中：编制基准期价差 | 0.09 | 0.33 | 0.09 | |
| 五 | 小计 | 24.51 | 89.88 | 21.82 | 2.69 |
| | 其中：甲供设备材料费 | 20.8 | 76.27 | 18.41 | 2.39 |
| 六 | 其他费用 | 2.76 | 10.12 | 2.6 | 0.16 |
| 七 | 基本预备费 | | | | |
| 八 | 特殊项目 | | | | |
| 九 | 工程投资合计 | 27.27 | 100 | 24.42 | 2.85 |
| | 其中：可抵扣增值税金额 | 2.85 | | | 2.85 |
| | 其中：施工费 | 3.7 | 13.57 | 3.39 | 0.31 |

**表 10-3**　　　　　　　　　　**典型方案 E1-1 安装工程专业汇总表**　　　　金额单位：元

| 序号 | 工程或费用名称 | 安装工程费 | | | 设备购置费 | 合计 |
|---|---|---|---|---|---|---|
| | | 未计价材料费 | 安装费 | 小计 | | |
| | 安装工程 | 8838 | 33215 | 42053 | 200350 | 242403 |
| 四 | 控制及直流系统 | 8208 | 8437 | 16646 | 200350 | 216996 |
| 1 | 监控或监测系统 | | | | 100175 | 100175 |
| 1.1 | 计算机监控系统 | | | | 100175 | 100175 |
| 2 | 继电保护装置 | 8208 | 8437 | 16646 | 100175 | 116821 |
| 六 | 电缆防护设施 | 481 | 951 | 1432 | | 1432 |
| 2 | 电缆防火 | 481 | 951 | 1432 | | 1432 |
| 七 | 全站接地 | 149 | 13 | 163 | | 163 |
| 1 | 接地网 | 149 | 13 | 163 | | 163 |
| 九 | 调试 | | 23813 | 23813 | | 23813 |
| 1 | 分系统调试 | | 23813 | 23813 | | 23813 |
| | 合计 | 8838 | 33215 | 42053 | 200350 | 242403 |

**表 10-4**　　　　　　　　　　**典型方案 E1-1 拆除工程专业汇总表**　　　　金额单位：元

| 序号 | 工程或费用名称 | 拆除工程费 |
|---|---|---|
| | 拆除工程 | 2589 |
| | 安装拆除 | 2589 |

续表

| 序号 | 工程或费用名称 | 拆除工程费 |
|---|---|---|
| 四 | 控制及直流系统 | 2589 |
| 1 | 监控或监测系统 | 1417 |
| 1.1 | 计算机监控系统 | 1417 |
| 2 | 继电保护装置 | 1171 |
| | 合计 | 2589 |

表 10-5　　　　　　　　典型方案 E1-1 其他费用估算表　　　　　金额单位：元

| 序号 | 工程或费用项目名称 | 编制依据及计算说明 | 合价 |
|---|---|---|---|
| 2 | 项目管理费 | | 4353 |
| 2.1 | 管理经费 | （建筑工程费＋安装工程费＋拆除工程费）×3.53% | 1576 |
| 2.2 | 招标费 | （建筑工程费＋安装工程费＋拆除工程费）×1.81% | 808 |
| 2.3 | 工程监理费 | （建筑工程费＋安装工程费＋拆除工程费）×4.41% | 1969 |
| 3 | 项目技术服务费 | | 23253 |
| 3.1 | 前期工作费 | （建筑工程费＋安装工程费）×3.05% | 1283 |
| 3.3 | 工程勘察设计费 | | 19937 |
| 3.3.2 | 设计费 | 设计费×100% | 19937 |
| 3.4 | 设计文件评审费 | | 1233 |
| 3.4.1 | 初步设计文件评审费 | 基本设计费×3.5% | 591 |
| 3.4.2 | 施工图文件评审费 | 基本设计费×3.8% | 642 |
| 3.5 | 施工过程造价咨询及竣工结算审核费 | （建筑工程费＋安装工程费＋拆除工程费）×0.53% | 800 |
| | 合计 | | 27605 |

### 10.1.4　典型方案设备材料表

典型方案 E1-1 设备材料表见表 10-6。

表 10-6　　　　　　　　　典型方案 E1-1 设备材料表

| 序号 | 设备或材料名称 | 单位 | 数量 | 备注 |
|---|---|---|---|---|
| | 安装工程 | | | |
| 四 | 控制及直流系统 | | | |
| 1 | 监控或监测系统 | | | |
| 1.1 | 计算机监控系统 | | | |
| 500008705 | 变压器保护，AC35kV | 套 | 1 | |
| 500014805 | 布电线，BV，铜，2.5，1 | km | 0.020 | |
| 500014824 | 布电线，BVR，铜，4，1 | km | 0.020 | |

| 序号 | 设备或材料名称 | 单位 | 数量 | 备注 |
|---|---|---|---|---|
| 500017121 | 网络线，超 5 类，屏蔽 | m | 50 | |
| 500128947 | 通信电缆，RVSP，1.5，2 | m | 50 | |
| 900000001 | 计算机监控系统扩容 | 项 | 1 | |
| 500011727 | 防火涂料 | t | 0.030 | |
| 500011738 | 防火堵料 | t | 0.030 | |
| 500027477 | 布电线，BVR，铜，100，1 | m | 2 | |
| 100000010 | 35kV 变电站控制电缆 | km | 0.350 | |

### 10.1.5　典型方案工程量表

典型方案 E1-1 工程量见表 10-7。

表 10-7　　　　　　　　　典型方案 E1-1 工程量表

| 序号 | 项目名称 | 单位 | 数量 | 备注 |
|---|---|---|---|---|
| | 安装工程 | | | |
| 四 | 控制及直流系统 | | | |
| 1 | 监控或监测系统 | | | |
| 1.1 | 计算机监控系统 | | | |
| JGD4-2 | 控制、保护屏柜安装　保护屏柜　35kV 变电站 | 块 | 1 | |
| JGD7-3 | 全站电缆敷设　控制电缆　全站 | 100m | 3.500 | |
| JGZ7-1 | 布放设备电缆　布放线缆 | 100m | 1 | |
| JGD7-10 | 电缆防火安装　防火堵料 | t | 0.030 | |
| JGD7-11 | 电缆防火安装　防火涂料 | t | 0.030 | |
| 九 | 调试 | | | |
| 1 | 分系统调试 | | | |
| JGS1-2 | 电力变压器系统　35kV | 系统 | 1 | |
| | 拆除工程 | | | |
| | 安装拆除 | | | |
| 四 | 控制及直流系统 | | | |
| CYD4-1 | 控制保护屏拆除　保护二次屏（柜） | 台 | 1 | |
| CYD7-3 | 全站电缆拆除　控制电缆 | 100m | 3.500 | |

## 10.2　E1-2 更换 35kV 主变压器保护及附属电缆

### 10.2.1　典型方案主要内容

本典型方案为旧保护屏柜和二次电缆拆除，新保护屏柜安装、屏柜接地、屏顶小母线敷

设、二次设备间线缆（含低压电力电缆、控制电缆、通信线缆）及至一次设备附属控制电缆敷设、二次接线，综自系统、保护信息子站相关参数设置与修改，保护定值整定、装置调试、开关传动。不包括二次电缆沟新增和修整、屏柜基础修整，不包括二次接地网改造，不包括瓦斯继电器、压力释放装置等变压器本体二次设备更换，不包括变压器调压控制装置、风冷控制装置更换。

### 10.2.2 典型方案主要技术条件

典型方案 E1-2 主要技术条件见表 10-8。

表 10-8　　　　　　　　　　　典型方案 E1-2 主要技术条件

| 方案名称 | 工程主要技术条件 | |
|---|---|---|
| 更换 35kV 主变压器保护及附属电缆 | 电压等级 | 35kV |
| | 规格型号 | 主后分开，单套配置 |
| | 组屏方式 | 电气量保护 2 套含非电量保护及操作箱等，组 1 面屏 |
| | 电气参数 | 主变压器容量 10MVA、变比 35/10kV、有载调压 |
| | 主接线方式 | 高压侧内桥接线，低压侧单母线分段接线 |

### 10.2.3 典型方案估算书

估算投资为总投资，编制依据按第 9 章要求。典型方案 E1-2 估算书包括总估算汇总表、安装工程专业汇总表、拆除工程专业汇总表、其他费用估算表，分别见表 10-9～表 10-12。

表 10-9　　　　　　　　　　典型方案 E1-2 总估算汇总表　　　　　　　　金额单位：万元

| 序号 | 工程或费用名称 | 含税金额 | 占工程投资的比例（%） | 不含税金额 | 可抵扣增值税金额 |
|---|---|---|---|---|---|
| 一 | 建筑工程费 | | | | |
| 二 | 安装工程费 | 9.73 | 28.02 | 8.79 | 0.94 |
| 三 | 拆除工程费 | 0.93 | 2.68 | 0.85 | 0.08 |
| 四 | 设备购置费 | 20.04 | 57.72 | 17.74 | 2.3 |
| | 其中：编制基准期价差 | 0.15 | 0.43 | 0.15 | |
| 五 | 小计 | 30.7 | 88.42 | 27.38 | 3.32 |
| | 其中：甲供设备材料费 | 24.39 | 70.25 | 21.59 | 2.8 |
| 六 | 其他费用 | 4.02 | 11.58 | 3.79 | 0.23 |
| 七 | 基本预备费 | | | | |
| 八 | 特殊项目 | | | | |
| 九 | 工程投资合计 | 34.72 | 100 | 31.17 | 3.55 |
| | 其中：可抵扣增值税金额 | 3.55 | | | 3.55 |
| | 其中：施工费 | 6.3 | 18.15 | 5.78 | 0.52 |

表 10-10　　　　　　　典型方案 E1-2 安装工程专业汇总表　　　　金额单位：元

| 序号 | 工程或费用名称 | 安装工程费 | | | 设备购置费 | 合计 |
|---|---|---|---|---|---|---|
| | | 未计价材料费 | 安装费 | 小计 | | |
| | 安装工程 | 44778 | 52533 | 97311 | 200350 | 297661 |
| 四 | 控制及直流系统 | 44149 | 27755 | 71903 | 200350 | 272253 |
| 1 | 监控或监测系统 | | | | 100175 | 100175 |
| 1.1 | 计算机监控系统 | | | | 100175 | 100175 |
| 2 | 继电保护装置 | 44149 | 27755 | 71903 | 100175 | 172078 |
| 六 | 电缆防护设施 | 481 | 951 | 1432 | | 1432 |
| 2 | 电缆防火 | 481 | 951 | 1432 | | 1432 |
| 七 | 全站接地 | 149 | 13 | 163 | | 163 |
| 1 | 接地网 | 149 | 13 | 163 | | 163 |
| 九 | 调试 | | 23813 | 23813 | | 23813 |
| 1 | 分系统调试 | | 23813 | 23813 | | 23813 |
| | 合计 | 44778 | 52533 | 97311 | 200350 | 297661 |

表 10-11　　　　　　　典型方案 E1-2 拆除工程专业汇总表　　　　金额单位：元

| 序号 | 工程或费用名称 | 拆除工程费 |
|---|---|---|
| | 拆除工程 | 9271 |
| | 安装拆除 | 9271 |
| 四 | 控制及直流系统 | 9271 |
| 1 | 监控或监测系统 | 8099 |
| 1.1 | 计算机监控系统 | 8099 |
| 2 | 继电保护装置 | 1171 |
| | 合计 | 9271 |

表 10-12　　　　　　　典型方案 E1-2 其他费用估算表　　　　金额单位：元

| 序号 | 工程或费用项目名称 | 编制依据及计算说明 | 合价 |
|---|---|---|---|
| 2 | 项目管理费 | | 10392 |
| 2.1 | 管理经费 | （建筑工程费+安装工程费+拆除工程费）×3.53% | 3762 |
| 2.2 | 招标费 | （建筑工程费+安装工程费+拆除工程费）×1.81% | 1929 |
| 2.3 | 工程监理费 | （建筑工程费+安装工程费+拆除工程费）×4.41% | 4700 |
| 3 | 项目技术服务费 | | 29764 |
| 3.1 | 前期工作费 | （建筑工程费+安装工程费）×3.05% | 2968 |
| 3.3 | 工程勘察设计费 | | 24481 |
| 3.3.2 | 设计费 | 设计费×100% | 24481 |

| 序号 | 工程或费用项目名称 | 编制依据及计算说明 | 合价 |
|---|---|---|---|
| 3.4 | 设计文件评审费 | | 1515 |
| 3.4.1 | 初步设计文件评审费 | 基本设计费×3.5% | 726 |
| 3.4.2 | 施工图文件评审费 | 基本设计费×3.8% | 788 |
| 3.5 | 施工过程造价咨询及竣工结算审核费 | （建筑工程费＋安装工程费＋拆除工程费）×0.53% | 800 |
| | 合计 | | 40156 |

## 10.2.4　典型方案设备材料表

典型方案 E1-2 设备材料表见表 10-13。

表 10-13　　　　　　　　　　典型方案 E1-2 设备材料表

| 序号 | 设备或材料名称 | 单位 | 数量 | 备注 |
|---|---|---|---|---|
| | 安装工程 | | | |
| 四 | 控制及直流系统 | | | |
| 1 | 监控或监测系统 | | | |
| 1.1 | 计算机监控系统 | | | |
| 500008705 | 变压器保护，AC35kV | 套 | 1 | |
| 500014805 | 布电线，BV，铜，2.5，1 | km | 0.020 | |
| 500014824 | 布电线，BVR，铜，4，1 | km | 0.020 | |
| 500017121 | 网络线，超5类，屏蔽 | m | 50 | |
| 500128947 | 通信电缆，RVSP，1.5，2 | m | 50 | |
| 900000001 | 计算机监控系统扩容 | 项 | 1 | |
| 500011727 | 防火涂料 | t | 0.030 | |
| 500011738 | 防火堵料 | t | 0.030 | |
| 500027477 | 布电线，BVR，铜，100，1 | m | 2 | |
| 100000010 | 35kV 变电站控制电缆 | km | 2 | |

## 10.2.5　典型方案工程量表

典型方案 E1-2 工程量见表 10-14。

表 10-14　　　　　　　　　　典型方案 E1-2 工程量表

| 序号 | 项目名称 | 单位 | 数量 | 备注 |
|---|---|---|---|---|
| | 安装工程 | | | |
| 四 | 控制及直流系统 | | | |
| 1 | 监控或监测系统 | | | |

续表

| 序号 | 项目名称 | 单位 | 数量 | 备注 |
|---|---|---|---|---|
| 1.1 | 计算机监控系统 | | | |
| JGD4－2 | 控制、保护屏柜安装 保护屏柜 35kV变电站 | 块 | 1 | |
| JGD7－3 | 全站电缆敷设 控制电缆 全站 | 100m | 20 | |
| JGZ7－1 | 布放设备电缆 布放线缆 | 100m | 1 | |
| JGD7－10 | 电缆防火安装 防火堵料 | t | 0.030 | |
| JGD7－11 | 电缆防火安装 防火涂料 | t | 0.030 | |
| 九 | 调试 | | | |
| 1 | 分系统调试 | | | |
| JGS1－2 | 电力变压器系统 35kV | 系统 | 1 | |
| | 拆除工程 | | | |
| | 安装拆除 | | | |
| 四 | 控制及直流系统 | | | |
| CYD4－1 | 控制保护屏拆除 保护二次屏（柜） | 台 | 1 | |
| CYD7－3 | 全站电缆拆除 控制电缆 | 100m | 20 | |

## 10.3 E1－3 更换 66kV 主变压器保护

### 10.3.1 典型方案主要内容

本典型方案为旧保护屏柜和二次电缆拆除，新保护屏柜安装、屏柜接地、屏顶小母线敷设、二次设备间线缆（含低压电力电缆、控制电缆、通信线缆）敷设、二次接线，综自系统、保护信息子站相关参数设置与修改，保护定值整定、装置调试、开关传动。不包括二次电缆沟新增和修整、屏柜基础修整，不包括二次接地网改造，不包括瓦斯继电器、压力释放装置等变压器本体二次设备更换，不包括变压器调压控制装置、风冷控制装置更换。

### 10.3.2 典型方案主要技术条件

典型方案 E1－3 主要技术条件见表 10－15。

表 10－15 典型方案 E1－3 主要技术条件

| 方案名称 | 工程主要技术条件 | |
|---|---|---|
| | 电压等级 | 66kV |
| | 规格型号 | 主后一体，双套配置 |
| 更换 66kV 主变压器保护 | 组屏方式 | 电气量保护 2 套含非电量保护及操作箱等，组 2 面屏 |
| | 电气参数 | 主变压器容量 50MVA、变比 66/10kV、有载调压 |
| | 主接线方式 | 高压侧内桥接线，低压侧单母线分段接线 |

### 10.3.3 典型方案估算书

估算投资为总投资，编制依据按第 9 章要求。典型方案 E1-3 估算书包括总估算汇总表、安装工程专业汇总表、拆除工程专业汇总表、其他费用估算表，分别见表 10-16～表 10-19。

表 10-16　　　　　　　　　　**典型方案 E1-3 总估算汇总表**　　　　　　金额单位：万元

| 序号 | 工程或费用名称 | 含税金额 | 占工程投资的比例（%） | 不含税金额 | 可抵扣增值税金额 |
|---|---|---|---|---|---|
| 一 | 建筑工程费 | | | | |
| 二 | 安装工程费 | 5.71 | 16.66 | 5.22 | 0.49 |
| 三 | 拆除工程费 | 0.38 | 1.11 | 0.35 | 0.03 |
| 四 | 设备购置费 | 24.68 | 72.02 | 21.84 | 2.84 |
| | 其中：编制基准期价差 | 0.13 | 0.38 | 0.13 | |
| 五 | 小计 | 30.77 | 89.79 | 27.41 | 3.36 |
| | 其中：甲供设备材料费 | 25.36 | 74 | 22.44 | 2.92 |
| 六 | 其他费用 | 3.5 | 10.21 | 3.3 | 0.2 |
| 七 | 基本预备费 | | | | |
| 八 | 特殊项目 | | | | |
| 九 | 工程投资合计 | 34.27 | 100 | 30.71 | 3.56 |
| | 其中：可抵扣增值税金额 | 3.56 | | | 3.56 |
| | 其中：施工费 | 5.42 | 15.82 | 4.97 | 0.45 |

表 10-17　　　　　　　　　　**典型方案 E1-3 安装工程专业汇总表**　　　　金额单位：元

| 序号 | 工程或费用名称 | 安装工程费 | | | 设备购置费 | 合计 |
|---|---|---|---|---|---|---|
| | | 未计价材料费 | 安装费 | 小计 | | |
| | 安装工程 | 7939 | 49186 | 57125 | 246831 | 303956 |
| 四 | 控制及直流系统 | 7310 | 17573 | 24883 | 246831 | 271714 |
| 1 | 监控或监测系统 | | | | 100175 | 100175 |
| 1.1 | 计算机监控系统 | | | | 100175 | 100175 |
| 2 | 继电保护装置 | 7310 | 17573 | 24883 | 146656 | 171539 |
| 六 | 电缆防护设施 | 481 | 951 | 1432 | | 1432 |
| 2 | 电缆防火 | 481 | 951 | 1432 | | 1432 |
| 七 | 全站接地 | 149 | 13 | 163 | | 163 |
| 1 | 接地网 | 149 | 13 | 163 | | 163 |
| 九 | 调试 | | 30648 | 30648 | | 30648 |
| 1 | 分系统调试 | | 30648 | 30648 | | 30648 |
| | 合计 | 7939 | 49186 | 57125 | 246831 | 303956 |

表 10－18　　　　　　　典型方案 E1－3 拆除工程专业汇总表　　　　　　金额单位：元

| 序号 | 工程或费用名称 | 拆除工程费 |
|---|---|---|
| | 拆除工程 | 3760 |
| | 安装拆除 | 3760 |
| 四 | 控制及直流系统 | 3760 |
| 1 | 监控或监测系统 | 1417 |
| 1.1 | 计算机监控系统 | 1417 |
| 2 | 继电保护装置 | 2343 |
| | 合计 | 3760 |

表 10－19　　　　　　　　典型方案 E1－3 其他费用估算表　　　　　　　金额单位：元

| 序号 | 工程或费用项目名称 | 编制依据及计算说明 | 合价 |
|---|---|---|---|
| 2 | 项目管理费 | | 5936 |
| 2.1 | 管理经费 | （建筑工程费＋安装工程费＋拆除工程费）×3.53% | 2149 |
| 2.2 | 招标费 | （建筑工程费＋安装工程费＋拆除工程费）×1.81% | 1102 |
| 2.3 | 工程监理费 | （建筑工程费＋安装工程费＋拆除工程费）×4.41% | 2685 |
| 3 | 项目技术服务费 | | 29088 |
| 3.1 | 前期工作费 | （建筑工程费＋安装工程费）×3.05% | 1742 |
| 3.3 | 工程勘察设计费 | | 24999 |
| 3.3.2 | 设计费 | 设计费×100% | 24999 |
| 3.4 | 设计文件评审费 | | 1547 |
| 3.4.1 | 初步设计文件评审费 | 基本设计费×3.5% | 742 |
| 3.4.2 | 施工图文件评审费 | 基本设计费×3.8% | 805 |
| 3.5 | 施工过程造价咨询及竣工结算审核费 | （建筑工程费＋安装工程费＋拆除工程费）×0.53% | 800 |
| | 合计 | | 35024 |

### 10.3.4　典型方案设备材料表

典型方案 E1－3 设备材料表见表 10－20。

表 10－20　　　　　　　　　典型方案 E1－3 设备材料表

| 序号 | 设备或材料名称 | 单位 | 数量 | 备注 |
|---|---|---|---|---|
| | 安装工程 | | | |
| 四 | 控制及直流系统 | | | |
| 2 | 继电保护装置 | | | |
| 500008705 | 变压器保护，AC66kV | 套 | 2 | |
| 500014805 | 布电线，BV，铜，2.5，1 | km | 0.020 | |

| 序号 | 设备或材料名称 | 单位 | 数量 | 备注 |
|---|---|---|---|---|
| 500014824 | 布电线，BVR，铜，4，1 | km | 0.020 | |
| 500017121 | 网络线，超5类，屏蔽 | m | 50 | |
| 500128947 | 通信电缆，RVSP，1.5，2 | m | 50 | |
| 900000001 | 计算机监控系统扩容 | 项 | 1 | |
| 500011727 | 防火涂料 | t | 0.030 | |
| 500011738 | 防火堵料 | t | 0.030 | |
| 500027477 | 布电线，BVR，铜，100，1 | m | 2 | |
| 100000011 | 66kV变电站控制电缆 | km | 0.350 | |

### 10.3.5 典型方案工程量表

典型方案 E1-3 工程量见表 10-21。

表 10-21 典型方案 E1-3 工程量表

| 序号 | 项目名称 | 单位 | 数量 | 备注 |
|---|---|---|---|---|
| | 安装工程 | | | |
| 四 | 控制及直流系统 | | | |
| 2 | 继电保护装置 | | | |
| 调 JGD4-3<br>R×0.88<br>C×0.88<br>J×0.88 | 控制、保护屏柜安装 保护屏柜 110kV 变电站 | 块 | 2 | |
| JGD7-3 | 全站电缆敷设 控制电缆 全站 | 100m | 3.500 | |
| JGZ7-1 | 布放设备电缆 布放线缆 | 100m | 1 | |
| JGD7-10 | 电缆防火安装 防火堵料 | t | 0.030 | |
| JGD7-11 | 电缆防火安装 防火涂料 | t | 0.030 | |
| 调 JGS1-3<br>R×0.88<br>C×0.88<br>J×0.88 | 电力变压器系统 110kV | 系统 | 1 | |
| | 安装拆除 | | | |
| CYD4-1 | 控制保护屏拆除 保护二次屏（柜） | 台 | 2 | |
| CYD7-3 | 全站电缆拆除 控制电缆 | 100m | 3.500 | |

## 10.4 E1-4 更换66kV主变压器保护及附属电缆

### 10.4.1 典型方案主要内容

本典型方案为旧保护屏柜和二次电缆拆除，新保护屏柜安装、屏柜接地、屏顶小母线敷

设、二次设备间线缆（含低压电力电缆、控制电缆、通信线缆）及至一次设备附属控制电缆敷设、二次接线，综自系统、保护信息子站相关参数设置与修改，保护定值整定、装置调试、开关传动。不包括二次电缆沟新增和修整、屏柜基础修整，不包括二次接地网改造，不包括瓦斯继电器、压力释放装置等变压器本体二次设备更换，不包括变压器调压控制装置、风冷控制装置更换。

### 10.4.2　典型方案主要技术条件

典型方案 E1-4 主要技术条件见表 10-22。

**表 10-22　典型方案 E1-4 主要技术条件**

| 方案名称 | 工程主要技术条件 | |
|---|---|---|
| 更换 66kV 主变压器保护及附属电缆 | 电压等级 | 66kV |
| | 规格型号 | 主后一体，双套配置 |
| | 组屏方式 | 电气量保护 2 套含非电量保护及操作箱等，组 2 面屏 |
| | 电气参数 | 主变压器容量 50MVA、变比 66/10kV、有载调压 |
| | 主接线方式 | 高压侧内桥接线，低压侧单母线分段接线 |

### 10.4.3　典型方案估算书

估算投资为总投资，编制依据按第 9 章要求。典型方案 E1-4 估算书包括总估算汇总表、安装工程专业汇总表、拆除工程专业汇总表、其他费用估算表，分别见表 10-23～表 10-26。

**表 10-23　典型方案 E1-4 总估算汇总表**　金额单位：万元

| 序号 | 工程或费用名称 | 含税金额 | 占工程投资的比例（%） | 不含税金额 | 可抵扣增值税金额 |
|---|---|---|---|---|---|
| 一 | 建筑工程费 | | | | |
| 二 | 安装工程费 | 10.81 | 26.24 | 9.79 | 1.02 |
| 三 | 拆除工程费 | 1.04 | 2.52 | 0.95 | 0.09 |
| 四 | 设备购置费 | 24.68 | 59.9 | 21.84 | 2.84 |
| | 其中：编制基准期价差 | 0.2 | 0.49 | 0.2 | |
| 五 | 小计 | 36.53 | 88.67 | 32.58 | 3.95 |
| | 其中：甲供设备材料费 | 28.53 | 69.25 | 25.25 | 3.28 |
| 六 | 其他费用 | 4.67 | 11.33 | 4.41 | 0.26 |
| 七 | 基本预备费 | | | | |
| 八 | 特殊项目 | | | | |
| 九 | 工程投资合计 | 41.20 | 100 | 36.99 | 4.21 |
| | 其中：可抵扣增值税金额 | 4.21 | | | 4.21 |
| | 其中：施工费 | 8.02 | 19.47 | 7.36 | 0.66 |

表 10－24　　　　　　　**典型方案 E1－4 安装工程专业汇总表**　　　　　金额单位：元

| 序号 | 工程或费用名称 | 安装工程费 | | | 设备购置费 | 合计 |
|---|---|---|---|---|---|---|
| | | 未计价材料费 | 安装费 | 小计 | | |
| | 安装工程 | 39641 | 68503 | 108145 | 246831 | 354976 |
| 四 | 控制及直流系统 | 39012 | 36891 | 75903 | 246831 | 322734 |
| 1 | 监控或监测系统 | | | | 100175 | 100175 |
| 1.1 | 计算机监控系统 | | | | 100175 | 100175 |
| 2 | 继电保护装置 | 39012 | 36891 | 75903 | 146656 | 222559 |
| 六 | 电缆防护设施 | 481 | 951 | 1432 | | 1432 |
| 2 | 电缆防火 | 481 | 951 | 1432 | | 1432 |
| 七 | 全站接地 | 149 | 13 | 163 | | 163 |
| 1 | 接地网 | 149 | 13 | 163 | | 163 |
| 九 | 调试 | | 30648 | 30648 | | 30648 |
| 1 | 分系统调试 | | 30648 | 30648 | | 30648 |
| | 合计 | 39641 | 68503 | 108145 | 246831 | 354976 |

表 10－25　　　　　　　**典型方案 E1－4 拆除工程专业汇总表**　　　　　金额单位：元

| 序号 | 工程或费用名称 | 拆除工程费 |
|---|---|---|
| | 拆除工程 | 10442 |
| | 安装拆除 | 10442 |
| 四 | 控制及直流系统 | 10442 |
| 1 | 监控或监测系统 | 8099 |
| 1.1 | 计算机监控系统 | 8099 |
| 2 | 继电保护装置 | 2343 |
| | 合计 | 10442 |

表 10－26　　　　　　　**典型方案 E1－4 其他费用估算表**　　　　　金额单位：元

| 序号 | 工程或费用项目名称 | 编制依据及计算说明 | 合价 |
|---|---|---|---|
| 2 | 项目管理费 | | 11562 |
| 2.1 | 管理经费 | （建筑工程费＋安装工程费＋拆除工程费）×3.53% | 4186 |
| 2.2 | 招标费 | （建筑工程费＋安装工程费＋拆除工程费）×1.81% | 2146 |
| 2.3 | 工程监理费 | （建筑工程费＋安装工程费＋拆除工程费）×4.41% | 5230 |
| 3 | 项目技术服务费 | | 35100 |
| 3.1 | 前期工作费 | （建筑工程费＋安装工程费）×3.05% | 3298 |
| 3.3 | 工程勘察设计费 | | 29195 |
| 3.3.2 | 设计费 | 设计费×100% | 29195 |
| 3.4 | 设计文件评审费 | | 1806 |

| 序号 | 工程或费用项目名称 | 编制依据及计算说明 | 合价 |
|---|---|---|---|
| 3.4.1 | 初步设计文件评审费 | 基本设计费×3.5% | 866 |
| 3.4.2 | 施工图文件评审费 | 基本设计费×3.8% | 940 |
| 3.5 | 施工过程造价咨询及竣工结算审核费 | （建筑工程费＋安装工程费＋拆除工程费）×0.53% | 800 |
| | 合计 | | 46662 |

### 10.4.4　典型方案设备材料表

典型方案 E1-4 设备材料表见表 10-27。

表 10-27　　　　　　　　　典型方案 E1-4 设备材料表

| 序号 | 设备或材料名称 | 单位 | 数量 | 备注 |
|---|---|---|---|---|
| | 安装工程 | | | |
| 四 | 控制及直流系统 | | | |
| 2 | 继电保护装置 | | | |
| 500008705 | 变压器保护，AC66kV | 套 | 2 | |
| 500014805 | 布电线，BV，铜，2.5，1 | km | 0.020 | |
| 500014824 | 布电线，BVR，铜，4，1 | km | 0.020 | |
| 500017121 | 网络线，超5类，屏蔽 | m | 50 | |
| 500128947 | 通信电缆，RVSP，1.5，2 | m | 50 | |
| 900000001 | 计算机监控系统扩容 | 项 | 1 | |
| 500011727 | 防火涂料 | t | 0.030 | |
| 500011738 | 防火堵料 | t | 0.030 | |
| 500027477 | 布电线，BVR，铜，100，1 | m | 2 | |
| 100000011 | 66kV 变电站控制电缆 | km | 2 | |

### 10.4.5　典型方案工程量表

典型方案 E1-4 工程量见表 10-28。

表 10-28　　　　　　　　　典型方案 E1-4 工程量表

| 序号 | 项目名称 | 单位 | 数量 | 备注 |
|---|---|---|---|---|
| | 安装工程 | | | |
| 四 | 控制及直流系统 | | | |
| 2 | 继电保护装置 | | | |
| 调 JGD4-3 R×0.88 C×0.88 J×0.88 | 控制、保护屏柜安装　保护屏柜　110kV 变电站 | 块 | 2 | |

续表

| 序号 | 项目名称 | 单位 | 数量 | 备注 |
|---|---|---|---|---|
| JGD7－3 | 全站电缆敷设　控制电缆　全站 | 100m | 20 | |
| JGZ7－1 | 布放设备电缆　布放线缆 | 100m | 1 | |
| JGD7－10 | 电缆防火安装　防火堵料 | t | 0.030 | |
| JGD7－11 | 电缆防火安装　防火涂料 | t | 0.030 | |
| 调 JGS1－3 R×0.88 C×0.88 J×0.88 | 电力变压器系统　110kV | 系统 | 1 | |
| | 安装拆除 | | | |
| CYD4－1 | 控制保护屏拆除　保护二次屏（柜） | 台 | 2 | |
| CYD7－3 | 全站电缆拆除　控制电缆 | 100m | 20 | |

## 10.5　E1-5 更换 110kV 主变压器保护

### 10.5.1　典型方案主要内容

本典型方案为旧保护屏柜和二次电缆拆除，新保护屏柜安装、屏柜接地、屏顶小母线敷设、二次设备间线缆（含低压电力电缆、控制电缆、通信线缆）敷设、二次接线、综自系统、保护信息子站相关参数设置与修改、保护定值整定、装置调试、开关传动。不包括二次电缆沟新增和修整、屏柜基础修整，不包括二次接地网改造，不包括瓦斯继电器、压力释放装置等变压器本体二次设备更换，不包括变压器调压控制装置、风冷控制装置更换。

### 10.5.2　典型方案主要技术条件

典型方案 E1-5 主要技术条件见表 10-29。

表 10-29　　　　　典型方案 E1-5 主要技术条件

| 方案名称 | 工程主要技术条件 | |
|---|---|---|
| 更换 110kV 主变压器保护 | 电压等级 | 110kV |
| | 规格型号 | 主后一体双套配置 |
| | 组屏方式 | 电气量保护 2 套含非电量保护及操作箱等，组 1 面屏 |
| | 电气参数 | 主变压器容量 50MVA、变比 110/10kV、有载调压 |
| | 主接线方式 | 高压侧、低压侧单母线分段接线 |

### 10.5.3　典型方案估算书

估算投资为总投资，编制依据按第 9 章要求。典型方案 E1-5 估算书包括总估算汇总表、安装工程专业汇总表、拆除工程专业汇总表、其他费用估算表，分别见表 10-30～表 10-33。

**表 10-30**　　　　　　**典型方案 E1-5 总估算汇总表**　　　　金额单位：万元

| 序号 | 工程或费用名称 | 含税金额 | 占工程投资的比例（%） | 不含税金额 | 可抵扣增值税金额 |
|---|---|---|---|---|---|
| 一 | 建筑工程费 | | | | |
| 二 | 安装工程费 | 5.81 | 15.91 | 5.3 | 0.51 |
| 三 | 拆除工程费 | 0.42 | 1.15 | 0.39 | 0.03 |
| 四 | 设备购置费 | 26.59 | 72.83 | 23.53 | 3.06 |
| | 其中：编制基准期价差 | 0.13 | 0.36 | 0.13 | |
| 五 | 小计 | 32.82 | 89.89 | 29.22 | 3.6 |
| | 其中：甲供设备材料费 | 27.39 | 75.02 | 24.24 | 3.15 |
| 六 | 其他费用 | 3.69 | 10.11 | 3.48 | 0.21 |
| 七 | 基本预备费 | | | | |
| 八 | 特殊项目 | | | | |
| 九 | 工程投资合计 | 36.51 | 100 | 32.7 | 3.81 |
| | 其中：可抵扣增值税金额 | 3.81 | | | 3.81 |
| | 其中：施工费 | 5.43 | 14.87 | 4.98 | 0.45 |

**表 10-31**　　　　　　**典型方案 E1-5 安装工程专业汇总表**　　　　金额单位：元

| 序号 | 工程或费用名称 | 安装工程费 | | | 设备购置费 | 合计 |
|---|---|---|---|---|---|---|
| | | 未计价材料费 | 安装费 | 小计 | | |
| | 安装工程 | 9222 | 48877 | 58099 | 265864 | 323963 |
| 四 | 控制及直流系统 | 8592 | 13085 | 21677 | 265864 | 287542 |
| 1 | 监控或监测系统 | | | | 100175 | 100175 |
| 1.1 | 计算机监控系统 | | | | 100175 | 100175 |
| 2 | 继电保护装置 | 8592 | 13085 | 21677 | 165689 | 187367 |
| 六 | 电缆防护设施 | 481 | 951 | 1432 | | 1432 |
| 2 | 电缆防火 | 481 | 951 | 1432 | | 1432 |
| 七 | 全站接地 | 149 | 13 | 163 | | 163 |
| 1 | 接地网 | 149 | 13 | 163 | | 163 |
| 九 | 调试 | | 34827 | 34827 | | 34827 |
| 1 | 分系统调试 | | 34827 | 34827 | | 34827 |
| | 合计 | 9222 | 48877 | 58099 | 265864 | 323963 |

**表 10-32**　　　　　　**典型方案 E1-5 拆除工程专业汇总表**　　　　金额单位：元

| 序号 | 工程或费用名称 | 拆除工程费 |
|---|---|---|
| | 拆除工程 | 4165 |
| | 安装拆除 | 4165 |
| 四 | 控制及直流系统 | 4165 |

续表

| 序号 | 工程或费用名称 | 拆除工程费 |
|---|---|---|
| 1 | 监控或监测系统 | 1822 |
| 1.1 | 计算机监控系统 | 1822 |
| 2 | 继电保护装置 | 2343 |
| | 合计 | 4165 |

**表 10-33** 　　　　　**典型方案 E1-5 其他费用估算表** 　　　　金额单位：元

| 序号 | 工程或费用项目名称 | 编制依据及计算说明 | 合价 |
|---|---|---|---|
| 2 | 项目管理费 | | 6055 |
| 2.1 | 管理经费 | （建筑工程费＋安装工程费＋拆除工程费）×3.53% | 2192 |
| 2.2 | 招标费 | （建筑工程费＋安装工程费＋拆除工程费）×1.81% | 1124 |
| 2.3 | 工程监理费 | （建筑工程费＋安装工程费＋拆除工程费）×4.41% | 2739 |
| 3 | 项目技术服务费 | | 30846 |
| 3.1 | 前期工作费 | （建筑工程费＋安装工程费）×3.05% | 1767 |
| 3.3 | 工程勘察设计费 | | 26631 |
| 3.3.2 | 设计费 | 设计费×100% | 26631 |
| 3.4 | 设计文件评审费 | | 1648 |
| 3.4.1 | 初步设计文件评审费 | 基本设计费×3.5% | 790 |
| 3.4.2 | 施工图文件评审费 | 基本设计费×3.8% | 858 |
| 3.5 | 施工过程造价咨询及竣工结算审核费 | （建筑工程费＋安装工程费＋拆除工程费）×0.53% | 800 |
| | 合计 | | 36901 |

### 10.5.4 典型方案设备材料表

典型方案 E1-5 设备材料表见表 10-34。

**表 10-34** 　　　　　**典型方案 E1-5 设备材料表**

| 序号 | 设备或材料名称 | 单位 | 数量 | 备注 |
|---|---|---|---|---|
| | 安装工程 | | | |
| 四 | 控制及直流系统 | | | |
| 1 | 监控或监测系统 | | | |
| 1.1 | 计算机监控系统 | | | |
| 500008704 | 变压器保护，AC110kV | 套 | 2 | |
| 500014805 | 布电线，BV，铜，2.5，1 | km | 0.020 | |
| 500014824 | 布电线，BVR，铜，4，1 | km | 0.020 | |
| 500017121 | 网络线，超 5 类，屏蔽 | m | 50 | |

续表

| 序号 | 设备或材料名称 | 单位 | 数量 | 备注 |
|---|---|---|---|---|
| 500128947 | 通信电缆，RVSP，1.5，2 | m | 50 | |
| 900000001 | 计算机监控系统扩容 | 项 | 1 | |
| 500011727 | 防火涂料 | t | 0.030 | |
| 500011738 | 防火堵料 | t | 0.030 | |
| 500027477 | 布电线，BVR，铜，100，1 | m | 2 | |
| 100000012 | 110kV 变电站控制电缆 | km | 0.450 | |

### 10.5.5　典型方案工程量表

典型方案 E1-5 工程量见表 10-35。

**表 10-35　　　　　　　　　典型方案 E1-5 工程量表**

| 序号 | 项目名称 | 单位 | 数量 | 备注 |
|---|---|---|---|---|
| | 安装工程 | | | |
| 四 | 控制及直流系统 | | | |
| 1 | 监控或监测系统 | | | |
| 1.1 | 计算机监控系统 | | | |
| JGD4-3 | 控制、保护屏柜安装　保护屏柜　110kV 变电站 | 块 | 1 | |
| JGD7-3 | 全站电缆敷设　控制电缆　全站 | 100m | 4.500 | |
| JGZ7-1 | 布放设备电缆　布放线缆 | 100m | 1 | |
| JGD7-10 | 电缆防火安装　防火堵料 | t | 0.030 | |
| JGD7-11 | 电缆防火安装　防火涂料 | t | 0.030 | |
| 九 | 调试 | | | |
| 1 | 分系统调试 | | | |
| JGS1-3 | 电力变压器系统　110kV | 系统 | 1 | |
| | 拆除工程 | | | |
| | 安装拆除 | | | |
| 四 | 控制及直流系统 | | | |
| CYD4-1 | 控制保护屏拆除　保护二次屏（柜） | 台 | 2 | |
| CYD7-3 | 全站电缆拆除　控制电缆 | 100m | 4.500 | |

## 10.6　E1-6 更换 110kV 主变压器保护及附属电缆

### 10.6.1　典型方案主要内容

本典型方案为旧保护屏柜和二次电缆拆除，新保护屏柜安装、屏柜接地、屏顶小母线敷

设、二次设备间线缆（含低压电力电缆、控制电缆、通信线缆）及至一次设备附属控制电缆敷设、二次接线，综自系统、保护信息子站相关参数设置与修改，保护定值整定、装置调试、开关传动。不包括二次电缆沟新增和修整、屏柜基础修整，不包括二次接地网改造，不包括瓦斯继电器、压力释放装置等变压器本体二次设备更换，不包括变压器调压控制装置、风冷控制装置更换。

### 10.6.2 典型方案主要技术条件

典型方案 E1-6 主要技术条件见表 10-36。

**表 10-36　　　　　典型方案 E1-6 主要技术条件**

| 方案名称 | 工程主要技术条件 | |
|---|---|---|
| 更换 110kV 主变压器保护及附属电缆 | 电压等级 | 110kV |
| | 规格型号 | 主后一体双套配置 |
| | 组屏方式 | 电气量保护 2 套含非电量保护及操作箱等，组 1 面屏 |
| | 电气参数 | 主变压器容量 50MVA、变比 110/10kV、有载调压 |
| | 主接线方式 | 高压侧、低压侧单母线分段接线 |

### 10.6.3 典型方案估算书

估算投资为总投资，编制依据按第 9 章要求。典型方案 E1-6 估算书包括总估算汇总表、安装工程专业汇总表、拆除工程专业汇总表、其他费用估算表，分别见表 10-37～表 10-40。

**表 10-37　　　　　典型方案 E1-6 总估算汇总表**　　　金额单位：万元

| 序号 | 工程或费用名称 | 含税金额 | 占工程投资的比例（%） | 不含税金额 | 可抵扣增值税金额 |
|---|---|---|---|---|---|
| 一 | 建筑工程费 | | | | |
| 二 | 安装工程费 | 13.33 | 28.5 | 12.06 | 1.27 |
| 三 | 拆除工程费 | 1.45 | 3.1 | 1.33 | 0.12 |
| 四 | 设备购置费 | 26.59 | 56.84 | 23.53 | 3.06 |
| | 其中：编制基准期价差 | 0.23 | 0.49 | 0.23 | |
| 五 | 小计 | 41.37 | 88.44 | 36.92 | 4.45 |
| | 其中：甲供设备材料费 | 31.92 | 68.23 | 28.25 | 3.67 |
| 六 | 其他费用 | 5.41 | 11.56 | 5.1 | 0.31 |
| 七 | 基本预备费 | | | | |
| 八 | 特殊项目 | | | | |
| 九 | 工程投资合计 | 46.78 | 100 | 42.02 | 4.76 |
| | 其中：可抵扣增值税金额 | 4.76 | | | 4.76 |
| | 其中：施工费 | 9.44 | 20.18 | 8.66 | 0.78 |

表 10-38　　　　　　　典型方案 E1-6 安装工程专业汇总表　　　　　金额单位：元

| 序号 | 工程或费用名称 | 安装工程费 | | | 设备购置费 | 合计 |
|---|---|---|---|---|---|---|
| | | 未计价材料费 | 安装费 | 小计 | | |
| | 安装工程 | 54597 | 78732 | 133328 | 265864 | 399193 |
| 四 | 控制及直流系统 | 53967 | 42940 | 96907 | 265864 | 362771 |
| 1 | 监控或监测系统 | | | | 100175 | 100175 |
| 1.1 | 计算机监控系统 | | | | 100175 | 100175 |
| 2 | 继电保护装置 | 53967 | 42940 | 96907 | 165689 | 262596 |
| 六 | 电缆防护设施 | 481 | 951 | 1432 | | 1432 |
| 2 | 电缆防火 | 481 | 951 | 1432 | | 1432 |
| 七 | 全站接地 | 149 | 13 | 163 | | 163 |
| 1 | 接地网 | 149 | 13 | 163 | | 163 |
| 九 | 调试 | | 34827 | 34827 | | 34827 |
| 1 | 分系统调试 | | 34827 | 34827 | | 34827 |
| | 合计 | 54597 | 78732 | 133328 | 265864 | 399193 |

表 10-39　　　　　　　典型方案 E1-6 拆除工程专业汇总表　　　　　金额单位：元

| 序号 | 工程或费用名称 | 拆除工程费 |
|---|---|---|
| | 拆除工程 | 14492 |
| | 安装拆除 | 14492 |
| 四 | 控制及直流系统 | 14492 |
| 1 | 监控或监测系统 | 12149 |
| 1.1 | 计算机监控系统 | 12149 |
| 2 | 继电保护装置 | 2343 |
| | 合计 | 14492 |

表 10-40　　　　　　　典型方案 E1-6 其他费用估算表　　　　　金额单位：元

| 序号 | 工程或费用项目名称 | 编制依据及计算说明 | 合价 |
|---|---|---|---|
| 2 | 项目管理费 | | 14412 |
| 2.1 | 管理经费 | （建筑工程费+安装工程费+拆除工程费）×3.53% | 5218 |
| 2.2 | 招标费 | （建筑工程费+安装工程费+拆除工程费）×1.81% | 2676 |
| 2.3 | 工程监理费 | （建筑工程费+安装工程费+拆除工程费）×4.41% | 6519 |
| 3 | 项目技术服务费 | | 39730 |
| 3.1 | 前期工作费 | （建筑工程费+安装工程费）×3.05% | 4067 |
| 3.3 | 工程勘察设计费 | | 32832 |
| 3.3.2 | 设计费 | 设计费×100% | 32832 |
| 3.4 | 设计文件评审费 | | 2031 |

| 序号 | 工程或费用项目名称 | 编制依据及计算说明 | 合价 |
|---|---|---|---|
| 3.4.1 | 初步设计文件评审费 | 基本设计费×3.5% | 974 |
| 3.4.2 | 施工图文件评审费 | 基本设计费×3.8% | 1057 |
| 3.5 | 施工过程造价咨询及竣工结算审核费 | （建筑工程费＋安装工程费＋拆除工程费）×0.53% | 800 |
| | 合计 | | 54142 |

### 10.6.4 典型方案设备材料表

典型方案 E1−6 设备材料表见表 10−41。

**表 10−41**　　　　　　　　　　**典型方案 E1−6 设备材料表**

| 序号 | 设备或材料名称 | 单位 | 数量 | 备注 |
|---|---|---|---|---|
| | 安装工程 | | | |
| 四 | 控制及直流系统 | | | |
| 1 | 监控或监测系统 | | | |
| 1.1 | 计算机监控系统 | | | |
| 500008704 | 变压器保护，AC110kV | 套 | 2 | |
| 500014805 | 布电线，BV，铜，2.5，1 | km | 0.020 | |
| 500014824 | 布电线，BVR，铜，4，1 | km | 0.020 | |
| 500017121 | 网络线，超5类，屏蔽 | m | 50 | |
| 500128947 | 通信电缆，RVSP，1.5，2 | m | 50 | |
| 900000001 | 计算机监控系统扩容 | 项 | 1 | |
| 500011727 | 防火涂料 | t | 0.030 | |
| 500011738 | 防火堵料 | t | 0.030 | |
| 500027477 | 布电线，BVR，铜，100，1 | m | 2 | |
| 100000012 | 110kV 变电站控制电缆 | km | 3 | |

### 10.6.5 典型方案工程量表

典型方案 E1−6 工程量见表 10−42。

**表 10−42**　　　　　　　　　　**典型方案 E1−6 工程量表**

| 序号 | 项目名称 | 单位 | 数量 | 备注 |
|---|---|---|---|---|
| | 安装工程 | | | |
| 四 | 控制及直流系统 | | | |
| 1 | 监控或监测系统 | | | |
| 1.1 | 计算机监控系统 | | | |
| JGD4−3 | 控制、保护屏柜安装　保护屏柜　110kV 变电站 | 块 | 1 | |

续表

| 序号 | 项目名称 | 单位 | 数量 | 备注 |
|---|---|---|---|---|
| JGD7－3 | 全站电缆敷设　控制电缆　全站 | 100m | 30 | |
| JGZ7－1 | 布放设备电缆　布放线缆 | 100m | 1 | |
| JGD7－10 | 电缆防火安装　防火堵料 | t | 0.030 | |
| JGD7－11 | 电缆防火安装　防火涂料 | t | 0.030 | |
| 九 | 调试 | | | |
| 1 | 分系统调试 | | | |
| JGS1－3 | 电力变压器系统　110kV | 系统 | 1 | |
| | 拆除工程 | | | |
| | 安装拆除 | | | |
| 四 | 控制及直流系统 | | | |
| CYD4－1 | 控制保护屏拆除　保护二次屏（柜） | 台 | 2 | |
| CYD7－3 | 全站电缆拆除　控制电缆 | 100m | 30 | |

## 10.7　E1-7更换220kV主变压器保护

### 10.7.1　典型方案主要内容

本典型方案为旧保护屏柜和二次电缆拆除，新保护屏柜安装、屏柜接地、屏顶小母线敷设、二次设备间线缆（含低压电力电缆、控制电缆、通信线缆）敷设、二次接线，综自系统、保护信息子站相关参数设置与修改，保护定值整定、装置调试、开关传动。不包括二次电缆沟新增和修整、屏柜基础修整，不包括二次接地网改造，不包括瓦斯继电器、压力释放装置等变压器本体二次设备更换，不包括变压器调压控制装置、风冷控制装置更换。

### 10.7.2　典型方案主要技术条件

典型方案E1-7主要技术条件见表10-43。

表 10-43　　　　　　　　　　　**典型方案E1-7主要技术条件**

| 方案名称 | 工程主要技术条件 | |
|---|---|---|
| 更换220kV主变压器保护 | 电压等级 | 220kV |
| | 规格型号 | 主后一体双套配置 |
| | 组屏方式 | 电气量保护2套、非电量保护1套及操作箱等，组3面屏 |
| | 电气参数 | 主变压器容量180MVA、变比220/110/35kV、有载调压 |
| | 主接线方式 | 高压侧、中压侧双母线分段接线，低压侧单母线分段接线 |

10.7.3 典型方案估算书

估算投资为总投资，编制依据按第9章要求。典型方案E1-7估算书包括总估算汇总表、安装工程专业汇总表、拆除工程专业汇总表、其他费用估算表，分别见表10-44～表10-47。

表10-44　　　　　　　　　　典型方案E1-7总估算汇总表　　　　金额单位：万元

| 序号 | 工程或费用名称 | 含税金额 | 占工程投资的比例（%） | 不含税金额 | 可抵扣增值税金额 |
|---|---|---|---|---|---|
| 一 | 建筑工程费 | | | | |
| 二 | 安装工程费 | 10.51 | 19.99 | 9.62 | 0.89 |
| 三 | 拆除工程费 | 0.51 | 0.97 | 0.47 | 0.04 |
| 四 | 设备购置费 | 36.02 | 68.51 | 31.88 | 4.14 |
| | 其中：编制基准期价差 | 0.25 | 0.48 | 0.25 | |
| 五 | 小计 | 47.04 | 89.46 | 41.97 | 5.07 |
| | 其中：甲供设备材料费 | 36.73 | 69.86 | 32.51 | 4.22 |
| 六 | 其他费用 | 5.54 | 10.54 | 5.23 | 0.31 |
| 七 | 基本预备费 | | | | |
| 八 | 特殊项目 | | | | |
| 九 | 工程投资合计 | 52.58 | 100 | 47.2 | 5.38 |
| | 其中：可抵扣增值税金额 | 5.38 | | | 5.38 |
| | 其中：施工费 | 10.31 | 19.61 | 9.46 | 0.85 |

表10-45　　　　　　　　　　典型方案E1-7安装工程专业汇总表　　　　金额单位：元

| 序号 | 工程或费用名称 | 安装工程费 | | | 设备购置费 | 合计 |
|---|---|---|---|---|---|---|
| | | 未计价材料费 | 安装费 | 小计 | | |
| | 安装工程 | 9567 | 95503 | 105070 | 360229 | 465300 |
| 四 | 控制及直流系统 | 8703 | 35927 | 44630 | 360229 | 404859 |
| 1 | 监控或监测系统 | | | | 100175 | 100175 |
| 1.1 | 计算机监控系统 | | | | 100175 | 100175 |
| 2 | 继电保护装置 | 8703 | 35927 | 44630 | 260054 | 304684 |
| 六 | 电缆防护设施 | 641 | 1269 | 1909 | | 1909 |
| 2 | 电缆防火 | 641 | 1269 | 1909 | | 1909 |
| 七 | 全站接地 | 224 | 20 | 244 | | 244 |
| 1 | 接地网 | 224 | 20 | 244 | | 244 |
| 九 | 调试 | | 58287 | 58287 | | 58287 |
| 1 | 分系统调试 | | 58287 | 58287 | | 58287 |
| | 合计 | 9567 | 95503 | 105070 | 360229 | 465300 |

表 10 – 46　　　典型方案 E1–7 拆除工程专业汇总表　　　　金额单位：元

| 序号 | 工程或费用名称 | 拆除工程费 |
|---|---|---|
|  | 拆除工程 | 5134 |
|  | 安装拆除 | 5134 |
| 四 | 控制及直流系统 | 5134 |
| 2 | 继电保护装置 | 3514 |
|  | 合计 | 5134 |

表 10 – 47　　　典型方案 E1–7 其他费用估算表　　　　金额单位：元

| 序号 | 工程或费用项目名称 | 编制依据及计算说明 | 合价 |
|---|---|---|---|
| 2 | 项目管理费 |  | 10745 |
| 2.1 | 管理经费 | （建筑工程费＋安装工程费＋拆除工程费）×3.53% | 3890 |
| 2.2 | 招标费 | （建筑工程费＋安装工程费＋拆除工程费）×1.81% | 1995 |
| 2.3 | 工程监理费 | （建筑工程费＋安装工程费＋拆除工程费）×4.41% | 4860 |
| 3 | 项目技术服务费 |  | 44641 |
| 3.1 | 前期工作费 | （建筑工程费＋安装工程费）×3.05% | 3205 |
| 3.3 | 工程勘察设计费 |  | 38269 |
| 3.3.2 | 设计费 | 设计费×100% | 38269 |
| 3.4 | 设计文件评审费 |  | 2367 |
| 3.4.1 | 初步设计文件评审费 | 基本设计费×3.5% | 1135 |
| 3.4.2 | 施工图文件评审费 | 基本设计费×3.8% | 1232 |
| 3.5 | 施工过程造价咨询及竣工结算审核费 | （建筑工程费＋安装工程费＋拆除工程费）×0.53% | 800 |
|  | 合计 |  | 55386 |

### 10.7.4　典型方案设备材料表

典型方案 E1–7 设备材料表见表 10–48。

表 10 – 48　　　典型方案 E1–7 设备材料表

| 序号 | 设备或材料名称 | 单位 | 数量 | 备注 |
|---|---|---|---|---|
|  | 安装工程 |  |  |  |
| 四 | 控制及直流系统 |  |  |  |
| 1 | 监控或监测系统 |  |  |  |
| 1.1 | 计算机监控系统 |  |  |  |
| 500008707 | 变压器保护，AC220kV | 套 | 2 |  |

| 序号 | 设备或材料名称 | 单位 | 数量 | 备注 |
|------|----------------|------|------|------|
| 500014805 | 布电线，BV，铜，2.5，1 | km | 0.020 | |
| 500014824 | 布电线，BVR，铜，4，1 | km | 0.020 | |
| 500017121 | 网络线，超5类，屏蔽 | m | 150 | |
| 500128947 | 通信电缆，RVSP，1.5，2 | m | 150 | |
| 900000001 | 计算机监控系统扩容 | 项 | 1 | |
| 500011727 | 防火涂料 | t | 0.040 | |
| 500011738 | 防火堵料 | t | 0.040 | |
| 500027477 | 布电线，BVR，铜，100，1 | m | 3 | |
| 100000013 | 220kV变电站控制电缆 | km | 0.400 | |

### 10.7.5 典型方案工程量表

典型方案 E1-7 工程量见表 10-49。

**表 10-49**       **典型方案 E1-7 工程量表**

| 序号 | 项目名称 | 单位 | 数量 | 备注 |
|------|----------|------|------|------|
| | 安装工程 | | | |
| 四 | 控制及直流系统 | | | |
| JGD4-4 | 控制、保护屏柜安装 保护屏柜 220kV变电站 | 块 | 3 | |
| JGD7-3 | 全站电缆敷设 控制电缆 全站 | 100m | 4 | |
| JGZ7-1 | 布放设备电缆 布放线缆 | 100m | 3 | |
| JGD7-10 | 电缆防火安装 防火堵料 | t | 0.040 | |
| JGD7-11 | 电缆防火安装 防火涂料 | t | 0.040 | |
| 九 | 调试 | | | |
| 1 | 分系统调试 | | | |
| 调 JGS1-4<br>R×1.2<br>C×1.2<br>J×1.2 | 电力变压器系统 220kV | 系统 | 1 | |
| | 拆除工程 | | | |
| | 安装拆除 | | | |
| 四 | 控制及直流系统 | | | |
| CYD4-1 | 控制保护屏拆除 保护二次屏（柜） | 台 | 3 | |
| CYD7-3 | 全站电缆拆除 控制电缆 | 100m | 4 | |

## 10.8　E1-8 更换 220kV 主变压器保护及附属电缆

### 10.8.1　典型方案主要内容

本典型方案为旧保护屏柜和二次电缆拆除，新保护屏柜安装、屏柜接地、屏顶小母线敷设、二次设备间线缆（含低压电力电缆、控制电缆、通信线缆）及至一次设备附属控制电缆敷设、二次接线，综自系统、保护信息子站相关参数设置与修改，保护定值整定、装置调试、开关传动。不包括二次电缆沟新增和修整、屏柜基础修整，不包括二次接地网改造，不包括瓦斯继电器、压力释放装置等变压器本体二次设备更换，不包括变压器调压控制装置、风冷控制装置更换。

### 10.8.2　典型方案主要技术条件

典型方案 E1-8 主要技术条件见表 10-50。

表 10-50　　　　　　　　　　　典型方案 E1-8 主要技术条件

| 方案名称 | 工程主要技术条件 | |
| --- | --- | --- |
| 更换 220kV 主变压器保护及附属电缆 | 电压等级 | 220kV |
| | 规格型号 | 主后一体双套配置 |
| | 组屏方式 | 电气量保护 2 套、非电量保护 1 套及操作箱等，组 3 面屏 |
| | 电气参数 | 主变压器容量 180MVA，变比 220/110/35kV，有载调压 |
| | 主接线方式 | 高压侧、中压侧双母线分段接线，低压侧单母线分段接线 |

### 10.8.3　典型方案估算书

估算投资为总投资，编制依据按第 9 章要求。典型方案 E1-8 估算书包括总估算汇总表、安装工程专业汇总表、拆除工程专业汇总表、其他费用估算表，分别见表 10-51～表 10-54。

表 10-51　　　　　　　　　典型方案 E1-8 总估算汇总表　　　　　　金额单位：万元

| 序号 | 工程或费用名称 | 含税金额 | 占工程投资的比例（%） | 不含税金额 | 可抵扣增值税金额 |
| --- | --- | --- | --- | --- | --- |
| 一 | 建筑工程费 | | | | |
| 二 | 安装工程费 | 24.08 | 33.83 | 21.8 | 2.28 |
| 三 | 拆除工程费 | 2.38 | 3.34 | 2.18 | 0.2 |
| 四 | 设备购置费 | 36.02 | 50.6 | 31.88 | 4.14 |
| | 其中：编制基准期价差 | 0.44 | 0.62 | 0.44 | |
| 五 | 小计 | 62.48 | 87.78 | 55.86 | 6.62 |
| | 其中：甲供设备材料费 | 44.92 | 63.11 | 39.75 | 5.17 |
| 六 | 其他费用 | 8.7 | 12.22 | 8.21 | 0.49 |
| 七 | 基本预备费 | | | | |
| 八 | 特殊项目 | | | | |

续表

| 序号 | 工程或费用名称 | 含税金额 | 占工程投资的比例（%） | 不含税金额 | 可抵扣增值税金额 |
|---|---|---|---|---|---|
| 九 | 工程投资合计 | 71.18 | 100 | 64.07 | 7.11 |
| | 其中：可抵扣增值税金额 | 7.11 | | | 7.11 |
| | 其中：施工费 | 17.56 | 24.67 | 16.11 | 1.45 |

**表 10-52** 　　　　　**典型方案 E1-8 安装工程专业汇总表** 　　　　金额单位：元

| 序号 | 工程或费用名称 | 安装工程费 | | | 设备购置费 | 合计 |
|---|---|---|---|---|---|---|
| | | 未计价材料费 | 安装费 | 小计 | | |
| | 安装工程 | 91426 | 149390 | 240816 | 360229 | 601045 |
| 四 | 控制及直流系统 | 90561 | 89815 | 180376 | 360229 | 540605 |
| 1 | 监控或监测系统 | | | | 100175 | 100175 |
| 1.1 | 计算机监控系统 | | | | 100175 | 100175 |
| 2 | 继电保护装置 | 90561 | 89815 | 180376 | 260054 | 440430 |
| 六 | 电缆防护设施 | 641 | 1269 | 1909 | | 1909 |
| 2 | 电缆防火 | 641 | 1269 | 1909 | | 1909 |
| 七 | 全站接地 | 224 | 20 | 244 | | 244 |
| 1 | 接地网 | 224 | 20 | 244 | | 244 |
| 九 | 调试 | | 58287 | 58287 | | 58287 |
| 1 | 分系统调试 | | 58287 | 58287 | | 58287 |
| | 合计 | 91426 | 149390 | 240816 | 360229 | 601045 |

**表 10-53** 　　　　　**典型方案 E1-8 拆除工程专业汇总表** 　　　　金额单位：元

| 序号 | 工程或费用名称 | 拆除工程费 |
|---|---|---|
| | 拆除工程 | 23762 |
| | 安装拆除 | 23762 |
| 四 | 控制及直流系统 | 23762 |
| 1 | 监控或监测系统 | 20248 |
| 1.1 | 计算机监控系统 | 20248 |
| 2 | 继电保护装置 | 3514 |
| | 合计 | 23762 |

**表 10-54** 　　　　　**典型方案 E1-8 其他费用估算表** 　　　　金额单位：元

| 序号 | 工程或费用项目名称 | 编制依据及计算说明 | 合价 |
|---|---|---|---|
| 2 | 项目管理费 | | 25796 |
| 2.1 | 管理经费 | （建筑工程费＋安装工程费＋拆除工程费）×3.53% | 9340 |

| 序号 | 工程或费用项目名称 | 编制依据及计算说明 | 合价 |
|---|---|---|---|
| 2.2 | 招标费 | （建筑工程费＋安装工程费＋拆除工程费）×1.81% | 4789 |
| 2.3 | 工程监理费 | （建筑工程费＋安装工程费＋拆除工程费）×4.41% | 11668 |
| 3 | 项目技术服务费 | | 61239 |
| 3.1 | 前期工作费 | （建筑工程费＋安装工程费）×3.05% | 7345 |
| 3.3 | 工程勘察设计费 | | 49434 |
| 3.3.2 | 设计费 | 设计费×100% | 49434 |
| 3.4 | 设计文件评审费 | | 3058 |
| 3.4.1 | 初步设计文件评审费 | 基本设计费×3.5% | 1466 |
| 3.4.2 | 施工图文件评审费 | 基本设计费×3.8% | 1592 |
| 3.5 | 施工过程造价咨询及竣工结算审核费 | （建筑工程费＋安装工程费＋拆除工程费）×0.53% | 1402 |
| | 合计 | | 87035 |

### 10.8.4　典型方案设备材料表

典型方案 E1-8 设备材料表见表 10-55。

**表 10-55**　　　　　　　　　　典型方案 E1-8 设备材料表

| 序号 | 设备或材料名称 | 单位 | 数量 | 备注 |
|---|---|---|---|---|
| | 安装工程 | | | |
| 四 | 控制及直流系统 | | | |
| 500008707 | 变压器保护，AC220kV | 套 | 2 | |
| 500014805 | 布电线，BV，铜，2.5，1 | km | 0.020 | |
| 500014824 | 布电线，BVR，铜，4，1 | km | 0.020 | |
| 500017121 | 网络线，超 5 类，屏蔽 | m | 150 | |
| 500128947 | 通信电缆，RVSP，1.5，2 | m | 150 | |
| 900000001 | 计算机监控系统扩容 | 项 | 1 | |
| 500011727 | 防火涂料 | t | 0.040 | |
| 500011738 | 防火堵料 | t | 0.040 | |
| 500027477 | 布电线，BVR，铜，100，1 | m | 3 | |
| 100000013 | 220kV 变电站控制电缆 | km | 5 | |

### 10.8.5　典型方案工程量表

典型方案 E1-8 工程量见表 10-56。

表 10-56 典型方案 E1-8 工程量表

| 序号 | 项目名称 | 单位 | 数量 | 备注 |
|---|---|---|---|---|
| | 安装工程 | | | |
| 四 | 控制及直流系统 | | | |
| JGD4-4 | 控制、保护屏柜安装 保护屏柜 220kV 变电站 | 块 | 3 | |
| JGD7-3 | 全站电缆敷设 控制电缆 全站 | 100m | 50 | |
| JGZ7-1 | 布放设备电缆 布放线缆 | 100m | 3 | |
| JGD7-10 | 电缆防火安装 防火堵料 | t | 0.040 | |
| JGD7-11 | 电缆防火安装 防火涂料 | t | 0.040 | |
| 九 | 调试 | | | |
| 1 | 分系统调试 | | | |
| 调 JGS1-4<br>R×1.2<br>C×1.2<br>J×1.2 | 电力变压器系统 220kV | 系统 | 1 | |
| | 拆除工程 | | | |
| | 安装拆除 | | | |
| 四 | 控制及直流系统 | | | |
| CYD4-1 | 控制保护屏拆除 保护二次屏（柜） | 台 | 3 | |
| CYD7-3 | 全站电缆拆除 控制电缆 | 100m | 50 | |

## 10.9 E1-9 更换 330kV 主变压器保护

### 10.9.1 典型方案主要内容

本典型方案为旧保护屏柜和二次电缆拆除，新保护屏柜安装、屏柜接地、屏顶小母线敷设、二次设备间线缆（含低压电力电缆、控制电缆、通信线缆）敷设、二次接线、综自系统、保护信息子站相关参数设置与修改，保护定值整定、装置调试、开关传动。不包括二次电缆沟新增和修整、屏柜基础修整，不包括二次接地网改造，不包括瓦斯继电器、压力释放装置等变压器本体二次设备更换，不包括变压器调压控制装置、风冷控制装置更换。

### 10.9.2 典型方案主要技术条件

典型方案 E1-9 主要技术条件见表 10-57。

表 10-57 典型方案 E1-9 主要技术条件

| 方案名称 | 工程主要技术条件 | |
|---|---|---|
| 更换 330kV 主变压器保护 | 电压等级 | 330kV |
| | 规格型号 | 主后一体双套配置 |

续表

| 方案名称 | 工程主要技术条件 | |
|---|---|---|
| | 组屏方式 | 电气量保护 2 套、非电量保护 1 套及操作箱等，组 3 面屏 |
| 更换 330kV 主变压器保护 | 电气参数 | 主变压器容量 240MVA、变比 330/110/35kV、有载调压 |
| | 主接线方式 | 3/2 接线 |

### 10.9.3　典型方案估算书

估算投资为总投资，编制依据按第 9 章要求。典型方案 E1-9 估算书包括总估算汇总表、安装工程专业汇总表、拆除工程专业汇总表、其他费用估算表，分别见表 10-58～表 10-61。

表 10-58　　　　　　　　　　**典型方案 E1-9 总估算汇总表**　　　　　　　金额单位：万元

| 序号 | 工程或费用名称 | 含税金额 | 占工程投资的比例（%） | 不含税金额 | 可抵扣增值税金额 |
|---|---|---|---|---|---|
| 一 | 建筑工程费 | | | | |
| 二 | 安装工程费 | 14.49 | 24.69 | 13.27 | 1.22 |
| 三 | 拆除工程费 | 0.51 | 0.87 | 0.47 | 0.04 |
| 四 | 设备购置费 | 37.18 | 63.36 | 32.9 | 4.28 |
| | 其中：编制基准期价差 | 0.21 | 0.36 | 0.21 | |
| 五 | 小计 | 52.18 | 88.92 | 46.64 | 5.54 |
| | 其中：甲供设备材料费 | 37.86 | 64.52 | 33.51 | 4.35 |
| 六 | 其他费用 | 6.5 | 11.08 | 6.13 | 0.37 |
| 七 | 基本预备费 | | | | |
| 八 | 特殊项目 | | | | |
| 九 | 工程投资合计 | 58.68 | 100 | 52.77 | 5.91 |
| | 其中：可抵扣增值税金额 | 5.91 | | | 5.91 |
| | 其中：施工费 | 14.33 | 24.42 | 13.15 | 1.18 |

表 10-59　　　　　　　　　　**典型方案 E1-9 安装工程专业汇总表**　　　　　　金额单位：元

| 序号 | 工程或费用名称 | 安装工程费 | | | 设备购置费 | 合计 |
|---|---|---|---|---|---|---|
| | | 未计价材料费 | 安装费 | 小计 | | |
| | 安装工程 | 10002 | 134929 | 144930 | 371850 | 516780 |
| 四 | 控制及直流系统 | 9137 | 41698 | 50835 | 371850 | 422684 |
| 1 | 监控或监测系统 | | | | 100175 | 100175 |
| 1.1 | 计算机监控系统 | | | | 100175 | 100175 |
| 2 | 继电保护装置 | 9137 | 41698 | 50835 | 271675 | 322509 |
| 六 | 电缆防护设施 | 641 | 1266 | 1907 | | 1907 |
| 2 | 电缆防火 | 641 | 1266 | 1907 | | 1907 |

| 序号 | 工程或费用名称 | 安装工程费 | | | 设备购置费 | 合计 |
|---|---|---|---|---|---|---|
| | | 未计价材料费 | 安装费 | 小计 | | |
| 七 | 全站接地 | 224 | 20 | 244 | | 244 |
| 1 | 接地网 | 224 | 20 | 244 | | 244 |
| 九 | 调试 | | 91945 | 91945 | | 91945 |
| 1 | 分系统调试 | | 91945 | 91945 | | 91945 |
| | 合计 | 10002 | 134929 | 144930 | 371850 | 516780 |

**表 10-60** 典型方案 E1-9 拆除工程专业汇总表　金额单位：元

| 序号 | 工程或费用名称 | 拆除工程费 |
|---|---|---|
| | 拆除工程 | 5134 |
| | 安装拆除 | 5134 |
| 四 | 控制及直流系统 | 5134 |
| 2 | 继电保护装置 | 5134 |
| | 合计 | 5134 |

**表 10-61** 典型方案 E1-9 其他费用估算表　金额单位：元

| 序号 | 工程或费用项目名称 | 编制依据及计算说明 | 合价 |
|---|---|---|---|
| 2 | 项目管理费 | | 14631 |
| 2.1 | 管理经费 | （建筑工程费+安装工程费+拆除工程费）×3.53% | 5297 |
| 2.2 | 招标费 | （建筑工程费+安装工程费+拆除工程费）×1.81% | 2716 |
| 2.3 | 工程监理费 | （建筑工程费+安装工程费+拆除工程费）×4.41% | 6618 |
| 3 | 项目技术服务费 | | 50353 |
| 3.1 | 前期工作费 | （建筑工程费+安装工程费）×3.05% | 4420 |
| 3.3 | 工程勘察设计费 | | 42503 |
| 3.3.2 | 设计费 | 设计费×100% | 42503 |
| 3.4 | 设计文件评审费 | | 2629 |
| 3.4.1 | 初步设计文件评审费 | 基本设计费×3.5% | 1261 |
| 3.4.2 | 施工图文件评审费 | 基本设计费×3.8% | 1369 |
| 3.5 | 施工过程造价咨询及竣工结算审核费 | （建筑工程费+安装工程费+拆除工程费）×0.53% | 800 |
| | 合计 | | 64984 |

10.9.4　典型方案电气设备材料表

典型方案 E1-9 电气设备材料表见表 10-62。

**表 10－62**　　　　　　　　　　**典型方案 E1－9 电气设备材料表**

| 序号 | 设备或材料名称 | 单位 | 数量 | 备注 |
|---|---|---|---|---|
| | 安装工程 | | | |
| 四 | 控制及直流系统 | | | |
| 2 | 继电保护装置 | | | |
| 500008710 | 变压器保护，AC330kV | 套 | 2 | |
| 500014805 | 布电线，BV，铜，2.5，1 | km | 0.020 | |
| 500014824 | 布电线，BVR，铜，4，1 | km | 0.020 | |
| 500017121 | 网络线，超5类，屏蔽 | m | 300 | |
| 500128947 | 通信电缆，RVSP，1.5，2 | m | 150 | |
| 900000001 | 计算机监控系统扩容 | 项 | 1 | |
| 500011727 | 防火涂料 | t | 0.040 | |
| 500011738 | 防火堵料 | t | 0.040 | |
| 500027477 | 布电线，BVR，铜，100，1 | m | 3 | |
| 100000014 | 330kV 变电站控制电缆 | km | 0.400 | |

### 10.9.5　典型方案工程量表

典型方案 E1－9 工程量见表 10－63。

**表 10－63**　　　　　　　　　　**典型方案 E1－9 工程量表**

| 序号 | 项目名称 | 单位 | 数量 | 备注 |
|---|---|---|---|---|
| | 安装工程 | | | |
| 四 | 控制及直流系统 | | | |
| 2 | 继电保护装置 | | | |
| JGD4－5 | 控制、保护屏柜安装　保护屏柜　330kV 变电站 | 块 | 3 | |
| JGD7－3 | 全站电缆敷设　控制电缆　全站 | 100m | 4 | |
| JGZ7－1 | 布放设备电缆　布放线缆 | 100m | 4.500 | |
| JGD7－10 | 电缆防火安装　防火堵料 | t | 0.040 | |
| JGD7－11 | 电缆防火安装　防火涂料 | t | 0.040 | |
| 调 JGS1－5<br>R×1.4<br>C×1.4<br>J×1.4 | 电力变压器系统　330kV | 系统 | 1 | |
| | 安装拆除 | | | |
| CYD4－1 | 控制保护屏拆除　保护二次屏（柜） | 台 | 3 | |
| CYD7－3 | 全站电缆拆除　控制电缆 | 100m | 4 | |

## 10.10　E1-10 更换 330kV 主变压器保护及附属电缆

### 10.10.1　典型方案主要内容

本典型方案为旧保护屏柜和二次电缆拆除，新保护屏柜安装、屏柜接地、屏顶小母线敷设、二次设备间线缆（含低压电力电缆、控制电缆、通信线缆）及至一次设备附属控制电缆敷设、二次接线、综自系统、保护信息子站相关参数设置与修改，保护定值整定、装置调试、开关传动。不包括二次电缆沟新增和修整、屏柜基础修整，不包括二次接地网改造，不包括瓦斯继电器、压力释放装置等变压器本体二次设备更换，不包括变压器调压控制装置、风冷控制装置更换。

### 10.10.2　典型方案主要技术条件

典型方案 E1-10 主要技术条件见表 10-64。

表 10-64　　　　　　　　　　　典型方案 E1-10 主要技术条件

| 方案名称 | 工程主要技术条件 | |
|---|---|---|
| 更换 330kV 主变压器保护及附属电缆 | 电压等级 | 330kV |
| | 规格型号 | 主后一体双套配置 |
| | 组屏方式 | 电气量保护 2 套、非电量保护 1 套及操作箱等，组 3 面屏 |
| | 电气参数 | 主变压器容量 240MVA、变比 330/110/35kV、有载调压 |
| | 主接线方式 | 3/2 接线 |

### 10.10.3　典型方案估算书

估算投资为总投资，编制依据按第 9 章要求。典型方案 E1-10 估算书包括总估算汇总表、安装工程专业汇总表、拆除工程专业汇总表、其他费用估算表，分别见表 10-65～表 10-68。

表 10-65　　　　　　　　　　　典型方案 E1-10 总估算汇总表　　　　　　　　金额单位：万元

| 序号 | 工程或费用名称 | 含税金额 | 占工程投资的比例（%） | 不含税金额 | 可抵扣增值税金额 |
|---|---|---|---|---|---|
| 一 | 建筑工程费 | | | | |
| 二 | 安装工程费 | 27.4 | 35.82 | 24.86 | 2.54 |
| 三 | 拆除工程费 | 2.38 | 3.11 | 2.18 | 0.2 |
| 四 | 设备购置费 | 37.18 | 48.6 | 32.9 | 4.28 |
| | 其中：编制基准期价差 | 0.34 | 0.44 | 0.34 | |
| 五 | 小计 | 66.96 | 87.53 | 59.94 | 7.02 |
| | 其中：甲供设备材料费 | 45.66 | 59.69 | 40.41 | 5.25 |
| 六 | 其他费用 | 9.54 | 12.47 | 9 | 0.54 |

续表

| 序号 | 工程或费用名称 | 含税金额 | 占工程投资的比例（%） | 不含税金额 | 可抵扣增值税金额 |
|---|---|---|---|---|---|
| 七 | 基本预备费 | | | | |
| 八 | 特殊项目 | | | | |
| 九 | 工程投资合计 | 76.50 | 100 | 68.94 | 7.56 |
| | 其中：可抵扣增值税金额 | 7.56 | | | 7.56 |
| | 其中：施工费 | 21.3 | 27.84 | 19.54 | 1.76 |

**表 10-66**　　　　　　　**典型方案 E1-10 安装工程专业汇总表**　　　　　金额单位：元

| 序号 | 工程或费用名称 | 安装工程费 | | | 设备购置费 | 合计 |
|---|---|---|---|---|---|---|
| | | 未计价材料费 | 安装费 | 小计 | | |
| | 安装工程 | 86061 | 187974 | 274035 | 371850 | 645884 |
| 四 | 控制及直流系统 | 85196 | 94743 | 179939 | 371850 | 551789 |
| 1 | 监控或监测系统 | | | | 100175 | 100175 |
| 1.1 | 计算机监控系统 | | | | 100175 | 100175 |
| 2 | 继电保护装置 | 85196 | 94743 | 179939 | 271675 | 451614 |
| 六 | 电缆防护设施 | 641 | 1266 | 1907 | | 1907 |
| 2 | 电缆防火 | 641 | 1266 | 1907 | | 1907 |
| 七 | 全站接地 | 224 | 20 | 244 | | 244 |
| 1 | 接地网 | 224 | 20 | 244 | | 244 |
| 九 | 调试 | | 91945 | 91945 | | 91945 |
| 1 | 分系统调试 | | 91945 | 91945 | | 91945 |
| | 合计 | 86061 | 187974 | 274035 | 371850 | 645884 |

**表 10-67**　　　　　　　**典型方案 E1-10 拆除工程专业汇总表**　　　　　金额单位：元

| 序号 | 工程或费用名称 | 拆除工程费 |
|---|---|---|
| | 拆除工程 | 23762 |
| | 安装拆除 | 23762 |
| 四 | 控制及直流系统 | 23762 |
| 2 | 继电保护装置 | 23762 |
| | 合计 | 23762 |

**表 10-68**　　　　　　　**典型方案 E1-10 其他费用估算表**　　　　　金额单位：元

| 序号 | 工程或费用项目名称 | 编制依据及计算说明 | 合价 |
|---|---|---|---|
| 2 | 项目管理费 | | 29035 |
| 2.1 | 管理经费 | （建筑工程费＋安装工程费＋拆除工程费）×3.53% | 10512 |

| 序号 | 工程或费用项目名称 | 编制依据及计算说明 | 合价 |
|------|------|------|------|
| 2.2 | 招标费 | （建筑工程费＋安装工程费＋拆除工程费）×1.81% | 5390 |
| 2.3 | 工程监理费 | （建筑工程费＋安装工程费＋拆除工程费）×4.41% | 13133 |
| 3 | 项目技术服务费 | | 66344 |
| 3.1 | 前期工作费 | （建筑工程费＋安装工程费）×3.05% | 8358 |
| 3.3 | 工程勘察设计费 | | 53121 |
| 3.3.2 | 设计费 | 设计费×100% | 53121 |
| 3.4 | 设计文件评审费 | | 3286 |
| 3.4.1 | 初步设计文件评审费 | 基本设计费×3.5% | 1576 |
| 3.4.2 | 施工图文件评审费 | 基本设计费×3.8% | 1711 |
| 3.5 | 施工过程造价咨询及竣工结算审核费 | （建筑工程费＋安装工程费＋拆除工程费）×0.53% | 1578 |
| | 合计 | | 95379 |

### 10.10.4 典型方案电气设备材料表

典型方案 E1-10 电气设备材料表见表 10-69。

**表 10-69　　　　　典型方案 E1-10 电气设备材料表**

| 序号 | 设备或材料名称 | 单位 | 数量 | 备注 |
|------|------|------|------|------|
| | 安装工程 | | | |
| 四 | 控制及直流系统 | | | |
| 2 | 继电保护装置 | | | |
| 500008710 | 变压器保护，AC330kV | 套 | 2 | |
| 500014805 | 布电线，BV，铜，2.5，1 | km | 0.020 | |
| 500014824 | 布电线，BVR，铜，4，1 | km | 0.020 | |
| 500017121 | 网络线，超5类，屏蔽 | m | 300 | |
| 500128947 | 通信电缆，RVSP，1.5，2 | m | 150 | |
| 900000001 | 计算机监控系统扩容 | 项 | 1 | |
| 500011727 | 防火涂料 | t | 0.040 | |
| 500011738 | 防火堵料 | t | 0.040 | |
| 500027477 | 布电线，BVR，铜，100，1 | m | 3 | |
| 100000014 | 330kV 变电站控制电缆 | km | 5 | |

### 10.10.5 典型方案工程量表

典型方案 E1-10 工程量见表 10-70。

表 10-70　　　　　　　　　　典型方案 E1-10 工程量表

| 序号 | 项目名称 | 单位 | 数量 | 备注 |
|---|---|---|---|---|
| | 安装工程 | | | |
| 四 | 控制及直流系统 | | | |
| 2 | 继电保护装置 | | | |
| JGD4-5 | 控制、保护屏柜安装　保护屏柜　330kV 变电站 | 块 | 3 | |
| JGD7-3 | 全站电缆敷设　控制电缆　全站 | 100m | 50 | |
| JGZ7-1 | 布放设备电缆　布放线缆 | 100m | 4.500 | |
| JGD7-10 | 电缆防火安装　防火堵料 | t | 0.040 | |
| JGD7-11 | 电缆防火安装　防火涂料 | t | 0.040 | |
| 调 JGS1-5<br>R×1.4<br>C×1.4<br>J×1.4 | 电力变压器系统　330kV | 系统 | 1 | |
| | 拆除工程 | | | |
| | 安装拆除 | | | |
| 四 | 控制及直流系统 | | | |
| 2 | 继电保护装置 | | | |
| CYD4-1 | 控制保护屏拆除　保护二次屏（柜） | 台 | 3 | |
| CYD7-3 | 全站电缆拆除　控制电缆 | 100m | 50 | |

## 10.11　E1-11 更换 500kV 主变压器保护

### 10.11.1　典型方案主要内容

本典型方案为旧保护屏柜和二次电缆拆除，新保护屏柜安装、屏柜接地、屏顶小母线敷设、二次设备间线缆（含低压电力电缆、控制电缆、通信线缆）敷设、二次接线，综自系统、保护信息子站相关参数设置与修改，保护定值整定、装置调试、开关传动。不包括二次电缆沟新增和修整、屏柜基础修整，不包括二次接地网改造，不包括瓦斯继电器、压力释放装置等变压器本体二次设备更换，不包括变压器调压控制装置、风冷控制装置更换。

### 10.11.2　典型方案主要技术条件

典型方案 E1-11 主要技术条件见表 10-71。

表 10-71　　　　　　　　　　典型方案 E1-11 主要技术条件

| 方案名称 | 工程主要技术条件 | |
|---|---|---|
| 更换 500kV 主变压器保护 | 电压等级 | 500kV |
| | 规格型号 | 主后一体双套配置 |
| | 组屏方式 | 电气量保护 2 套、非电量保护 1 套及操作箱等，组 3 面屏 |
| | 电气参数 | 主变压器容量 250MVA、变比 500/220/35kV、有载调压 |
| | 主接线方式 | 高压侧 3/2 接线、中压侧双母分段接线、低压侧单母线接线 |

10.11.3 典型方案估算书

估算投资为总投资，编制依据按第 9 章要求。典型方案 E1-11 估算书包括总估算汇总表、安装工程专业汇总表、拆除工程专业汇总表、其他费用估算表，分别见表 10-72～表 10-75。

表 10-72　　　　　　　　　　　典型方案 E1-11 总估算汇总表　　　　　　　　金额单位：万元

| 序号 | 工程或费用名称 | 含税金额 | 占工程投资的比例（%） | 不含税金额 | 可抵扣增值税金额 |
|---|---|---|---|---|---|
| 一 | 建筑工程费 | | | | |
| 二 | 安装工程费 | 18.69 | 19.13 | 17.11 | 1.58 |
| 三 | 拆除工程费 | 0.59 | 0.6 | 0.54 | 0.05 |
| 四 | 设备购置费 | 68.28 | 69.88 | 60.43 | 7.85 |
| | 其中：编制基准期价差 | 0.43 | 0.44 | 0.43 | |
| 五 | 小计 | 87.56 | 89.61 | 78.08 | 9.48 |
| | 其中：甲供设备材料费 | 69.29 | 70.91 | 61.32 | 7.97 |
| 六 | 其他费用 | 10.15 | 10.39 | 9.58 | 0.57 |
| 七 | 基本预备费 | | | | |
| 八 | 特殊项目 | | | | |
| 九 | 工程投资合计 | 97.71 | 100 | 87.66 | 10.05 |
| | 其中：可抵扣增值税金额 | 10.05 | | | 10.05 |
| | 其中：施工费 | 18.27 | 18.7 | 16.76 | 1.51 |

表 10-73　　　　　　　　　　　典型方案 E1-11 安装工程专业汇总表　　　　　　　　金额单位：元

| 序号 | 工程或费用名称 | 安装工程费 | | | 设备购置费 | 合计 |
|---|---|---|---|---|---|---|
| | | 未计价材料费 | 安装费 | 小计 | | |
| | 安装工程 | 13424 | 173434 | 186858 | 682793 | 869650 |
| 四 | 控制及直流系统 | 12399 | 48730 | 61129 | 682793 | 743922 |
| 1 | 监控或监测系统 | | | | 100175 | 100175 |
| 1.1 | 计算机监控系统 | | | | 100175 | 100175 |
| 2 | 继电保护装置 | 12399 | 48730 | 61129 | 582618 | 643747 |
| 六 | 电缆防护设施 | 801 | 1585 | 2386 | | 2386 |
| 2 | 电缆防火 | 801 | 1585 | 2386 | | 2386 |
| 七 | 全站接地 | 224 | 20 | 244 | | 244 |
| 1 | 接地网 | 224 | 20 | 244 | | 244 |
| 九 | 调试 | | 123099 | 123099 | | 123099 |
| 1 | 分系统调试 | | 123099 | 123099 | | 123099 |
| | 合计 | 13424 | 173434 | 186858 | 682793 | 869650 |

表 10－74　　　　　　　　**典型方案 E1－11 拆除工程专业汇总表**　　　　　金额单位：元

| 序号 | 工程或费用名称 | 拆除工程费 |
|---|---|---|
|  | 拆除工程 | 5944 |
|  | 安装拆除 | 5944 |
| 四 | 控制及直流系统 | 5944 |
| 1 | 监控或监测系统 | 2430 |
| 1.1 | 计算机监控系统 | 2430 |
| 2 | 继电保护装置 | 3514 |
|  | 合计 | 5944 |

表 10－75　　　　　　　　　**典型方案 E1－11 其他费用估算表**　　　　　金额单位：元

| 序号 | 工程或费用项目名称 | 编制依据及计算说明 | 合价 |
|---|---|---|---|
| 2 | 项目管理费 |  | 18798 |
| 2.1 | 管理经费 | （建筑工程费＋安装工程费＋拆除工程费）×3.53% | 6806 |
| 2.2 | 招标费 | （建筑工程费＋安装工程费＋拆除工程费）×1.81% | 3490 |
| 2.3 | 工程监理费 | （建筑工程费＋安装工程费＋拆除工程费）×4.41% | 8503 |
| 3 | 项目技术服务费 |  | 82671 |
| 3.1 | 前期工作费 | （建筑工程费＋安装工程费）×3.05% | 5699 |
| 3.3 | 工程勘察设计费 |  | 71525 |
| 3.3.2 | 设计费 | 设计费×100% | 71525 |
| 3.4 | 设计文件评审费 |  | 4425 |
| 3.4.1 | 初步设计文件评审费 | 基本设计费×3.5% | 2122 |
| 3.4.2 | 施工图文件评审费 | 基本设计费×3.8% | 2303 |
| 3.5 | 施工过程造价咨询及竣工结算审核费 | （建筑工程费＋安装工程费＋拆除工程费）×0.53% | 1022 |
|  | 合计 |  | 101469 |

### 10.11.4　典型方案设备材料表

典型方案 E1－11 设备材料表见表 10－76。

表 10－76　　　　　　　　　　**典型方案 E1－11 设备材料表**

| 序号 | 设备或材料名称 | 单位 | 数量 | 备注 |
|---|---|---|---|---|
|  | 安装工程 |  |  |  |
| 四 | 控制及直流系统 |  |  |  |
| 500008708 | 变压器保护，AC500kV | 套 | 2 |  |

| 序号 | 设备或材料名称 | 单位 | 数量 | 备注 |
|---|---|---|---|---|
| 500014805 | 布电线，BV，铜，2.5，1 | km | 0.020 | |
| 500014824 | 布电线，BVR，铜，4，1 | km | 0.020 | |
| 500017121 | 网络线，超5类，屏蔽 | m | 300 | |
| 500128947 | 通信电缆，RVSP，1.5，2 | m | 150 | |
| 900000001 | 计算机监控系统扩容 | 项 | 1 | |
| 500011727 | 防火涂料 | t | 0.050 | |
| 500011738 | 防火堵料 | t | 0.050 | |
| 500027477 | 布电线，BVR，铜，100，1 | m | 3 | |
| 100000015 | 500kV变电站控制电缆 | km | 0.600 | |

### 10.11.5　典型方案工程量表

典型方案E1-11工程量见表10-77。

**表10-77　　　　　　典型方案E1-11工程量表**

| 序号 | 项目名称 | 单位 | 数量 | 备注 |
|---|---|---|---|---|
| | 安装工程 | | | |
| 四 | 控制及直流系统 | | | |
| JGD4-6 | 控制、保护屏柜安装　保护屏柜　500kV变电站 | 块 | 3 | |
| JGD7-3 | 全站电缆敷设　控制电缆　全站 | 100m | 6 | |
| JGZ7-1 | 布放设备电缆　布放线缆 | 100m | 4.500 | |
| JGD7-10 | 电缆防火安装　防火堵料 | t | 0.050 | |
| JGD7-11 | 电缆防火安装　防火涂料 | t | 0.050 | |
| 九 | 调试 | | | |
| 1 | 分系统调试 | | | |
| 调JGS1-6<br>R×1.4<br>C×1.4<br>J×1.4 | 电力变压器系统　500kV | 系统 | 1 | |
| | 拆除工程 | | | |
| | 安装拆除 | | | |
| 四 | 控制及直流系统 | | | |
| CYD4-1 | 控制保护屏拆除　保护二次屏（柜） | 台 | 3 | |
| CYD7-3 | 全站电缆拆除　控制电缆 | 100m | 6 | |

## 10.12　E1-12 更换 500kV 主变压器保护及附属电缆

### 10.12.1　典型方案主要内容

本典型方案为旧保护屏柜和二次电缆拆除，新保护屏柜安装、屏柜接地、屏顶小母线敷设、二次设备间线缆（含低压电力电缆、控制电缆、通信线缆）及至一次设备附属控制电缆敷设、二次接线，综自系统、保护信息子站相关参数设置与修改，保护定值整定、装置调试、开关传动。不包括二次电缆沟新增和修整、屏柜基础修整，不包括二次接地网改造，不包括瓦斯继电器、压力释放装置等变压器本体二次设备更换，不包括变压器调压控制装置、风冷控制装置更换。

### 10.12.2　典型方案主要技术条件

典型方案 E1-12 主要技术条件见表 10-78。

表 10-78　　　　　　　　　　　典型方案 E1-12 主要技术条件

| 方案名称 | 工程主要技术条件 | |
|---|---|---|
| | 电压等级 | 500kV |
| | 规格型号 | 主后一体双套配置 |
| 更换 500kV 主变压器保护及附属电缆 | 组屏方式 | 电气量保护 2 套含非电量保护及操作箱等，组 3 面屏 |
| | 电气参数 | 主变压器容量 250MVA、变比 500/220/35kV、有载调压 |
| | 主接线方式 | 高压侧 3/2 接线、中压侧双母分段接线、低压侧单母线接线 |

### 10.12.3　典型方案估算书

估算投资为总投资，编制依据按第 9 章要求。典型方案 E1-12 估算书包括总估算汇总表、安装工程专业汇总表、拆除工程专业汇总表、其他费用估算表，分别见表 10-79～表 10-82。

表 10-79　　　　　　　　　　典型方案 E1-12 总估算汇总表　　　　　　　　金额单位：万元

| 序号 | 工程或费用名称 | 含税金额 | 占工程投资的比例（%） | 不含税金额 | 可抵扣增值税金额 |
|---|---|---|---|---|---|
| 一 | 建筑工程费 | | | | |
| 二 | 安装工程费 | 39.76 | 31.46 | 36.04 | 3.72 |
| 三 | 拆除工程费 | 3.59 | 2.84 | 3.29 | 0.3 |
| 四 | 设备购置费 | 68.28 | 54.03 | 60.43 | 7.85 |
| | 其中：编制基准期价差 | 0.73 | 0.58 | 0.73 | |
| 五 | 小计 | 111.63 | 88.33 | 99.76 | 11.87 |
| | 其中：甲供设备材料费 | 81.7 | 64.65 | 72.3 | 9.4 |
| 六 | 其他费用 | 14.75 | 11.67 | 13.91 | 0.84 |

续表

| 序号 | 工程或费用名称 | 含税金额 | 占工程投资的比例（%） | 不含税金额 | 可抵扣增值税金额 |
|---|---|---|---|---|---|
| 七 | 基本预备费 | | | | |
| 八 | 特殊项目 | | | | |
| 九 | 工程投资合计 | 126.38 | 100 | 113.67 | 12.71 |
| | 其中：可抵扣增值税金额 | 12.71 | | | 12.71 |
| | 其中：施工费 | 29.93 | 23.68 | 27.46 | 2.47 |

表 10-80　　　　　　典型方案 E1-12 安装工程专业汇总表　　　　金额单位：元

| 序号 | 工程或费用名称 | 安装工程费 | | | 设备购置费 | 合计 |
|---|---|---|---|---|---|---|
| | | 未计价材料费 | 安装费 | 小计 | | |
| | 安装工程 | 137549 | 260018 | 397567 | 682793 | 1080360 |
| 四 | 控制及直流系统 | 136525 | 135314 | 271838 | 682793 | 954631 |
| 1 | 监控或监测系统 | | | | 100175 | 100175 |
| 1.1 | 计算机监控系统 | | | | 100175 | 100175 |
| 2 | 继电保护装置 | 136525 | 135314 | 271838 | 582618 | 854456 |
| 六 | 电缆防护设施 | 801 | 1585 | 2386 | | 2386 |
| 2 | 电缆防火 | 801 | 1585 | 2386 | | 2386 |
| 七 | 全站接地 | 224 | 20 | 244 | | 244 |
| 1 | 接地网 | 224 | 20 | 244 | | 244 |
| 九 | 调试 | | 123099 | 123099 | | 123099 |
| 1 | 分系统调试 | | 123099 | 123099 | | 123099 |
| | 合计 | 137549 | 260018 | 397567 | 682793 | 1080360 |

表 10-81　　　　　　典型方案 E1-12 拆除工程专业汇总表　　　　金额单位：元

| 序号 | 工程或费用名称 | 拆除工程费 |
|---|---|---|
| | 拆除工程 | 35911 |
| | 安装拆除 | 35911 |
| 四 | 控制及直流系统 | 35911 |
| 1 | 监控或监测系统 | 32397 |
| 1.1 | 计算机监控系统 | 32397 |
| 2 | 继电保护装置 | 3514 |
| | 合计 | 35911 |

**表 10-82**　　　　　　　**典型方案 E1-12 其他费用估算表**　　　　　金额单位：元

| 序号 | 工程或费用项目名称 | 编制依据及计算说明 | 合价 |
|---|---|---|---|
| 2 | 项目管理费 | | 42264 |
| 2.1 | 管理经费 | （建筑工程费+安装工程费+拆除工程费）×3.53% | 15302 |
| 2.2 | 招标费 | （建筑工程费+安装工程费+拆除工程费）×1.81% | 7846 |
| 2.3 | 工程监理费 | （建筑工程费+安装工程费+拆除工程费）×4.41% | 19116 |
| 3 | 项目技术服务费 | | 105256 |
| 3.1 | 前期工作费 | （建筑工程费+安装工程费）×3.05% | 12126 |
| 3.3 | 工程勘察设计费 | | 85541 |
| 3.3.2 | 设计费 | 设计费×100% | 85541 |
| 3.4 | 设计文件评审费 | | 5292 |
| 3.4.1 | 初步设计文件评审费 | 基本设计费×3.5% | 2537 |
| 3.4.2 | 施工图文件评审费 | 基本设计费×3.8% | 2755 |
| 3.5 | 施工过程造价咨询及竣工结算审核费 | （建筑工程费+安装工程费+拆除工程费）×0.53% | 2297 |
| | 合计 | | 147520 |

### 10.12.4　典型方案设备材料表

典型方案 E1-12 设备材料表见表 10-83。

**表 10-83**　　　　　　　　**典型方案 E1-12 设备材料表**

| 序号 | 设备或材料名称 | 单位 | 数量 | 备注 |
|---|---|---|---|---|
| | 安装工程 | | | |
| 四 | 控制及直流系统 | | | |
| 2 | 继电保护装置 | | | |
| 900000001 | 计算机监控系统扩容 | 项 | 1 | |
| 500008708 | 变压器保护，AC500kV | 套 | 2 | |
| 100000015 | 500kV 变电站控制电缆 | km | 8 | |
| 500014805 | 布电线，BV，铜，2.5，1 | km | 0.020 | |
| 500014824 | 布电线，BVR，铜，4，1 | km | 0.020 | |
| 500017121 | 网络线，超 5 类，屏蔽 | m | 300 | |
| 500128947 | 通信电缆，RVSP，1.5，2 | m | 150 | |
| 500011727 | 防火涂料 | t | 0.050 | |
| 500011738 | 防火堵料 | t | 0.050 | |
| 500027477 | 布电线，BVR，铜，100，1 | m | 3 | |

### 10.12.5　典型方案工程量表

典型方案 E1-12 工程量见表 10-84。

**表 10 – 84** 典型方案 E1 – 12 工程量表

| 序号 | 项目名称 | 单位 | 数量 | 备注 |
|---|---|---|---|---|
| | 安装工程 | | | |
| 四 | 控制及直流系统 | | | |
| 2 | 继电保护装置 | | | |
| JGD4 – 6 | 控制、保护屏柜安装 保护屏柜 500kV 变电站 | 块 | 3 | |
| JGD7 – 3 | 全站电缆敷设 控制电缆 全站 | 100m | 80 | |
| JGZ7 – 1 | 布放设备电缆 布放线缆 | 100m | 4.500 | |
| JGD7 – 10 | 电缆防火安装 防火堵料 | t | 0.050 | |
| JGD7 – 11 | 电缆防火安装 防火涂料 | t | 0.050 | |
| 九 | 调试 | | | |
| 1 | 分系统调试 | | | |
| 调 JGS1 – 6 R×1.4 C×1.4 J×1.4 | 电力变压器系统 500kV | 系统 | 1 | |
| | 拆除工程 | | | |
| | 安装拆除 | | | |
| 四 | 控制及直流系统 | | | |
| CYD4 – 1 | 控制保护屏拆除 保护二次屏（柜） | 台 | 3 | |
| CYD7 – 3 | 全站电缆拆除 控制电缆 | 100m | 80 | |

# 第11章　更换母差保护

　　更换母差保护典型方案共12个，包含35～500kV母差保护更换。所有典型方案的工作范围均为常规综自变电站内微机保护装置更换，不考虑各出线保护装置、站内测控装置或综自系统同步更换的情况，也不考虑一次设备配合改造的情况。本典型方案不包含智能变电站内保护更换的方案。

## 11.1　E2-1更换35kV母差保护

### 11.1.1　典型方案主要内容

　　本典型方案为旧保护屏柜和二次电缆拆除，新保护屏柜安装、屏柜接地、屏顶小母线敷设、二次设备间线缆（含低压电力电缆、控制电缆、通信线缆）敷设、二次接线，综自系统、保护信息子站相关参数设置与修改，保护定值整定、装置调试、开关传动。不包括二次电缆沟新增和修整、屏柜基础修整，不包括二次接地网改造。

### 11.1.2　典型方案主要技术条件

　　典型方案 E2-1 主要技术条件见表11-1。

表11-1　　　　　　　　　　　典型方案 E2-1 主要技术条件

| 方案名称 | 工程主要技术条件 | |
|---|---|---|
| 更换35kV母差保护 | 变电站电压等级 | 220kV |
| | 电压等级 | 35kV |
| | 规格型号 | 单套配置 |
| | 组屏方式 | 保护装置1套，组1面屏 |
| | 主接线方式 | 高压侧、中压侧双母线接线，低压侧单母线分段接线 |

### 11.1.3　典型方案估算书

　　估算投资为总投资，编制依据按第9章要求。典型方案 E2-1 估算书包括总估算汇总表、安装工程专业汇总表、拆除工程专业汇总表、其他费用估算表，分别见表11-2～表11-5。

表11-2　　　　　　　　　　　典型方案 E2-1 总估算汇总表　　　　　　　　金额单位：万元

| 序号 | 工程或费用名称 | 含税金额 | 占工程投资的比例（%） | 不含税金额 | 可抵扣增值税金额 |
|---|---|---|---|---|---|
| 一 | 建筑工程费 | | | | |
| 二 | 安装工程费 | 1.98 | 12.63 | 1.8 | 0.18 |

续表

| 序号 | 工程或费用名称 | 含税金额 | 占工程投资的比例（%） | 不含税金额 | 可抵扣增值税金额 |
|---|---|---|---|---|---|
| 三 | 拆除工程费 | 0.23 | 1.47 | 0.21 | 0.02 |
| 四 | 设备购置费 | 11.9 | 75.89 | 10.53 | 1.37 |
|  | 其中：编制基准期价差 | 0.04 | 0.26 | 0.04 |  |
| 五 | 小计 | 14.11 | 89.99 | 12.54 | 1.57 |
|  | 其中：甲供设备材料费 | 12.39 | 79.02 | 10.97 | 1.42 |
| 六 | 其他费用 | 1.57 | 10.01 | 1.48 | 0.09 |
| 七 | 基本预备费 |  |  |  |  |
| 八 | 特殊项目 |  |  |  |  |
| 九 | 工程投资合计 | 15.68 | 100 | 14.02 | 1.66 |
|  | 其中：可抵扣增值税金额 | 1.66 |  |  | 1.66 |
|  | 其中：施工费 | 1.72 | 10.97 | 1.58 | 0.14 |

**表11-3** 　　　　　　　　　　**典型方案E2-1安装工程专业汇总表** 　　　　　　　金额单位：元

| 序号 | 工程或费用名称 | 安装工程费 | | | 设备购置费 | 合计 |
|---|---|---|---|---|---|---|
|  |  | 未计价材料费 | 安装费 | 小计 |  |  |
|  | 安装工程 | 5713 | 14107 | 19820 | 119008 | 138828 |
| 四 | 控制及直流系统 | 5479 | 7564 | 13042 | 119008 | 132050 |
| 1 | 监控或监测系统 |  |  |  | 50088 | 50088 |
| 1.1 | 计算机监控系统 |  |  |  | 50088 | 50088 |
| 2 | 继电保护装置 | 5479 | 7564 | 13042 | 68920 | 81963 |
| 六 | 电缆防护设施 | 160 | 317 | 477 |  | 477 |
| 2 | 电缆防火 | 160 | 317 | 477 |  | 477 |
| 七 | 全站接地 | 75 | 7 | 81 |  | 81 |
| 1 | 接地网 | 75 | 7 | 81 |  | 81 |
| 九 | 调试 |  | 6219 | 6219 |  | 6219 |
| 1 | 分系统调试 |  | 6219 | 6219 |  | 6219 |
|  | 合计 | 5713 | 14107 | 19820 | 119008 | 138828 |

**表11-4** 　　　　　　　　　　**典型方案E2-1拆除工程专业汇总表** 　　　　　　　金额单位：元

| 序号 | 工程或费用名称 | 拆除工程费 |
|---|---|---|
|  | 拆除工程 | 2285 |
|  | 安装拆除 | 2285 |
| 四 | 控制及直流系统 | 2285 |
| 2 | 继电保护装置 | 2285 |
|  | 合计 | 2285 |

表 11－5　　　　　　　　　典型方案 E2－1其他费用估算表　　　　　　金额单位：元

| 序号 | 工程或费用项目名称 | 编制依据及计算说明 | 合价 |
|---|---|---|---|
| 2 | 项目管理费 | | 2155 |
| 2.1 | 管理经费 | （建筑工程费＋安装工程费＋拆除工程费）×3.53% | 780 |
| 2.2 | 招标费 | （建筑工程费＋安装工程费＋拆除工程费）×1.81% | 400 |
| 2.3 | 工程监理费 | （建筑工程费＋安装工程费＋拆除工程费）×4.41% | 975 |
| 3 | 项目技术服务费 | | 13529 |
| 3.1 | 前期工作费 | （建筑工程费＋安装工程费）×3.05% | 605 |
| 3.3 | 工程勘察设计费 | | 11418 |
| 3.3.2 | 设计费 | 设计费×100% | 11418 |
| 3.4 | 设计文件评审费 | | 706 |
| 3.4.1 | 初步设计文件评审费 | 基本设计费×3.5% | 339 |
| 3.4.2 | 施工图文件评审费 | 基本设计费×3.8% | 368 |
| 3.5 | 施工过程造价咨询及竣工结算审核费 | （建筑工程费＋安装工程费＋拆除工程费）×0.53% | 800 |
| | 合计 | | 15684 |

11.1.4　典型方案设备材料表

典型方案 E2－1 设备材料表见表 11－6。

表 11－6　　　　　　　　　　典型方案 E2－1 设备材料表

| 序号 | 设备或材料名称 | 单位 | 数量 | 备注 |
|---|---|---|---|---|
| | 安装工程 | | | |
| 四 | 控制及直流系统 | | | |
| 2 | 继电保护装置 | | | |
| 900000001 | 计算机监控系统扩容 | 项 | 1 | |
| 500008695 | 母线保护，AC35kV | 套 | 1 | |
| 100000013 | 220kV 变电站控制电缆 | km | 0.275 | |
| 500014805 | 布电线，BV，铜，2.5，1 | km | 0.020 | |
| 500014824 | 布电线，BVR，铜，4，1 | km | 0.020 | |
| 500017121 | 网络线，超 5 类，屏蔽 | m | 50 | 单套 |
| 500128947 | 通信电缆，RVSP，1.5，2 | m | 50 | 单套 |
| 500011727 | 防火涂料 | t | 0.010 | |
| 500011738 | 防火堵料 | t | 0.01 | |
| 500027477 | 布电线，BVR，铜，100，1 | m | 1 | |

11.1.5　典型方案工程量表

典型方案 E2－1 工程量见表 11－7。

表 11-7

**典型方案 E2-1 工程量表**

| 序号 | 项目名称 | 单位 | 数量 | 备注 |
|---|---|---|---|---|
| | 安装工程 | | | |
| 四 | 控制及直流系统 | | | |
| 2 | 继电保护装置 | | | |
| JGD4-2 | 控制、保护屏柜安装　保护屏柜　35kV 变电站 | 块 | 1 | |
| JGD7-3 | 全站电缆敷设　控制电缆　全站 | 100m | 2.750 | |
| JGZ7-1 | 布放设备电缆　布放线缆 | 100m | 1 | |
| JGD7-10 | 电缆防火安装　防火堵料 | t | 0.010 | |
| JGD7-11 | 电缆防火安装　防火涂料 | t | 0.010 | |
| 九 | 调试 | | | |
| 1 | 分系统调试 | | | |
| JGS1-27 | 母线保护　35kV | 套 | 1 | |
| | 拆除工程 | | | |
| | 安装拆除 | | | |
| CYD4-1 | 控制保护屏拆除　保护二次屏（柜） | 台 | 1 | |
| CYD7-3 | 全站电缆拆除　控制电缆 | 100m | 2.750 | |

## 11.2　E2-2 更换 35kV 母差保护及附属电缆

### 11.2.1　典型方案主要内容

本典型方案为旧保护屏柜和二次电缆拆除，新保护屏柜安装、屏柜接地、屏顶小母线敷设、二次设备间线缆（含低压电力电缆、控制电缆、通信线缆）及至一次设备附属控制电缆敷设、二次接线，综自系统、保护信息子站相关参数设置与修改，保护定值整定、装置调试、开关传动。不包括二次电缆沟新增和修整、屏柜基础修整，不包括二次接地网改造。

### 11.2.2　典型方案主要技术条件

典型方案 E2-2 主要技术条件见表 11-8。

表 11-8

**典型方案 E2-2 主要技术条件**

| 方案名称 | 工程主要技术条件 | |
|---|---|---|
| 更换 35kV 母差保护及附属电缆 | 变电站电压等级 | 220kV |
| | 电压等级 | 35kV |
| | 规格型号 | 单套配置 |
| | 组屏方式 | 保护装置 1 套，组 1 面屏 |
| | 主接线方式 | 高压侧、中压侧双母线接线，低压侧单母线分段接线 |

### 11.2.3　典型方案估算书

估算投资为总投资，编制依据按第 9 章要求。典型方案 E2－2 估算书包括总估算汇总表、安装工程专业汇总表、拆除工程专业汇总表、其他费用估算表，分别见表 11－9～表 11－12。

表 11－9　　　　　　　　　　典型方案 E2－2 总估算汇总表　　　　　金额单位：万元

| 序号 | 工程或费用名称 | 含税金额 | 占工程投资的比例（%） | 不含税金额 | 可抵扣增值税金额 |
|---|---|---|---|---|---|
| 一 | 建筑工程费 | | | | |
| 二 | 安装工程费 | 9.36 | 36.34 | 8.43 | 0.93 |
| 三 | 拆除工程费 | 1.24 | 4.81 | 1.14 | 0.1 |
| 四 | 设备购置费 | 11.9 | 46.2 | 10.53 | 1.37 |
| | 其中：编制基准期价差 | 0.15 | 0.58 | 0.15 | |
| 五 | 小计 | 22.5 | 87.34 | 20.1 | 2.4 |
| | 其中：甲供设备材料费 | 16.84 | 65.37 | 14.9 | 1.94 |
| 六 | 其他费用 | 3.26 | 12.66 | 3.08 | 0.18 |
| 七 | 基本预备费 | | | | |
| 八 | 特殊项目 | | | | |
| 九 | 工程投资合计 | 25.76 | 100 | 23.18 | 2.58 |
| | 其中：可抵扣增值税金额 | 2.58 | | | 2.58 |
| | 其中：施工费 | 5.66 | 21.97 | 5.19 | 0.47 |

表 11－10　　　　　　　　　　典型方案 E2－2 安装工程专业汇总表　　　　　金额单位：元

| 序号 | 工程或费用名称 | 安装工程费 | | | 设备购置费 | 合计 |
|---|---|---|---|---|---|---|
| | | 未计价材料费 | 安装费 | 小计 | | |
| | 安装工程 | 50201 | 43394 | 93595 | 119008 | 212603 |
| 四 | 控制及直流系统 | 49967 | 36851 | 86817 | 119008 | 205825 |
| 1 | 监控或监测系统 | | | | 50088 | 50088 |
| 1.1 | 计算机监控系统 | | | | 50088 | 50088 |
| 2 | 继电保护装置 | 49967 | 36851 | 86817 | 68920 | 155738 |
| 六 | 电缆防护设施 | 160 | 317 | 477 | | 477 |
| 2 | 电缆防火 | 160 | 317 | 477 | | 477 |
| 七 | 全站接地 | 75 | 7 | 81 | | 81 |
| 1 | 接地网 | 75 | 7 | 81 | | 81 |
| 九 | 调试 | | 6219 | 6219 | | 6219 |
| 1 | 分系统调试 | | 6219 | 6219 | | 6219 |
| | 合计 | 50201 | 43394 | 93595 | 119008 | 212603 |

表 11-11　　　　　　　　　典型方案 E2-2 拆除工程专业汇总表　　　　　　　　金额单位：元

| 序号 | 工程或费用名称 | 拆除工程费 |
|---|---|---|
|  | 拆除工程 | 12409 |
|  | 安装拆除 | 12409 |
| 四 | 控制及直流系统 | 12409 |
| 2 | 继电保护装置 | 12409 |
|  | 合计 | 12409 |

表 11-12　　　　　　　　　典型方案 E2-2 其他费用估算表　　　　　　　　金额单位：元

| 序号 | 工程或费用项目名称 | 编制依据及计算说明 | 合价 |
|---|---|---|---|
| 2 | 项目管理费 |  | 10335 |
| 2.1 | 管理经费 | （建筑工程费+安装工程费+拆除工程费）×3.53% | 3742 |
| 2.2 | 招标费 | （建筑工程费+安装工程费+拆除工程费）×1.81% | 1919 |
| 2.3 | 工程监理费 | （建筑工程费+安装工程费+拆除工程费）×4.41% | 4675 |
| 3 | 项目技术服务费 |  | 22222 |
| 3.1 | 前期工作费 | （建筑工程费+安装工程费）×3.05% | 2855 |
| 3.3 | 工程勘察设计费 |  | 17486 |
| 3.3.2 | 设计费 | 设计费×100% | 17486 |
| 3.4 | 设计文件评审费 |  | 1082 |
| 3.4.1 | 初步设计文件评审费 | 基本设计费×3.5% | 519 |
| 3.4.2 | 施工图文件评审费 | 基本设计费×3.8% | 563 |
| 3.5 | 施工过程造价咨询及竣工结算审核费 | （建筑工程费+安装工程费+拆除工程费）×0.53% | 800 |
|  | 合计 |  | 32558 |

### 11.2.4　典型方案设备材料表

典型方案 E2-2 设备材料表见表 11-13。

表 11-13　　　　　　　　　典型方案 E2-2 设备材料表

| 序号 | 设备或材料名称 | 单位 | 数量 | 备注 |
|---|---|---|---|---|
|  | 安装工程 |  |  |  |
| 四 | 控制及直流系统 |  |  |  |
| 2 | 继电保护装置 |  |  |  |
| 900000001 | 计算机监控系统扩容 | 项 | 1 |  |
| 500008695 | 母线保护，AC35kV | 套 | 1 |  |
| 100000013 | 220kV 变电站控制电缆 | km | 2.775 |  |
| 500014805 | 布电线，BV，铜，2.5，1 | km | 0.020 |  |

续表

| 序号 | 设备或材料名称 | 单位 | 数量 | 备注 |
|---|---|---|---|---|
| 500014824 | 布电线，BVR，铜，4，1 | km | 0.020 | |
| 500017121 | 网络线，超5类，屏蔽 | m | 50 | 单套 |
| 500128947 | 通信电缆，RVSP，1.5，2 | m | 50 | 单套 |
| 500011727 | 防火涂料 | t | 0.010 | |
| 500011738 | 防火堵料 | t | 0.010 | |
| 500027477 | 布电线，BVR，铜，100，1 | m | 1 | |

### 11.2.5 典型方案工程量表

典型方案 E2-2 工程量见表 11-14。

**表 11-14　　　　　　　　　典型方案 E2-2 工程量表**

| 序号 | 项目名称 | 单位 | 数量 | 备注 |
|---|---|---|---|---|
| | 安装工程 | | | |
| 四 | 控制及直流系统 | | | |
| 2 | 继电保护装置 | | | |
| JGD4-2 | 控制、保护屏柜安装　保护屏柜　35kV 变电站 | 块 | 1 | |
| JGD7-3 | 全站电缆敷设　控制电缆　全站 | 100m | 27.750 | |
| JGZ7-1 | 布放设备电缆　布放线缆 | 100m | 1 | |
| JGD7-10 | 电缆防火安装　防火堵料 | t | 0.010 | |
| JGD7-11 | 电缆防火安装　防火涂料 | t | 0.010 | |
| 九 | 调试 | | | |
| 1 | 分系统调试 | | | |
| JGS1-27 | 母线保护　35kV | 套 | 1 | |
| | 拆除工程 | | | |
| | 安装拆除 | | | |
| CYD4-1 | 控制保护屏拆除　保护二次屏（柜） | 台 | 1 | |
| CYD7-3 | 全站电缆拆除　控制电缆 | 100m | 27.750 | |

## 11.3　E2-3 更换 66kV 母差保护

### 11.3.1 典型方案主要内容

本典型方案为旧保护屏柜和二次电缆拆除，新保护屏柜安装、屏柜接地、屏顶小母线敷设、二次设备间线缆（含低压电力电缆、控制电缆、通信线缆）敷设、二次接线，综自系统、保护信息子站相关参数设置与修改，保护定值整定、装置调试、开关传动。不包括二次电缆沟新增和修整、屏柜基础修整，不包括二次接地网改造。

### 11.3.2 典型方案主要技术条件

典型方案 E2－3 主要技术条件见表 11－15。

表 11－15　　　　　　　典型方案 E2－3 主要技术条件

| 方案名称 | 工程主要技术条件 | |
|---|---|---|
| 更换 66kV 母差保护 | 变电站电压等级 | 750kV |
| | 电压等级 | 66kV |
| | 规格型号 | 单套配置 |
| | 组屏方式 | 保护装置 1 套，组 1 面屏 |
| | 主接线方式 | 高压侧 3/2 接线，中压侧双母线双分段接线，低压侧单母线接线 |

### 11.3.3 典型方案估算书

估算投资为总投资，编制依据按第 9 章要求。典型方案 E2－3 估算书包括总估算汇总表、安装工程专业汇总表、拆除工程专业汇总表、其他费用估算表，分别见表 11－16～表 11－19。

表 11－16　　　　　　　典型方案 E2－3 总估算汇总表　　　　　金额单位：万元

| 序号 | 工程或费用名称 | 含税金额 | 占工程投资的比例（%） | 不含税金额 | 可抵扣增值税金额 |
|---|---|---|---|---|---|
| 一 | 建筑工程费 | | | | |
| 二 | 安装工程费 | 2.64 | 14.67 | 2.41 | 0.23 |
| 三 | 拆除工程费 | 0.2 | 1.11 | 0.18 | 0.02 |
| 四 | 设备购置费 | 13.33 | 74.06 | 11.8 | 1.53 |
| | 其中：编制基准期价差 | 0.04 | 0.22 | 0.04 | |
| 五 | 小计 | 16.17 | 89.83 | 14.39 | 1.78 |
| | 其中：甲供设备材料费 | 13.69 | 76.06 | 12.12 | 1.57 |
| 六 | 其他费用 | 1.83 | 10.17 | 1.73 | 0.1 |
| 七 | 基本预备费 | | | | |
| 八 | 特殊项目 | | | | |
| 九 | 工程投资合计 | 18 | 100 | 16.12 | 1.88 |
| | 其中：可抵扣增值税金额 | 1.88 | | | 1.88 |
| | 其中：施工费 | 2.48 | 13.78 | 2.27 | 0.21 |

表 11－17　　　　　　　典型方案 E2－3 安装工程专业汇总表　　　　　金额单位：元

| 序号 | 工程或费用名称 | 安装工程费 | | | 设备购置费 | 合计 |
|---|---|---|---|---|---|---|
| | | 未计价材料费 | 安装费 | 小计 | | |
| | 安装工程 | 4837 | 21568 | 26405 | 133333 | 159738 |
| 四 | 控制及直流系统 | 4282 | 9317 | 13599 | 133333 | 146932 |

续表

| 序号 | 工程或费用名称 | 安装工程费 | | | 设备购置费 | 合计 |
|------|----------------|------------|------|------|------------|------|
| | | 未计价材料费 | 安装费 | 小计 | | |
| 1 | 监控或监测系统 | | | | 50088 | 50088 |
| 1.1 | 计算机监控系统 | | | | 50088 | 50088 |
| 2 | 继电保护装置 | 4282 | 9317 | 13599 | 83245 | 96844 |
| 六 | 电缆防护设施 | 481 | 949 | 1430 | | 1430 |
| 2 | 电缆防火 | 481 | 949 | 1430 | | 1430 |
| 七 | 全站接地 | 75 | 7 | 81 | | 81 |
| 1 | 接地网 | 75 | 7 | 81 | | 81 |
| 九 | 调试 | | 11295 | 11295 | | 11295 |
| 1 | 分系统调试 | | 11295 | 11295 | | 11295 |
| | 合计 | 4837 | 21568 | 26405 | 133333 | 159738 |

**表 11-18　　典型方案 E2-3 拆除工程专业汇总表**　　　　金额单位：元

| 序号 | 工程或费用名称 | 拆除工程费 |
|------|----------------|------------|
| | 拆除工程 | 2042 |
| | 安装拆除 | 2042 |
| 四 | 控制及直流系统 | 2042 |
| 2 | 继电保护装置 | 2042 |
| | 合计 | 2042 |

**表 11-19　　典型方案 E2-3 其他费用估算表**　　　　金额单位：元

| 序号 | 工程或费用项目名称 | 编制依据及计算说明 | 合价 |
|------|--------------------|--------------------|------|
| 2 | 项目管理费 | | 2774 |
| 2.1 | 管理经费 | （建筑工程费＋安装工程费＋拆除工程费）×3.53% | 1004 |
| 2.2 | 招标费 | （建筑工程费＋安装工程费＋拆除工程费）×1.81% | 515 |
| 2.3 | 工程监理费 | （建筑工程费＋安装工程费＋拆除工程费）×4.41% | 1255 |
| 3 | 项目技术服务费 | | 15556 |
| 3.1 | 前期工作费 | （建筑工程费＋安装工程费）×3.05% | 805 |
| 3.3 | 工程勘察设计费 | | 13138 |
| 3.3.2 | 设计费 | 设计费×100% | 13138 |
| 3.4 | 设计文件评审费 | | 813 |
| 3.4.1 | 初步设计文件评审费 | 基本设计费×3.5% | 390 |
| 3.4.2 | 施工图文件评审费 | 基本设计费×3.8% | 423 |
| 3.5 | 施工过程造价咨询及竣工结算审核费 | （建筑工程费＋安装工程费＋拆除工程费）×0.53% | 800 |
| | 合计 | | 18329 |

### 11.3.4 典型方案设备材料表

典型方案 E2-3 设备材料表见表 11-20。

表 11-20                    典型方案 E2-3 设备材料表

| 序号 | 设备或材料名称 | 单位 | 数量 | 备注 |
|---|---|---|---|---|
| | 安装工程 | | | |
| 四 | 控制及直流系统 | | | |
| 900000001 | 计算机监控系统扩容 | 项 | 1 | |
| 500008702 | 母线保护，AC66kV | 套 | 1 | |
| 100000016 | 750kV 变电站控制电缆 | km | 0.215 | |
| 500014805 | 布电线，BV，铜，2.5，1 | km | 0.030 | |
| 500014824 | 布电线，BVR，铜，4，1 | km | 0.050 | |
| 500017121 | 网络线，超 5 类，屏蔽 | m | 50 | 单套 |
| 500128947 | 通信电缆，RVSP，1.5，2 | m | 50 | 单套 |
| 500011727 | 防火涂料 | t | 0.030 | |
| 500011738 | 防火堵料 | t | 0.030 | |
| 500027477 | 布电线，BVR，铜，100，1 | m | 1 | |

### 11.3.5 典型方案工程量表

典型方案 E2-3 工程量见表 11-21。

表 11-21                    典型方案 E2-3 工程量表

| 序号 | 项目名称 | 单位 | 数量 | 备注 |
|---|---|---|---|---|
| | 安装工程 | | | |
| 四 | 控制及直流系统 | | | |
| 调 JGD4-3<br>R×0.88<br>C×0.88<br>J×0.88 | 控制、保护屏柜安装 保护屏柜 110kV 变电站 | 块 | 1 | |
| JGD7-3 | 全站电缆敷设 控制电缆 全站 | 100m | 2.150 | |
| JGZ7-1 | 布放设备电缆 布放线缆 | 100m | 1 | |
| JGD7-10 | 电缆防火安装 防火堵料 | t | 0.030 | |
| JGD7-11 | 电缆防火安装 防火涂料 | t | 0.030 | |
| 九 | 调试 | | | |
| 1 | 分系统调试 | | | |
| 调 JGS1-28<br>R×0.88<br>C×0.88<br>J×0.88 | 母线保护 110kV | 套 | 1 | |

续表

| 序号 | 项目名称 | 单位 | 数量 | 备注 |
|---|---|---|---|---|
|  | 拆除工程 |  |  |  |
|  | 安装拆除 |  |  |  |
| CYD4－1 | 控制保护屏拆除　保护二次屏（柜） | 台 | 1 |  |
| CYD7－3 | 全站电缆拆除　控制电缆 | 100m | 2.150 |  |

## 11.4　E2－4 更换 66kV 母差保护及附属电缆

### 11.4.1　典型方案主要内容

本典型方案为旧保护屏柜和二次电缆拆除，新保护屏柜安装、屏柜接地、屏顶小母线敷设、二次设备间线缆（含低压电力电缆、控制电缆、通信线缆）及至一次设备附属控制电缆敷设、二次接线，综自系统、保护信息子站相关参数设置与修改，保护定值整定、装置调试、开关传动。不包括二次电缆沟新增和修整、屏柜基础修整，不包括二次接地网改造。

### 11.4.2　典型方案主要技术条件

典型方案 E2－4 主要技术条件见表 11－22。

表 11－22　　　　　　　　典型方案 E2－4 主要技术条件

| 方案名称 | 工程主要技术条件 | |
|---|---|---|
| 更换 66kV 母差及附属电缆 | 变电站电压等级 | 750kV |
|  | 电压等级 | 66kV |
|  | 规格型号 | 单套配置 |
|  | 组屏方式 | 保护装置 1 套，组 1 面屏 |
|  | 主接线方式 | 高压侧 3/2 接线，中压侧双母线双分段接线，低压侧单母线接线 |

### 11.4.3　典型方案估算书

估算投资为总投资，编制依据按第 9 章要求。典型方案 E2－4 估算书包括总估算汇总表、安装工程专业汇总表、拆除工程专业汇总表、其他费用估算表，分别见表 11－23～表 11－26。

表 11－23　　　　　　　　典型方案 E2－4 总估算汇总表　　　　　　　金额单位：万元

| 序号 | 工程或费用名称 | 含税金额 | 占工程投资的比例（%） | 不含税金额 | 可抵扣增值税金额 |
|---|---|---|---|---|---|
| 一 | 建筑工程费 |  |  |  |  |
| 二 | 安装工程费 | 11.08 | 37.45 | 9.99 | 1.09 |
| 三 | 拆除工程费 | 1.41 | 4.77 | 1.29 | 0.12 |
| 四 | 设备购置费 | 13.33 | 45.05 | 11.8 | 1.53 |

续表

| 序号 | 工程或费用名称 | 含税金额 | 占工程投资的比例（%） | 不含税金额 | 可抵扣增值税金额 |
|---|---|---|---|---|---|
| | 其中：编制基准期价差 | 0.12 | 0.41 | 0.12 | |
| 五 | 小计 | 25.82 | 87.26 | 23.08 | 2.74 |
| | 其中：甲供设备材料费 | 18.68 | 63.13 | 16.53 | 2.15 |
| 六 | 其他费用 | 3.77 | 12.74 | 3.56 | 0.21 |
| 七 | 基本预备费 | | | | |
| 八 | 特殊项目 | | | | |
| 九 | 工程投资合计 | 29.59 | 100 | 26.64 | 2.95 |
| | 其中：可抵扣增值税金额 | 2.95 | | | 2.95 |
| | 其中：施工费 | 7.14 | 24.13 | 6.55 | 0.59 |

**表 11-24**　　　　　　　　典型方案 E2-4 安装工程专业汇总表　　　　　金额单位：元

| 序号 | 工程或费用名称 | 安装工程费 | | | 设备购置费 | 合计 |
|---|---|---|---|---|---|---|
| | | 未计价材料费 | 安装费 | 小计 | | |
| | 安装工程 | 54715 | 56045 | 110759 | 133333 | 244092 |
| 四 | 控制及直流系统 | 54160 | 43794 | 97953 | 133333 | 231286 |
| 1 | 监控或监测系统 | | | | 50088 | 50088 |
| 1.1 | 计算机监控系统 | | | | 50088 | 50088 |
| 2 | 继电保护装置 | 54160 | 43794 | 97953 | 83245 | 181199 |
| 六 | 电缆防护设施 | 481 | 949 | 1430 | | 1430 |
| 2 | 电缆防火 | 481 | 949 | 1430 | | 1430 |
| 七 | 全站接地 | 75 | 7 | 81 | | 81 |
| 1 | 接地网 | 75 | 7 | 81 | | 81 |
| 九 | 调试 | | 11295 | 11295 | | 11295 |
| 1 | 分系统调试 | | 11295 | 11295 | | 11295 |
| | 合计 | 54715 | 56045 | 110759 | 133333 | 244092 |

**表 11-25**　　　　　　　　典型方案 E2-4 拆除工程专业汇总表　　　　　金额单位：元

| 序号 | 工程或费用名称 | 拆除工程费 |
|---|---|---|
| | 拆除工程 | 14110 |
| | 安装拆除 | 14110 |
| 四 | 控制及直流系统 | 14110 |
| 2 | 继电保护装置 | 14110 |
| | 合计 | 14110 |

表 11−26　　　　　　　　　　典型方案 E2−4 其他费用估算表　　　　　　　　金额单位：元

| 序号 | 工程或费用项目名称 | 编制依据及计算说明 | 合价 |
|---|---|---|---|
| 2 | 项目管理费 | | 12175 |
| 2.1 | 管理经费 | （建筑工程费＋安装工程费＋拆除工程费）×3.53% | 4408 |
| 2.2 | 招标费 | （建筑工程费＋安装工程费＋拆除工程费）×1.81% | 2260 |
| 2.3 | 工程监理费 | （建筑工程费＋安装工程费＋拆除工程费）×4.41% | 5507 |
| 3 | 项目技术服务费 | | 25496 |
| 3.1 | 前期工作费 | （建筑工程费＋安装工程费）×3.05% | 3378 |
| 3.3 | 工程勘察设计费 | | 20076 |
| 3.3.2 | 设计费 | 设计费×100% | 20076 |
| 3.4 | 设计文件评审费 | | 1242 |
| 3.4.1 | 初步设计文件评审费 | 基本设计费×3.5% | 595 |
| 3.4.2 | 施工图文件评审费 | 基本设计费×3.8% | 647 |
| 3.5 | 施工过程造价咨询及竣工结算审核费 | （建筑工程费＋安装工程费＋拆除工程费）×0.53% | 800 |
| | 合计 | | 37670 |

### 11.4.4　典型方案设备材料表

典型方案 E2−4 设备材料表见表 11−27。

表 11−27　　　　　　　　　　典型方案 E2−4 设备材料表

| 序号 | 设备或材料名称 | 单位 | 数量 | 备注 |
|---|---|---|---|---|
| | 安装工程 | | | |
| 四 | 控制及直流系统 | | | |
| 900000001 | 计算机监控系统扩容 | 项 | 1 | |
| 500008702 | 母线保护，AC66kV | 套 | 1 | |
| 100000016 | 750kV 变电站控制电缆 | km | 3.195 | |
| 500014805 | 布电线，BV，铜，2.5，1 | km | 0.030 | |
| 500014824 | 布电线，BVR，铜，4，1 | km | 0.050 | |
| 500017121 | 网络线，超 5 类，屏蔽 | m | 50 | 单套 |
| 500128947 | 通信电缆，RVSP，1.5，2 | m | 50 | 单套 |
| 500011727 | 防火涂料 | t | 0.030 | |
| 500011738 | 防火堵料 | t | 0.030 | |
| 500027477 | 布电线，BVR，铜，100，1 | m | 1 | |

### 11.4.5　典型方案工程量表

典型方案 E2−4 工程量见表 11−28。

表 11-28　　　　　　　　　　　典型方案 E2-4 工程量表

| 序号 | 项目名称 | 单位 | 数量 | 备注 |
|---|---|---|---|---|
| | 安装工程 | | | |
| 四 | 控制及直流系统 | | | |
| 调 JGD4-3<br>R×0.88<br>C×0.88<br>J×0.88 | 控制、保护屏柜安装　保护屏柜　110kV 变电站 | 块 | 1 | |
| JGD7-3 | 全站电缆敷设　控制电缆　全站 | 100m | 31.950 | |
| JGZ7-1 | 布放设备电缆　布放线缆 | 100m | 1 | |
| JGD7-10 | 电缆防火安装　防火堵料 | t | 0.030 | |
| JGD7-11 | 电缆防火安装　防火涂料 | t | 0.030 | |
| 九 | 调试 | | | |
| 1 | 分系统调试 | | | |
| 调 JGS1-28<br>R×0.88<br>C×0.88<br>J×0.88 | 母线保护　110kV | 套 | 1 | |
| | 拆除工程 | | | |
| | 安装拆除 | | | |
| CYD4-1 | 控制保护屏拆除　保护二次屏（柜） | 台 | 1 | |
| CYD7-3 | 全站电缆拆除　控制电缆 | 100m | 31.950 | |

## 11.5　E2-5 更换 110kV 母差保护

### 11.5.1　典型方案主要内容

本典型方案为旧保护屏柜和二次电缆拆除，新保护屏柜安装、屏柜接地、屏顶小母线敷设、二次设备间线缆（含低压电力电缆、控制电缆、通信线缆）敷设、二次接线，综自系统、保护信息子站相关参数设置与修改，保护定值整定、装置调试、开关传动。不包括二次电缆沟新增和修整、屏柜基础修整，不包括二次接地网改造。

### 11.5.2　典型方案主要技术条件

典型方案 E2-5 主要技术条件见表 11-29。

表 11-29　　　　　　　　　　　典型方案 E2-5 主要技术条件

| 方案名称 | 工程主要技术条件 | |
|---|---|---|
| 更换 110kV 母差保护 | 变电站电压等级 | 220kV |
| | 电压等级 | 110kV |
| | 规格型号 | 单套配置 |
| | 组屏方式 | 保护装置 1 套，组 1 面屏 |
| | 主接线方式 | 高压侧、中压侧双母线接线，低压侧单母线分段接线 |

### 11.5.3 典型方案估算书

估算投资为总投资，编制依据按第 9 章要求。典型方案 E2-5 估算书包括总估算汇总表、安装工程专业汇总表、拆除工程专业汇总表、其他费用估算表，分别见表 11-30～表 11-33。

表 11-30 典型方案 E2-5 总估算汇总表　　　　　金额单位：万元

| 序号 | 工程或费用名称 | 含税金额 | 占工程投资的比例（%） | 不含税金额 | 可抵扣增值税金额 |
|---|---|---|---|---|---|
| 一 | 建筑工程费 | | | | |
| 二 | 安装工程费 | 4.38 | 21.88 | 3.98 | 0.4 |
| 三 | 拆除工程费 | 0.4 | 2 | 0.37 | 0.03 |
| 四 | 设备购置费 | 13.04 | 65.13 | 11.54 | 1.5 |
| | 其中：编制基准期价差 | 0.09 | 0.45 | 0.09 | |
| 五 | 小计 | 17.82 | 89.01 | 15.89 | 1.93 |
| | 其中：甲供设备材料费 | 14.27 | 71.28 | 12.63 | 1.64 |
| 六 | 其他费用 | 2.2 | 10.99 | 2.08 | 0.12 |
| 七 | 基本预备费 | | | | |
| 八 | 特殊项目 | | | | |
| 九 | 工程投资合计 | 20.02 | 100 | 17.97 | 2.05 |
| | 其中：可抵扣增值税金额 | 2.05 | | | 2.05 |
| | 其中：施工费 | 3.55 | 17.73 | 3.26 | 0.29 |

表 11-31 典型方案 E2-5 安装工程专业汇总表　　　　　金额单位：元

| 序号 | 工程或费用名称 | 安装工程费 | | | 设备购置费 | 合计 |
|---|---|---|---|---|---|---|
| | | 未计价材料费 | 安装费 | 小计 | | |
| | 安装工程 | 13653 | 30166 | 43819 | 130428 | 174247 |
| 四 | 控制及直流系统 | 12864 | 15906 | 28769 | 130428 | 159197 |
| 1 | 监控或监测系统 | | | | 50088 | 50088 |
| 1.1 | 计算机监控系统 | | | | 50088 | 50088 |
| 2 | 继电保护装置 | 12864 | 15906 | 28769 | 80340 | 109109 |
| 六 | 电缆防护设施 | 641 | 1269 | 1909 | | 1909 |
| 2 | 电缆防火 | 641 | 1269 | 1909 | | 1909 |
| 七 | 全站接地 | 149 | 13 | 163 | | 163 |
| 1 | 接地网 | 149 | 13 | 163 | | 163 |
| 九 | 调试 | | 12978 | 12978 | | 12978 |
| 1 | 分系统调试 | | 12978 | 12978 | | 12978 |
| | 合计 | 13653 | 30166 | 43819 | 130428 | 174247 |

表 11-32 　　　　　　　　　　**典型方案 E2-5 拆除工程专业汇总表**　　　　金额单位：元

| 序号 | 工程或费用名称 | 拆除工程费 |
|---|---|---|
|  | 拆除工程 | 3966 |
|  | 安装拆除 | 3966 |
| 四 | 控制及直流系统 | 3966 |
| 2 | 继电保护装置 | 3966 |
|  | 合计 | 3966 |

表 11-33 　　　　　　　　　　**典型方案 E2-5 其他费用估算表**　　　　金额单位：元

| 序号 | 工程或费用项目名称 | 编制依据及计算说明 | 合价 |
|---|---|---|---|
| 2 | 项目管理费 |  | 4659 |
| 2.1 | 管理经费 | （建筑工程费＋安装工程费＋拆除工程费）×3.53% | 1687 |
| 2.2 | 招标费 | （建筑工程费＋安装工程费＋拆除工程费）×1.81% | 865 |
| 2.3 | 工程监理费 | （建筑工程费＋安装工程费＋拆除工程费）×4.41% | 2107 |
| 3 | 项目技术服务费 |  | 17354 |
| 3.1 | 前期工作费 | （建筑工程费＋安装工程费）×3.05% | 1336 |
| 3.3 | 工程勘察设计费 |  | 14331 |
| 3.3.2 | 设计费 | 设计费×100% | 14331 |
| 3.4 | 设计文件评审费 |  | 887 |
| 3.4.1 | 初步设计文件评审费 | 基本设计费×3.5% | 425 |
| 3.4.2 | 施工图文件评审费 | 基本设计费×3.8% | 462 |
| 3.5 | 施工过程造价咨询及竣工结算审核费 | （建筑工程费＋安装工程费＋拆除工程费）×0.53% | 800 |
|  | 合计 |  | 22013 |

### 11.5.4 典型方案设备材料表

典型方案 E2-5 设备材料表见表 11-34。

表 11-34 　　　　　　　　　　**典型方案 E2-5 设备材料表**

| 序号 | 设备或材料名称 | 单位 | 数量 | 备注 |
|---|---|---|---|---|
|  | 安装工程 |  |  |  |
| 四 | 控制及直流系统 |  |  |  |
| 900000001 | 计算机监控系统扩容 | 项 | 1 |  |
| 500008694 | 母线保护，AC110kV | 套 | 1 |  |
| 100000013 | 220kV 变电站控制电缆 | km | 0.690 |  |
| 500014805 | 布电线，BV，铜，2.5，1 | km | 0.020 |  |
| 500014824 | 布电线，BVR，铜，4，1 | km | 0.020 |  |

续表

| 序号 | 设备或材料名称 | 单位 | 数量 | 备注 |
|------|----------------|------|------|------|
| 500017121 | 网络线，超5类，屏蔽 | m | 50 | 单套 |
| 500128947 | 通信电缆，RVSP，1.5，2 | m | 50 | 单套 |
| 500011727 | 防火涂料 | t | 0.040 | |
| 500011738 | 防火堵料 | t | 0.040 | |
| 500027477 | 布电线，BVR，铜，100，1 | m | 2 | |

### 11.5.5　典型方案工程量表

典型方案 E2-5 工程量见表 11-35。

表 11-35　　　　　　　　　典型方案 E2-5 工程量表

| 序号 | 项目名称 | 单位 | 数量 | 备注 |
|------|----------|------|------|------|
| | 安装工程 | | | |
| 四 | 控制及直流系统 | | | |
| JGD4-3 | 控制、保护屏柜安装　保护屏柜　110kV 变电站 | 块 | 1 | |
| JGD7-3 | 全站电缆敷设　控制电缆　全站 | 100m | 6.900 | |
| JGZ7-1 | 布放设备电缆　布放线缆 | 100m | 1 | |
| JGD7-10 | 电缆防火安装　防火堵料 | t | 0.040 | |
| JGD7-11 | 电缆防火安装　防火涂料 | t | 0.040 | |
| 九 | 调试 | | | |
| 1 | 分系统调试 | | | |
| JGS1-28 | 母线保护　110kV | 套 | 1 | |
| | 拆除工程 | | | |
| | 安装拆除 | | | |
| CYD4-1 | 控制保护屏拆除　保护二次屏（柜） | 台 | 1 | |
| CYD7-3 | 全站电缆拆除　控制电缆 | 100m | 6.900 | |

## 11.6　E2-6 更换 110kV 母差保护及附属电缆

### 11.6.1　典型方案主要内容

本典型方案为旧保护屏柜和二次电缆拆除，新保护屏柜安装、屏柜接地、屏顶小母线敷设、二次设备间线缆（含低压电力电缆、控制电缆、通信线缆）及至一次设备附属控制电缆敷设、二次接线，综自系统、保护信息子站相关参数设置与修改，保护定值整定、装置调试、开关传动。不包括二次电缆沟新增和修整、屏柜基础修整，不包括二次接地网改造。

### 11.6.2　典型方案主要技术条件

典型方案 E2-6 主要技术条件见表 11-36。

表 11-36　　　　　　　　　　典型方案 E2-6 主要技术条件

| 方案名称 | 工程主要技术条件 | |
|---|---|---|
| 更换 110kV 母差保护及附属电缆 | 变电站电压等级 | 220kV |
| | 电压等级 | 110kV |
| | 规格型号 | 单套配置 |
| | 组屏方式 | 保护装置 1 套，组 1 面屏 |
| | 主接线方式 | 高压侧、中压侧双母线接线，低压侧单母线分段接线 |

### 11.6.3　典型方案估算书

估算投资为总投资，编制依据按第 9 章要求。典型方案 E2-6 估算书包括总估算汇总表、安装工程专业汇总表、拆除工程专业汇总表、其他费用估算表，分别见表 11-37～表 11-40。

表 11-37　　　　　　　　　　典型方案 E2-6 总估算汇总表　　　　　　　　金额单位：万元

| 序号 | 工程或费用名称 | 含税金额 | 占工程投资的比例（%） | 不含税金额 | 可抵扣增值税金额 |
|---|---|---|---|---|---|
| 一 | 建筑工程费 | | | | |
| 二 | 安装工程费 | 16.42 | 45.01 | 14.79 | 1.63 |
| 三 | 拆除工程费 | 2.05 | 5.62 | 1.88 | 0.17 |
| 四 | 设备购置费 | 13.04 | 35.75 | 11.54 | 1.5 |
| | 其中：编制基准期价差 | 0.26 | 0.71 | 0.26 | |
| 五 | 小计 | 31.51 | 86.38 | 28.21 | 3.3 |
| | 其中：甲供设备材料费 | 21.53 | 59.02 | 19.05 | 2.48 |
| 六 | 其他费用 | 4.97 | 13.62 | 4.69 | 0.28 |
| 七 | 基本预备费 | | | | |
| 八 | 特殊项目 | | | | |
| 九 | 工程投资合计 | 36.48 | 100 | 32.9 | 3.58 |
| | 其中：可抵扣增值税金额 | 3.58 | | | 3.58 |
| | 其中：施工费 | 9.98 | 27.36 | 9.16 | 0.82 |

表 11-38　　　　　　　　　　典型方案 E2-6 安装工程专业汇总表　　　　　　　金额单位：元

| 序号 | 工程或费用名称 | 安装工程费 | | | 设备购置费 | 合计 |
|---|---|---|---|---|---|---|
| | | 未计价材料费 | 安装费 | 小计 | | |
| | 安装工程 | 86258 | 77962 | 164220 | 130428 | 294648 |
| 四 | 控制及直流系统 | 85468 | 63702 | 149170 | 130428 | 279597 |
| 1 | 监控或监测系统 | | | | 50088 | 50088 |

续表

| 序号 | 工程或费用名称 | 安装工程费 | | | 设备购置费 | 合计 |
|---|---|---|---|---|---|---|
| | | 未计价材料费 | 安装费 | 小计 | | |
| 1.1 | 计算机监控系统 | | | | 50088 | 50088 |
| 2 | 继电保护装置 | 85468 | 63702 | 149170 | 80340 | 229510 |
| 六 | 电缆防护设施 | 641 | 1269 | 1909 | | 1909 |
| 2 | 电缆防火 | 641 | 1269 | 1909 | | 1909 |
| 七 | 全站接地 | 149 | 13 | 163 | | 163 |
| 1 | 接地网 | 149 | 13 | 163 | | 163 |
| 九 | 调试 | | 12978 | 12978 | | 12978 |
| 1 | 分系统调试 | | 12978 | 12978 | | 12978 |
| | 合计 | 86258 | 77962 | 164220 | 130428 | 294648 |

**表 11-39**　　　　典型方案 E2-6 拆除工程专业汇总表　　　　金额单位：元

| 序号 | 工程或费用名称 | 拆除工程费 |
|---|---|---|
| | 拆除工程 | 20488 |
| | 安装拆除 | 20488 |
| 四 | 控制及直流系统 | 20488 |
| 2 | 继电保护装置 | 20488 |
| | 合计 | 20488 |

**表 11-40**　　　　典型方案 E2-6 其他费用估算表　　　　金额单位：元

| 序号 | 工程或费用项目名称 | 编制依据及计算说明 | 合价 |
|---|---|---|---|
| 2 | 项目管理费 | | 18009 |
| 2.1 | 管理经费 | （建筑工程费＋安装工程费＋拆除工程费）×3.53% | 6520 |
| 2.2 | 招标费 | （建筑工程费＋安装工程费＋拆除工程费）×1.81% | 3343 |
| 2.3 | 工程监理费 | （建筑工程费＋安装工程费＋拆除工程费）×4.41% | 8146 |
| 3 | 项目技术服务费 | | 31720 |
| 3.1 | 前期工作费 | （建筑工程费＋安装工程费）×3.05% | 5009 |
| 3.3 | 工程勘察设计费 | | 24234 |
| 3.3.2 | 设计费 | 设计费×100% | 24234 |
| 3.4 | 设计文件评审费 | | 1499 |
| 3.4.1 | 初步设计文件评审费 | 基本设计费×3.5% | 719 |
| 3.4.2 | 施工图文件评审费 | 基本设计费×3.8% | 780 |
| 3.5 | 施工过程造价咨询及竣工结算审核费 | （建筑工程费＋安装工程费＋拆除工程费）×0.53% | 979 |
| | 合计 | | 49730 |

### 11.6.4 典型方案设备材料表

典型方案 E2-6 设备材料表见表 11-41。

**表 11-41　　　　　典型方案 E2-6 设备材料表**

| 序号 | 设备或材料名称 | 单位 | 数量 | 备注 |
|------|----------------|------|------|------|
| | 安装工程 | | | |
| 四 | 控制及直流系统 | | | |
| 900000001 | 计算机监控系统扩容 | 项 | 1 | |
| 500008694 | 母线保护，AC110kV | 套 | 1 | |
| 100000013 | 220kV 变电站控制电缆 | km | 4.770 | |
| 500014805 | 布电线，BV，铜，2.5，1 | km | 0.020 | |
| 500014824 | 布电线，BVR，铜，4，1 | km | 0.020 | |
| 500017121 | 网络线，超 5 类，屏蔽 | m | 50 | 单套 |
| 500128947 | 通信电缆，RVSP，1.5，2 | m | 50 | 单套 |
| 500011727 | 防火涂料 | t | 0.040 | |
| 500011738 | 防火堵料 | t | 0.040 | |
| 500027477 | 布电线，BVR，铜，100，1 | m | 2 | |

### 11.6.5 典型方案工程量表

典型方案 E2-6 工程量见表 11-42。

**表 11-42　　　　　典型方案 E2-6 工程量表**

| 序号 | 项目名称 | 单位 | 数量 | 备注 |
|------|----------|------|------|------|
| | 安装工程 | | | |
| 四 | 控制及直流系统 | | | |
| JGD4-3 | 控制、保护屏柜安装　保护屏柜　110kV 变电站 | 块 | 1 | |
| JGD7-3 | 全站电缆敷设　控制电缆　全站 | 100m | 47.700 | |
| JGZ7-1 | 布放设备电缆　布放线缆 | 100m | 1 | |
| JGD7-10 | 电缆防火安装　防火堵料 | t | 0.040 | |
| JGD7-11 | 电缆防火安装　防火涂料 | t | 0.040 | |
| 九 | 调试 | | | |
| 1 | 分系统调试 | | | |
| JGS1-28 | 母线保护　110kV | 套 | 1 | |
| | 拆除工程 | | | |
| | 安装拆除 | | | |
| CYD4-1 | 控制保护屏拆除　保护二次屏（柜） | 台 | 1 | |
| CYD7-3 | 全站电缆拆除　控制电缆 | 100m | 47.700 | |

## 11.7　E2-7 更换 220kV 母差保护

### 11.7.1　典型方案主要内容

本典型方案为旧保护屏柜和二次电缆拆除，新保护屏柜安装、屏柜接地、屏顶小母线敷设、二次设备间线缆（含低压电力电缆、控制电缆、通信线缆）敷设、二次接线，综自系统、保护信息子站相关参数设置与修改，保护定值整定、装置调试、开关传动。不包括二次电缆沟新增和修整、屏柜基础修整，不包括二次接地网改造。

### 11.7.2　典型方案主要技术条件

典型方案 E2-7 主要技术条件见表 11-43。

表 11-43　　　　　　　　　　　典型方案 E2-7 主要技术条件

| 方案名称 | 工程主要技术条件 | |
|---|---|---|
| 更换 220kV 母差保护 | 电压等级 | 220kV |
| | 规格型号 | 双套配置 |
| | 组屏方式 | 保护装置 2 套，组 2 面屏 |
| | 主接线方式 | 高压侧、中压侧双母线接线，低压侧单母线分段接线 |

### 11.7.3　典型方案估算书

估算投资为总投资，编制依据按第 9 章要求。典型方案 E2-7 估算书包括总估算汇总表、安装工程专业汇总表、拆除工程专业汇总表、其他费用估算表，分别见表 11-44～表 11-47。

表 11-44　　　　　　　　　　　典型方案 E2-7 总估算汇总表　　　　　　　　金额单位：万元

| 序号 | 工程或费用名称 | 含税金额 | 占工程投资的比例（%） | 不含税金额 | 可抵扣增值税金额 |
|---|---|---|---|---|---|
| 一 | 建筑工程费 | | | | |
| 二 | 安装工程费 | 8.14 | 18.67 | 7.42 | 0.72 |
| 三 | 拆除工程费 | 0.56 | 1.28 | 0.51 | 0.05 |
| 四 | 设备购置费 | 30.37 | 69.64 | 26.88 | 3.49 |
| | 其中：编制基准期价差 | 0.18 | 0.41 | 0.18 | |
| 五 | 小计 | 39.07 | 89.59 | 34.81 | 4.26 |
| | 其中：甲供设备材料费 | 31.8 | 72.92 | 28.14 | 3.66 |
| 六 | 其他费用 | 4.54 | 10.41 | 4.28 | 0.26 |
| 七 | 基本预备费 | | | | |
| 八 | 特殊项目 | | | | |
| 九 | 工程投资合计 | 43.61 | 100 | 39.09 | 4.52 |
| | 其中：可抵扣增值税金额 | 4.52 | | | 4.52 |
| | 其中：施工费 | 7.28 | 16.69 | 6.68 | 0.6 |

表 11-45　　　　　　　　典型方案 E2-7 安装工程专业汇总表　　　　　　　金额单位：元

| 序号 | 工程或费用名称 | 安装工程费 | | | 设备购置费 | 合计 |
|---|---|---|---|---|---|---|
| | | 未计价材料费 | 安装费 | 小计 | | |
| | 安装工程 | 16111 | 65330 | 81441 | 303731 | 385171 |
| 四 | 控制及直流系统 | 15321 | 30202 | 45523 | 303731 | 349253 |
| 1 | 监控或监测系统 | | | | 50088 | 50088 |
| 1.1 | 计算机监控系统 | | | | 50088 | 50088 |
| 2 | 继电保护装置 | 15321 | 30202 | 45523 | 253643 | 299166 |
| 六 | 电缆防护设施 | 641 | 1269 | 1909 | | 1909 |
| 2 | 电缆防火 | 641 | 1269 | 1909 | | 1909 |
| 七 | 全站接地 | 149 | 13 | 163 | | 163 |
| 1 | 接地网 | 149 | 13 | 163 | | 163 |
| 九 | 调试 | | 33846 | 33846 | | 33846 |
| 1 | 分系统调试 | | 33846 | 33846 | | 33846 |
| | 合计 | 16111 | 65330 | 81441 | 303731 | 385171 |

表 11-46　　　　　　　　典型方案 E2-7 拆除工程专业汇总表　　　　　　　金额单位：元

| 序号 | 工程或费用名称 | 拆除工程费 |
|---|---|---|
| | 拆除工程 | 5582 |
| | 安装拆除 | 5582 |
| 四 | 控制及直流系统 | 5582 |
| 2 | 继电保护装置 | 5582 |
| | 合计 | 5582 |

表 11-47　　　　　　　　典型方案 E2-7 其他费用估算表　　　　　　　金额单位：元

| 序号 | 工程或费用项目名称 | 编制依据及计算说明 | 合价 |
|---|---|---|---|
| 2 | 项目管理费 | | 8485 |
| 2.1 | 管理经费 | （建筑工程费＋安装工程费＋拆除工程费）×3.53% | 3072 |
| 2.2 | 招标费 | （建筑工程费＋安装工程费＋拆除工程费）×1.81% | 1575 |
| 2.3 | 工程监理费 | （建筑工程费＋安装工程费＋拆除工程费）×4.41% | 3838 |
| 3 | 项目技术服务费 | | 36923 |
| 3.1 | 前期工作费 | （建筑工程费＋安装工程费）×3.05% | 2484 |
| 3.3 | 工程勘察设计费 | | 31679 |
| 3.3.2 | 设计费 | 设计费×100% | 31679 |
| 3.4 | 设计文件评审费 | | 1960 |
| 3.4.1 | 初步设计文件评审费 | 基本设计费×3.5% | 940 |
| 3.4.2 | 施工图文件评审费 | 基本设计费×3.8% | 1020 |
| 3.5 | 施工过程造价咨询及竣工结算审核费 | （建筑工程费＋安装工程费＋拆除工程费）×0.53% | 800 |
| | 合计 | | 45407 |

### 11.7.4　典型方案设备材料表

典型方案 E2-7 设备材料表见表 11-48。

表 11-48　　　　　　　　　　　典型方案 E2-7 设备材料表

| 序号 | 设备或材料名称 | 单位 | 数量 | 备注 |
| --- | --- | --- | --- | --- |
| | 安装工程 | | | |
| 四 | 控制及直流系统 | | | |
| 900000001 | 计算机监控系统扩容 | 项 | 1 | |
| 500008696 | 母线保护，AC220kV | 套 | 2 | |
| 100000013 | 220kV 变电站控制电缆 | km | 0.800 | |
| 500014805 | 布电线，BV，铜，2.5，1 | km | 0.020 | |
| 500014824 | 布电线，BVR，铜，4，1 | km | 0.020 | |
| 500017121 | 网络线，超 5 类，屏蔽 | m | 100 | 双套 |
| 500128947 | 通信电缆，RVSP，1.5，2 | m | 100 | 双套 |
| 500011727 | 防火涂料 | t | 0.040 | |
| 500011738 | 防火堵料 | t | 0.040 | |
| 500027477 | 布电线，BVR，铜，100，1 | m | 2 | |

### 11.7.5　典型方案工程量表

典型方案 E2-7 工程量见表 11-49。

表 11-49　　　　　　　　　　　典型方案 E2-7 工程量表

| 序号 | 项目名称 | 单位 | 数量 | 备注 |
| --- | --- | --- | --- | --- |
| | 安装工程 | | | |
| 四 | 控制及直流系统 | | | |
| JGD4-4 | 控制、保护屏柜安装　保护屏柜　220kV 变电站 | 块 | 2 | |
| JGD7-3 | 全站电缆敷设　控制电缆　全站 | 100m | 8 | |
| JGZ7-1 | 布放设备电缆　布放线缆 | 100m | 2 | |
| JGD7-10 | 电缆防火安装　防火堵料 | t | 0.040 | |
| JGD7-11 | 电缆防火安装　防火涂料 | t | 0.040 | |
| 九 | 调试 | | | |
| 1 | 分系统调试 | | | |
| JGS1-29 | 母线保护　220kV | 套 | 2 | |
| | 拆除工程 | | | |
| | 安装拆除 | | | |
| CYD4-1 | 控制保护屏拆除　保护二次屏（柜） | 台 | 2 | |
| CYD7-3 | 全站电缆拆除　控制电缆 | 100m | 8 | |

## 11.8  E2-8 更换 220kV 母差保护及附属电缆

### 11.8.1  典型方案主要内容

本典型方案为旧保护屏柜和二次电缆拆除，新保护屏柜安装、屏柜接地、屏顶小母线敷设、二次设备间线缆（含低压电力电缆、控制电缆、通信线缆）及至一次设备附属控制电缆敷设、二次接线，综自系统、保护信息子站相关参数设置与修改，保护定值整定、装置调试、开关传动。不包括二次电缆沟新增和修整、屏柜基础修整，不包括二次接地网改造。

### 11.8.2  典型方案主要技术条件

典型方案 E2-8 主要技术条件见表 11-50。

**表 11-50**　　　　　　　　　　典型方案 E2-8 主要技术条件

| 方案名称 | 工程主要技术条件 | |
|---|---|---|
| 更换 220kV 母差保护及附属电缆 | 电压等级 | 220kV |
| | 规格型号 | 双套配置 |
| | 组屏方式 | 保护装置 2 套，组 2 面屏 |
| | 主接线方式 | 高压侧、中压侧双母线接线，低压侧单母线分段接线 |

### 11.8.3  典型方案估算书

估算投资为总投资，编制依据按第 9 章要求。典型方案 E2-8 估算书包括总估算汇总表、安装工程专业汇总表、拆除工程专业汇总表、其他费用估算表，分别见表 11-51～表 11-54。

**表 11-51**　　　　　　　　　　典型方案 E2-8 总估算汇总表　　　　　　　金额单位：万元

| 序号 | 工程或费用名称 | 含税金额 | 占工程投资的比例（%） | 不含税金额 | 可抵扣增值税金额 |
|---|---|---|---|---|---|
| 一 | 建筑工程费 | | | | |
| 二 | 安装工程费 | 23.96 | 36.7 | 21.63 | 2.33 |
| 三 | 拆除工程费 | 2.73 | 4.18 | 2.5 | 0.23 |
| 四 | 设备购置费 | 30.37 | 46.52 | 26.88 | 3.49 |
| | 其中：编制基准期价差 | 0.41 | 0.63 | 0.41 | |
| 五 | 小计 | 57.06 | 87.41 | 51.01 | 6.05 |
| | 其中：甲供设备材料费 | 41.33 | 63.31 | 36.58 | 4.75 |
| 六 | 其他费用 | 8.22 | 12.59 | 7.75 | 0.47 |
| 七 | 基本预备费 | | | | |
| 八 | 特殊项目 | | | | |
| 九 | 工程投资合计 | 65.28 | 100 | 58.76 | 6.52 |
| | 其中：可抵扣增值税金额 | 6.52 | | | 6.52 |
| | 其中：施工费 | 15.73 | 24.1 | 14.43 | 1.3 |

**表 11-52**　　　　　**典型方案 E2-8 安装工程专业汇总表**　　　　金额单位：元

| 序号 | 工程或费用名称 | 安装工程费 | | | 设备购置费 | 合计 |
|---|---|---|---|---|---|---|
| | | 未计价材料费 | 安装费 | 小计 | | |
| | 安装工程 | 111493 | 128120 | 239614 | 303731 | 543344 |
| 四 | 控制及直流系统 | 110703 | 92992 | 203696 | 303731 | 507427 |
| 1 | 监控或监测系统 | | | | 50088 | 50088 |
| 1.1 | 计算机监控系统 | | | | 50088 | 50088 |
| 2 | 继电保护装置 | 110703 | 92992 | 203696 | 253643 | 457339 |
| 六 | 电缆防护设施 | 641 | 1269 | 1909 | | 1909 |
| 2 | 电缆防火 | 641 | 1269 | 1909 | | 1909 |
| 七 | 全站接地 | 149 | 13 | 163 | | 163 |
| 1 | 接地网 | 149 | 13 | 163 | | 163 |
| 九 | 调试 | | 33846 | 33846 | | 33846 |
| 1 | 分系统调试 | | 33846 | 33846 | | 33846 |
| | 合计 | 111493 | 128120 | 239614 | 303731 | 543344 |

**表 11-53**　　　　　**典型方案 E2-8 拆除工程专业汇总表**　　　　金额单位：元

| 序号 | 工程或费用名称 | 拆除工程费 |
|---|---|---|
| | 拆除工程 | 27289 |
| | 安装拆除 | 27289 |
| 四 | 控制及直流系统 | 27289 |
| 2 | 继电保护装置 | 27289 |
| | 合计 | 27289 |

**表 11-54**　　　　　**典型方案 E2-8 其他费用估算表**　　　　金额单位：元

| 序号 | 工程或费用项目名称 | 编制依据及计算说明 | 合价 |
|---|---|---|---|
| 2 | 项目管理费 | | 26023 |
| 2.1 | 管理经费 | （建筑工程费＋安装工程费＋拆除工程费）×3.53% | 9422 |
| 2.2 | 招标费 | （建筑工程费＋安装工程费＋拆除工程费）×1.81% | 4831 |
| 2.3 | 工程监理费 | （建筑工程费＋安装工程费＋拆除工程费）×4.41% | 11770 |
| 3 | 项目技术服务费 | | 56175 |
| 3.1 | 前期工作费 | （建筑工程费＋安装工程费）×3.05% | 7308 |
| 3.3 | 工程勘察设计费 | | 44688 |
| 3.3.2 | 设计费 | 设计费×100% | 44688 |
| 3.4 | 设计文件评审费 | | 2765 |
| 3.4.1 | 初步设计文件评审费 | 基本设计费×3.5% | 1325 |
| 3.4.2 | 施工图文件评审费 | 基本设计费×3.8% | 1439 |
| 3.5 | 施工过程造价咨询及竣工结算审核费 | （建筑工程费＋安装工程费＋拆除工程费）×0.53% | 1415 |
| | 合计 | | 82198 |

### 11.8.4 典型方案设备材料表

典型方案 E2-8 设备材料表见表 11-55。

**表 11-55**         **典型方案 E2-8 设备材料表**

| 序号 | 设备或材料名称 | 单位 | 数量 | 备注 |
|---|---|---|---|---|
| | 安装工程 | | | |
| 四 | 控制及直流系统 | | | |
| 900000001 | 计算机监控系统扩容 | 项 | 1 | |
| 500008696 | 母线保护，AC220kV | 套 | 2 | |
| 100000013 | 220kV 变电站控制电缆 | km | 6.160 | |
| 500014805 | 布电线，BV，铜，2.5，1 | km | 0.020 | |
| 500014824 | 布电线，BVR，铜，4，1 | km | 0.020 | |
| 500017121 | 网络线，超5类，屏蔽 | m | 100 | 双套 |
| 500128947 | 通信电缆，RVSP，1.5，2 | m | 100 | 双套 |
| 500011727 | 防火涂料 | t | 0.040 | |
| 500011738 | 防火堵料 | t | 0.040 | |
| 500027477 | 布电线，BVR，铜，100，1 | m | 2 | |

### 11.8.5 典型方案工程量表

典型方案 E2-8 工程量见表 11-56。

**表 11-56**         **典型方案 E2-8 工程量表**

| 序号 | 项目名称 | 单位 | 数量 | 备注 |
|---|---|---|---|---|
| | 安装工程 | | | |
| 四 | 控制及直流系统 | | | |
| JGD4-4 | 控制、保护屏柜安装 保护屏柜 220kV 变电站 | 块 | 2 | |
| JGD7-3 | 全站电缆敷设 控制电缆 全站 | 100m | 61.600 | |
| JGZ7-1 | 布放设备电缆 布放线缆 | 100m | 2 | |
| JGD7-10 | 电缆防火安装 防火堵料 | t | 0.040 | |
| JGD7-11 | 电缆防火安装 防火涂料 | t | 0.040 | |
| 九 | 调试 | | | |
| 1 | 分系统调试 | | | |
| JGS1-29 | 母线保护 220kV | 套 | 2 | |
| | 拆除工程 | | | |
| | 安装拆除 | | | |
| CYD4-1 | 控制保护屏拆除 保护二次屏（柜） | 台 | 2 | |
| CYD7-3 | 全站电缆拆除 控制电缆 | 100m | 61.600 | |

## 11.9　E2-9 更换 330kV 母差保护

### 11.9.1　典型方案主要内容

本典型方案为旧保护屏柜和二次电缆拆除，新保护屏柜安装、屏柜接地、屏顶小母线敷设、二次设备间线缆（含低压电力电缆、控制电缆、通信线缆）敷设、二次接线，综自系统、保护信息子站相关参数设置与修改，保护定值整定、装置调试、开关传动。不包括二次电缆沟新增和修整、屏柜基础修整，不包括二次接地网改造。

### 11.9.2　典型方案主要技术条件

典型方案 E2-9 主要技术条件见表 11-57。

表 11-57　　　　　　　　　　典型方案 E2-9 主要技术条件

| 方案名称 | 工程主要技术条件 | |
| --- | --- | --- |
| 更换 330kV 母差保护 | 电压等级 | 330kV |
| | 规格型号 | 双套配置 |
| | 组屏方式 | 保护装置 2 套，组 2 面屏 |
| | 主接线方式 | 3/2 接线 |

### 11.9.3　典型方案估算书

估算投资为总投资，编制依据按第 9 章要求。典型方案 E2-9 估算书包括总估算汇总表、安装工程专业汇总表、拆除工程专业汇总表、其他费用估算表，分别见表 11-58～表 11-61。

表 11-58　　　　　　　　典型方案 E2-9 总估算汇总表　　　　　　　　金额单位：万元

| 序号 | 工程或费用名称 | 含税金额 | 占工程投资的比例（%） | 不含税金额 | 可抵扣增值税金额 |
| --- | --- | --- | --- | --- | --- |
| 一 | 建筑工程费 | | | | |
| 二 | 安装工程费 | 10.3 | 21.17 | 9.6 | 0.7 |
| 三 | 拆除工程费 | 0.8 | 1.64 | 0.73 | 0.07 |
| 四 | 设备购置费 | 32.36 | 66.5 | 29.35 | 3.01 |
| | 其中：编制基准期价差 | 0.13 | 0.27 | 0.13 | |
| 五 | 小计 | 43.46 | 89.31 | 39.68 | 3.78 |
| | 其中：甲供设备材料费 | 34.49 | 70.88 | 31.45 | 3.04 |
| 六 | 其他费用 | 5.2 | 10.69 | 4.91 | 0.29 |
| 七 | 基本预备费 | | | | |
| 八 | 特殊项目 | | | | |
| 九 | 工程投资合计 | 48.66 | 100 | 44.59 | 4.07 |
| | 其中：可抵扣增值税金额 | 4.07 | | | 4.07 |
| | 其中：施工费 | 8.97 | 18.43 | 8.23 | 0.74 |

表 11-59　　　　　　　　　　典型方案 E2-9 安装工程专业汇总表　　　　　　　金额单位：元

| 序号 | 工程或费用名称 | 安装工程费 | | | 设备购置费 | 合计 |
|---|---|---|---|---|---|---|
| | | 未计价材料费 | 安装费 | 小计 | | |
| | 安装工程 | 23168 | 79826 | 102994 | 323565 | 426560 |
| 四 | 控制及直流系统 | 22379 | 40552 | 62931 | 323565 | 386496 |
| 1 | 监控或监测系统 | | | | 50088 | 50088 |
| 1.1 | 计算机监控系统 | | | | 50088 | 50088 |
| 2 | 继电保护装置 | 22379 | 40552 | 62931 | 273478 | 336408 |
| 六 | 电缆防护设施 | 641 | 1266 | 1907 | | 1907 |
| 2 | 电缆防火 | 641 | 1266 | 1907 | | 1907 |
| 七 | 全站接地 | 149 | 13 | 163 | | 163 |
| 1 | 接地网 | 149 | 13 | 163 | | 163 |
| 九 | 调试 | | 37995 | 37995 | | 37995 |
| 1 | 分系统调试 | | 37995 | 37995 | | 37995 |
| | 合计 | 23168 | 79826 | 102994 | 323565 | 426560 |

表 11-60　　　　　　　　　　典型方案 E2-9 拆除工程专业汇总表　　　　　　　金额单位：元

| 序号 | 工程或费用名称 | 拆除工程费 |
|---|---|---|
| | 拆除工程 | 8012 |
| | 安装拆除 | 8012 |
| 四 | 控制及直流系统 | 8012 |
| 2 | 继电保护装置 | 8012 |
| | 合计 | 8012 |

表 11-61　　　　　　　　　　典型方案 E2-9 其他费用估算表　　　　　　　金额单位：元

| 序号 | 工程或费用项目名称 | 编制依据及计算说明 | 合价 |
|---|---|---|---|
| 2 | 项目管理费 | | 10823 |
| 2.1 | 管理经费 | （建筑工程费＋安装工程费＋拆除工程费）×3.53% | 3919 |
| 2.2 | 招标费 | （建筑工程费＋安装工程费＋拆除工程费）×1.81% | 2009 |
| 2.3 | 工程监理费 | （建筑工程费＋安装工程费＋拆除工程费）×4.41% | 4895 |
| 3 | 项目技术服务费 | | 41195 |
| 3.1 | 前期工作费 | （建筑工程费＋安装工程费）×3.05% | 3141 |
| 3.3 | 工程勘察设计费 | | 35083 |
| 3.3.2 | 设计费 | 设计费×100% | 35083 |
| 3.4 | 设计文件评审费 | | 2170 |
| 3.4.1 | 初步设计文件评审费 | 基本设计费×3.5% | 1041 |
| 3.4.2 | 施工图文件评审费 | 基本设计费×3.8% | 1130 |
| 3.5 | 施工过程造价咨询及竣工结算审核费 | （建筑工程费＋安装工程费＋拆除工程费）×0.53% | 800 |
| | 合计 | | 52018 |

### 11.9.4　典型方案电气设备材料表

典型方案 E2-9 电气设备材料表见表 11-62。

表 11-62　　　　　　　　　典型方案 E2-9 电气设备材料表

| 序号 | 设备或材料名称 | 单位 | 数量 | 备注 |
|---|---|---|---|---|
| | 安装工程 | | | |
| 四 | 控制及直流系统 | | | |
| 2 | 继电保护装置 | | | |
| 900000001 | 计算机监控系统扩容 | 项 | 1 | |
| 500008693 | 母线保护，AC330kV | 套 | 2 | |
| 100000014 | 330kV 变电站控制电缆 | km | 1.400 | |
| 500014805 | 布电线，BV，铜，2.5，1 | km | 0.020 | |
| 500014824 | 布电线，BVR，铜，4，1 | km | 0.020 | |
| 500017121 | 网络线，超 5 类，屏蔽 | m | 100 | |
| 500128947 | 通信电缆，RVSP，1.5，2 | m | 100 | |
| 500011727 | 防火涂料 | t | 0.040 | |
| 500011738 | 防火堵料 | t | 0.040 | |
| 500027477 | 布电线，BVR，铜，100，1 | m | 2 | |

### 11.9.5　典型方案工程量表

典型方案 E2-9 工程量见表 11-63。

表 11-63　　　　　　　　　典型方案 E2-9 工程量表

| 序号 | 项目名称 | 单位 | 数量 | 备注 |
|---|---|---|---|---|
| | 安装工程 | | | |
| 四 | 控制及直流系统 | | | |
| 2 | 继电保护装置 | | | |
| JGD4-5 | 控制、保护屏柜安装　保护屏柜　330kV 变电站 | 块 | 2 | |
| JGD7-3 | 全站电缆敷设　控制电缆　全站 | 100m | 14 | |
| JGZ7-1 | 布放设备电缆　布放线缆 | 100m | 2 | |
| JGD7-10 | 电缆防火安装　防火堵料 | t | 0.040 | |
| JGD7-11 | 电缆防火安装　防火涂料 | t | 0.040 | |
| 九 | 调试 | | | |
| 1 | 分系统调试 | | | |
| JGS1-30 | 母线保护　330kV | 套 | 2 | |
| | 拆除工程 | | | |
| | 安装拆除 | | | |
| CYD4-1 | 控制保护屏拆除　保护二次屏（柜） | 台 | 2 | |
| CYD7-3 | 全站电缆拆除　控制电缆 | 100m | 14 | |

## 11.10 E2-10 更换 330kV 母差保护及附属电缆

### 11.10.1 典型方案主要内容

本典型方案为旧保护屏柜和二次电缆拆除、新保护屏柜安装、屏柜接地、屏顶小母线敷设、二次设备间线缆（含低压电力电缆、控制电缆、通信线缆）及至一次设备附属控制电缆敷设、二次接线，综自系统、保护信息子站相关参数设置与修改，保护定值整定、装置调试、开关传动。不包括二次电缆沟新增和修整、屏柜基础修整，不包括二次接地网改造。

### 11.10.2 典型方案主要技术条件

典型方案 E2-10 主要技术条件见表 11-64。

表 11-64　　　　　　　　典型方案 E2-10 主要技术条件

| 方案名称 | 工程主要技术条件 | |
|---|---|---|
| 更换 330kV 母差保护及附属电缆 | 电压等级 | 330kV |
| | 规格型号 | 双套配置 |
| | 组屏方式 | 保护装置 2 套，组 2 面屏 |
| | 主接线方式 | 3/2 接线 |

### 11.10.3 典型方案估算书

估算投资为总投资，编制依据按第 9 章要求。典型方案 E2-10 估算书包括总估算汇总表、安装工程专业汇总表、拆除工程专业汇总表、其他费用估算表，分别见表 11-65～表 11-68。

表 11-65　　　　　　　　典型方案 E2-10 总估算汇总表　　　　　　　　金额单位：万元

| 序号 | 工程或费用名称 | 含税金额 | 占工程投资的比例（%） | 不含税金额 | 可抵扣增值税金额 |
|---|---|---|---|---|---|
| 一 | 建筑工程费 | | | | |
| 二 | 安装工程费 | 39.01 | 44.09 | 37.06 | 1.95 |
| 三 | 拆除工程费 | 5.14 | 5.81 | 4.72 | 0.42 |
| 四 | 设备购置费 | 32.36 | 36.58 | 29.34 | 3.02 |
| | 其中：编制基准期价差 | 0.44 | 0.5 | 0.44 | |
| 五 | 小计 | 76.51 | 86.48 | 71.12 | 5.39 |
| | 其中：甲供设备材料费 | 50.79 | 57.41 | 47.52 | 3.27 |
| 六 | 其他费用 | 11.96 | 13.52 | 11.28 | 0.68 |
| 七 | 基本预备费 | | | | |
| 八 | 特殊项目 | | | | |
| 九 | 工程投资合计 | 88.47 | 100 | 82.4 | 6.07 |
| | 其中：可抵扣增值税金额 | 6.07 | | | 6.07 |
| | 其中：施工费 | 25.71 | 29.06 | 23.59 | 2.12 |

表 11－66　　　　　　　　　　典型方案 E2－10 安装工程专业汇总表　　　　　　　金额单位：元

| 序号 | 工程或费用名称 | 安装工程费 | | | 设备购置费 | 合计 |
| --- | --- | --- | --- | --- | --- | --- |
| | | 未计价材料费 | 安装费 | 小计 | | |
| | 安装工程 | 186218 | 203849 | 390067 | 323565 | 713632 |
| 四 | 控制及直流系统 | 185428 | 164575 | 350003 | 323565 | 673569 |
| 1 | 监控或监测系统 | | | | 50088 | 50088 |
| 1.1 | 计算机监控系统 | | | | 50088 | 50088 |
| 2 | 继电保护装置 | 185428 | 164575 | 350003 | 273478 | 623481 |
| 六 | 电缆防护设施 | 641 | 1266 | 1907 | | 1907 |
| 2 | 电缆防火 | 641 | 1266 | 1907 | | 1907 |
| 七 | 全站接地 | 149 | 13 | 163 | | 163 |
| 1 | 接地网 | 149 | 13 | 163 | | 163 |
| 九 | 调试 | | 37995 | 37995 | | 37995 |
| 1 | 分系统调试 | | 37995 | 37995 | | 37995 |
| | 合计 | 186218 | 203849 | 390067 | 323565 | 713632 |

表 11－67　　　　　　　　　　典型方案 E2－10 拆除工程专业汇总表　　　　　　　金额单位：元

| 序号 | 工程或费用名称 | 拆除工程费 |
| --- | --- | --- |
| | 拆除工程 | 51425 |
| | 安装拆除 | 51425 |
| 四 | 控制及直流系统 | 51425 |
| 2 | 继电保护装置 | 51425 |
| | 合计 | 51425 |

表 11－68　　　　　　　　　　典型方案 E2－10 其他费用估算表　　　　　　　　　金额单位：元

| 序号 | 工程或费用项目名称 | 编制依据及计算说明 | 合价 |
| --- | --- | --- | --- |
| 2 | 项目管理费 | | 43045 |
| 2.1 | 管理经费 | （建筑工程费＋安装工程费＋拆除工程费）×3.53% | 15585 |
| 2.2 | 招标费 | （建筑工程费＋安装工程费＋拆除工程费）×1.81% | 7991 |
| 2.3 | 工程监理费 | （建筑工程费＋安装工程费＋拆除工程费）×4.41% | 19470 |
| 3 | 项目技术服务费 | | 76561 |
| 3.1 | 前期工作费 | （建筑工程费＋安装工程费）×3.05% | 11897 |
| 3.3 | 工程勘察设计费 | | 58693 |
| 3.3.2 | 设计费 | 设计费×100% | 58693 |
| 3.4 | 设计文件评审费 | | 3631 |
| 3.4.1 | 初步设计文件评审费 | 基本设计费×3.5% | 1741 |
| 3.4.2 | 施工图文件评审费 | 基本设计费×3.8% | 1890 |
| 3.5 | 施工过程造价咨询及竣工结算审核费 | （建筑工程费＋安装工程费＋拆除工程费）×0.53% | 2340 |
| | 合计 | | 119607 |

### 11.10.4　典型方案电气设备材料表

典型方案 E2－10 电气设备材料表见表 11－69。

表 11－69　　　　　　　　　典型方案 E2－10 电气设备材料表

| 序号 | 设备或材料名称 | 单位 | 数量 | 备注 |
|---|---|---|---|---|
| | 安装工程 | | | |
| 四 | 控制及直流系统 | | | |
| 2 | 继电保护装置 | | | |
| 900000001 | 计算机监控系统扩容 | 项 | 1 | |
| 500008693 | 母线保护，AC330kV | 套 | 2 | |
| 100000014 | 330kV 变电站控制电缆 | km | 12.120 | |
| 500014805 | 布电线，BV，铜，2.5，1 | km | 0.020 | |
| 500014824 | 布电线，BVR，铜，4，1 | km | 0.020 | |
| 500017121 | 网络线，超 5 类，屏蔽 | m | 100 | |
| 500128947 | 通信电缆，RVSP，1.5，2 | m | 100 | |
| 500011727 | 防火涂料 | t | 0.040 | |
| 500011738 | 防火堵料 | t | 0.040 | |
| 500027477 | 布电线，BVR，铜，100，1 | m | 2 | |

### 11.10.5　典型方案工程量表

典型方案 E2－10 工程量见表 11－70。

表 11－70　　　　　　　　　典型方案 E2－10 工程量表

| 序号 | 项目名称 | 单位 | 数量 | 备注 |
|---|---|---|---|---|
| | 安装工程 | | | |
| 四 | 控制及直流系统 | | | |
| 2 | 继电保护装置 | | | |
| JGD4－5 | 控制、保护屏柜安装　保护屏柜　330kV 变电站 | 块 | 2 | |
| JGD7－3 | 全站电缆敷设　控制电缆　全站 | 100m | 121.200 | |
| JGZ7－1 | 布放设备电缆　布放线缆 | 100m | 2 | |
| JGD7－10 | 电缆防火安装　防火堵料 | t | 0.040 | |
| JGD7－11 | 电缆防火安装　防火涂料 | t | 0.040 | |
| 九 | 调试 | | | |
| 1 | 分系统调试 | | | |
| JGS1－30 | 母线保护 330kV | 套 | 2 | |
| | 拆除工程 | | | |
| | 安装拆除 | | | |
| CYD4－1 | 控制保护屏拆除　保护二次屏（柜） | 台 | 2 | |
| CYD7－3 | 全站电缆拆除　控制电缆 | 100m | 121.200 | |

## 11.11　E2-11 更换 500kV 母差保护

### 11.11.1　典型方案主要内容

本典型方案为旧保护屏柜和二次电缆拆除，新保护屏柜安装、屏柜接地、屏顶小母线敷设、二次设备间线缆（含低压电力电缆、控制电缆、通信线缆）敷设、二次接线、综自系统、保护信息子站相关参数设置与修改，保护定值整定、装置调试、开关传动。不包括二次电缆沟新增和修整、屏柜基础修整，不包括二次接地网改造。

### 11.11.2　典型方案主要技术条件

典型方案 E2-11 主要技术条件见表 11-71。

表 11-71　　　　　　　　　　典型方案 E2-11 主要技术条件

| 方案名称 | 工程主要技术条件 | |
| --- | --- | --- |
| 更换 500kV 母差保护 | 电压等级 | 500kV |
| | 规格型号 | 双套配置 |
| | 组屏方式 | 保护装置 2 套，组 2 面屏 |
| | 主接线方式 | 高压侧 3/2 接线，中压侧双母线接线，低压侧单母线接线 |

### 11.11.3　典型方案估算书

估算投资为总投资，编制依据按第 9 章要求。典型方案 E2-11 估算书包括总估算汇总表、安装工程专业汇总表、拆除工程专业汇总表、其他费用估算表，分别见表 11-72～表 11-75。

表 11-72　　　　　　　　　　典型方案 E2-11 总估算汇总表　　　　　　　　金额单位：万元

| 序号 | 工程或费用名称 | 含税金额 | 占工程投资的比例（%） | 不含税金额 | 可抵扣增值税金额 |
| --- | --- | --- | --- | --- | --- |
| 一 | 建筑工程费 | | | | |
| 二 | 安装工程费 | 10.33 | 19.55 | 9.42 | 0.91 |
| 三 | 拆除工程费 | 0.64 | 1.21 | 0.59 | 0.05 |
| 四 | 设备购置费 | 36.34 | 68.76 | 32.16 | 4.18 |
| | 其中：编制基准期价差 | 0.23 | 0.44 | 0.23 | |
| 五 | 小计 | 47.31 | 89.52 | 42.17 | 5.14 |
| | 其中：甲供设备材料费 | 38.02 | 71.94 | 33.65 | 4.37 |
| 六 | 其他费用 | 5.54 | 10.48 | 5.23 | 0.31 |
| 七 | 基本预备费 | | | | |
| 八 | 特殊项目 | | | | |
| 九 | 工程投资合计 | 52.85 | 100 | 47.4 | 5.45 |
| | 其中：可抵扣增值税金额 | 5.45 | | | 5.45 |
| | 其中：施工费 | 9.29 | 17.58 | 8.52 | 0.77 |

表 11-73             **典型方案 E2-11 安装工程专业汇总表**           金额单位：元

| 序号 | 工程或费用名称 | 安装工程费 | | | 设备购置费 | 合计 |
|---|---|---|---|---|---|---|
| | | 未计价材料费 | 安装费 | 小计 | | |
| | 安装工程 | 18648 | 84607 | 103255 | 363435 | 466690 |
| 四 | 控制及直流系统 | 17859 | 39201 | 57060 | 363435 | 420495 |
| 1 | 监控或监测系统 | | | | 50088 | 50088 |
| 1.1 | 计算机监控系统 | | | | 50088 | 50088 |
| 2 | 继电保护装置 | 17859 | 39201 | 57060 | 313347 | 370407 |
| 六 | 电缆防护设施 | 641 | 1269 | 1909 | | 1909 |
| 2 | 电缆防火 | 641 | 1269 | 1909 | | 1909 |
| 七 | 全站接地 | 149 | 13 | 163 | | 163 |
| 1 | 接地网 | 149 | 13 | 163 | | 163 |
| 九 | 调试 | | 44123 | 44123 | | 44123 |
| 1 | 分系统调试 | | 44123 | 44123 | | 44123 |
| | 合计 | 18648 | 84607 | 103255 | 363435 | 466690 |

表 11-74             **典型方案 E2-11 拆除工程专业汇总表**           金额单位：元

| 序号 | 工程或费用名称 | 拆除工程费 |
|---|---|---|
| | 拆除工程 | 6392 |
| | 安装拆除 | 6392 |
| 四 | 控制及直流系统 | 6392 |
| 2 | 继电保护装置 | 6392 |
| | 合计 | 6392 |

表 11-75             **典型方案 E2-11 其他费用估算表**           金额单位：元

| 序号 | 工程或费用项目名称 | 编制依据及计算说明 | 合价 |
|---|---|---|---|
| 2 | 项目管理费 | | 10691 |
| 2.1 | 管理经费 | （建筑工程费＋安装工程费＋拆除工程费）×3.53% | 3871 |
| 2.2 | 招标费 | （建筑工程费＋安装工程费＋拆除工程费）×1.81% | 1985 |
| 2.3 | 工程监理费 | （建筑工程费＋安装工程费＋拆除工程费）×4.41% | 4835 |
| 3 | 项目技术服务费 | | 44707 |
| 3.1 | 前期工作费 | （建筑工程费＋安装工程费）×3.05% | 3149 |
| 3.3 | 工程勘察设计费 | | 38383 |
| 3.3.2 | 设计费 | 设计费×100% | 38383 |
| 3.4 | 设计文件评审费 | | 2375 |
| 3.4.1 | 初步设计文件评审费 | 基本设计费×3.5% | 1138 |
| 3.4.2 | 施工图文件评审费 | 基本设计费×3.8% | 1236 |
| 3.5 | 施工过程造价咨询及竣工结算审核费 | （建筑工程费＋安装工程费＋拆除工程费）×0.53% | 800 |
| | 合计 | | 55398 |

## 11.11.4　典型方案设备材料表

典型方案 E2-11 设备材料表见表 11-76。

表 11-76　　　　　　　　　典型方案 E2-11 设备材料表

| 序号 | 设备或材料名称 | 单位 | 数量 | 备注 |
|---|---|---|---|---|
| | 安装工程 | | | |
| 四 | 控制及直流系统 | | | |
| 900000001 | 计算机监控系统扩容 | 项 | 1 | |
| 500008697 | 母线保护，AC500kV | 套 | 2 | |
| 100000015 | 500kV 变电站控制电缆 | km | 1 | |
| 500014805 | 布电线，BV，铜，2.5，1 | km | 0.020 | |
| 500014824 | 布电线，BVR，铜，4，1 | km | 0.020 | |
| 500017121 | 网络线，超 5 类，屏蔽 | m | 100 | |
| 500128947 | 通信电缆，RVSP，1.5，2 | m | 100 | |
| 500011727 | 防火涂料 | t | 0.040 | |
| 500011738 | 防火堵料 | t | 0.040 | |
| 500027477 | 布电线，BVR，铜，100，1 | m | 2 | |

## 11.11.5　典型方案工程量表

典型方案 E2-11 工程量见表 11-77。

表 11-77　　　　　　　　　典型方案 E2-11 工程量表

| 序号 | 项目名称 | 单位 | 数量 | 备注 |
|---|---|---|---|---|
| | 安装工程 | | | |
| 四 | 控制及直流系统 | | | |
| JGD4-6 | 控制、保护屏柜安装　保护屏柜　500kV 变电站 | 块 | 2 | |
| JGD7-3 | 全站电缆敷设　控制电缆　全站 | 100m | 10 | |
| JGZ7-1 | 布放设备电缆　布放线缆 | 100m | 2 | |
| JGD7-10 | 电缆防火安装　防火堵料 | t | 0.040 | |
| JGD7-11 | 电缆防火安装　防火涂料 | t | 0.040 | |
| 九 | 调试 | | | |
| 1 | 分系统调试 | | | |
| JGS1-31 | 母线保护　500kV | 套 | 2 | |
| | 拆除工程 | | | |
| | 安装拆除 | | | |
| CYD4-1 | 控制保护屏拆除　保护二次屏（柜） | 台 | 2 | |
| CYD7-3 | 全站电缆拆除　控制电缆 | 100m | 10 | |

## 11.12　E2-12更换500kV母差保护及附属电缆

### 11.12.1　典型方案主要内容

本典型方案为旧保护屏柜和二次电缆拆除，新保护屏柜安装、屏柜接地、屏顶小母线敷设、二次设备间线缆（含低压电力电缆、控制电缆、通信线缆）及至一次设备附属控制电缆敷设、二次接线，综自系统、保护信息子站相关参数设置与修改，保护定值整定、装置调试、开关传动。不包括二次电缆沟新增和修整、屏柜基础修整，不包括二次接地网改造。

### 11.12.2　典型方案主要技术条件

典型方案E2-12主要技术条件见表11-78。

**表11-78　　　　　　　典型方案E2-12主要技术条件**

| 方案名称 | 工程主要技术条件 | |
|---|---|---|
| 更换500kV母差保护及附属电缆 | 电压等级 | 500kV |
| | 规格型号 | 双套配置 |
| | 组屏方式 | 保护装置2套，组2面屏 |
| | 主接线方式 | 高压侧3/2接线，中压侧双母线接线，低压侧单母线接线 |

### 11.12.3　典型方案估算书

估算投资为总投资，编制依据按第9章要求。典型方案E2-12估算书包括总估算汇总表、安装工程专业汇总表、拆除工程专业汇总表、其他费用估算表，分别见表11-79～表11-82。

**表11-79　　　　　　　典型方案E2-12总估算汇总表**　　　　金额单位：万元

| 序号 | 工程或费用名称 | 含税金额 | 占工程投资的比例（%） | 不含税金额 | 可抵扣增值税金额 |
|---|---|---|---|---|---|
| 一 | 建筑工程费 | | | | |
| 二 | 安装工程费 | 55.65 | 48.28 | 50.13 | 5.52 |
| 三 | 拆除工程费 | 7.09 | 6.15 | 6.5 | 0.59 |
| 四 | 设备购置费 | 36.34 | 31.53 | 32.16 | 4.18 |
| | 其中：编制基准期价差 | 0.87 | 0.75 | 0.87 | |
| 五 | 小计 | 99.08 | 85.96 | 88.79 | 10.29 |
| | 其中：甲供设备材料费 | 64.72 | 56.15 | 57.28 | 7.44 |
| 六 | 其他费用 | 16.18 | 14.04 | 15.26 | 0.92 |
| 七 | 基本预备费 | | | | |
| 八 | 特殊项目 | | | | |
| 九 | 工程投资合计 | 115.26 | 100 | 104.05 | 11.21 |
| | 其中：可抵扣增值税金额 | 11.21 | | | 11.21 |
| | 其中：施工费 | 34.35 | 29.8 | 31.51 | 2.84 |

**表 11-80**　　　　　　典型方案 E2-12 安装工程专业汇总表　　　　　　金额单位：元

| 序号 | 工程或费用名称 | 安装工程费 | | | 设备购置费 | 合计 |
|---|---|---|---|---|---|---|
| | | 未计价材料费 | 安装费 | 小计 | | |
| | 安装工程 | 285686 | 270772 | 556458 | 363435 | 919893 |
| 四 | 控制及直流系统 | 284896 | 225419 | 510315 | 363435 | 873750 |
| 1 | 监控或监测系统 | | | | 50088 | 50088 |
| 1.1 | 计算机监控系统 | | | | 50088 | 50088 |
| 2 | 继电保护装置 | 284896 | 225419 | 510315 | 313347 | 823663 |
| 六 | 电缆防护设施 | 641 | 1268 | 1909 | | 1909 |
| 2 | 电缆防火 | 641 | 1268 | 1909 | | 1909 |
| 七 | 全站接地 | 149 | 13 | 163 | | 163 |
| 1 | 接地网 | 149 | 13 | 163 | | 163 |
| 九 | 调试 | | 44071 | 44071 | | 44071 |
| 1 | 分系统调试 | | 44071 | 44071 | | 44071 |
| | 合计 | 285686 | 270772 | 556458 | 363435 | 919893 |

**表 11-81**　　　　　　典型方案 E2-12 拆除工程专业汇总表　　　　　　金额单位：元

| 序号 | 工程或费用名称 | 拆除工程费 |
|---|---|---|
| | 拆除工程 | 70863 |
| | 安装拆除 | 70863 |
| 四 | 控制及直流系统 | 70863 |
| 2 | 继电保护装置 | 70863 |
| | 合计 | 70863 |

**表 11-82**　　　　　　典型方案 E2-12 其他费用估算表　　　　　　金额单位：元

| 序号 | 工程或费用项目名称 | 编制依据及计算说明 | 合价 |
|---|---|---|---|
| 2 | 项目管理费 | | 61164 |
| 2.1 | 管理经费 | （建筑工程费＋安装工程费＋拆除工程费）×3.53% | 22144 |
| 2.2 | 招标费 | （建筑工程费＋安装工程费＋拆除工程费）×1.81% | 11355 |
| 2.3 | 工程监理费 | （建筑工程费＋安装工程费＋拆除工程费）×4.41% | 27665 |
| 3 | 项目技术服务费 | | 100635 |
| 3.1 | 前期工作费 | （建筑工程费＋安装工程费）×3.05% | 16972 |
| 3.3 | 工程勘察设计费 | | 75658 |
| 3.3.2 | 设计费 | 设计费×100% | 75658 |
| 3.4 | 设计文件评审费 | | 4681 |
| 3.4.1 | 初步设计文件评审费 | 基本设计费×3.5% | 2244 |
| 3.4.2 | 施工图文件评审费 | 基本设计费×3.8% | 2436 |
| 3.5 | 施工过程造价咨询及竣工结算审核费 | （建筑工程费＋安装工程费＋拆除工程费）×0.53% | 3325 |
| | 合计 | | 161799 |

#### 11.12.4 典型方案设备材料表

典型方案 E2－12 设备材料表见表 11－83。

表 11－83　　　　　　　典型方案 E2－12 设备材料表

| 序号 | 设备或材料名称 | 单位 | 数量 | 备注 |
|---|---|---|---|---|
| | 安装工程 | | | |
| 四 | 控制及直流系统 | | | |
| 900000001 | 计算机监控系统扩容 | 项 | 1 | |
| 500008697 | 母线保护，AC500kV | 套 | 2 | |
| 100000015 | 500kV 变电站控制电缆 | km | 16.920 | |
| 500014805 | 布电线，BV，铜，2.5，1 | km | 0.020 | |
| 500014824 | 布电线，BVR，铜，4，1 | km | 0.020 | |
| 500017121 | 网络线，超 5 类，屏蔽 | m | 100 | |
| 500128947 | 通信电缆，RVSP，1.5，2 | m | 100 | |
| 500011727 | 防火涂料 | t | 0.040 | |
| 500011738 | 防火堵料 | t | 0.040 | |
| 500027477 | 布电线，BVR，铜，100，1 | m | 2 | |

#### 11.12.5 典型方案工程量表

典型方案 E2－12 工程量见表 11－84。

表 11－84　　　　　　　典型方案 E2－12 工程量表

| 序号 | 项目名称 | 单位 | 数量 | 备注 |
|---|---|---|---|---|
| | 安装工程 | | | |
| 四 | 控制及直流系统 | | | |
| JGD4－6 | 控制、保护屏柜安装　保护屏柜　500kV 变电站 | 块 | 2 | |
| JGD7－3 | 全站电缆敷设　控制电缆　全站 | 100m | 169.200 | |
| JGZ7－1 | 布放设备电缆　布放线缆 | 100m | 2 | |
| JGD7－10 | 电缆防火安装　防火堵料 | t | 0.040 | |
| JGD7－11 | 电缆防火安装　防火涂料 | t | 0.040 | |
| 九 | 调试 | | | |
| 1 | 分系统调试 | | | |
| JGS1－31 | 母线保护　500kV | 套 | 2 | |
| | 拆除工程 | | | |
| | 安装拆除 | | | |
| CYD4－1 | 控制保护屏拆除　保护二次屏（柜） | 台 | 2 | |
| CYD7－3 | 全站电缆拆除　控制电缆 | 100m | 169.200 | |

# 第12章　更换断路器保护

···················································································

更换断路器保护典型方案共6个，包含220～500kV不同电压等级的断路器保护更换。所有典型方案的工作范围均为常规综自变电站内微机保护装置更换，布置方式均为室内集中布置，不考虑线路保护装置、独立的备自投装置或测控装置同步更换的情况，也不考虑一次设备配合改造的情况。本典型方案不包含智能变电站内保护更换的方案。

## 12.1　E3-1更换220kV断路器保护

### 12.1.1　典型方案主要内容

本典型方案为旧保护屏柜和二次电缆拆除，新保护屏柜安装、屏柜接地、屏顶小母线敷设、二次设备间线缆（含低压电力电缆、控制电缆、通信线缆）敷设、二次接线，参数设置与修改、保护定值整定、配套系统调试、开关传动。不包括二次电缆沟新增和修整、屏柜基础修整，不包括二次接地网改造。

### 12.1.2　典型方案主要技术条件

典型方案E3-1主要技术条件见表12-1。

表12-1　　　　　　　　　　　典型方案E3-1主要技术条件

| 方案名称 | 工程主要技术条件 | |
| --- | --- | --- |
| 更换220kV断路器保护 | 电压等级 | 220kV |
| | 规格型号 | 不含备自投，单套配置 |
| | 组屏方式 | 保护装置1套，操作箱一套，组一面屏 |

### 12.1.3　典型方案估算书

估算投资为总投资，编制依据按第9章要求。典型方案E3-1估算书包括总估算汇总表、安装工程专业汇总表、拆除工程专业汇总表、其他费用估算表，分别见表12-2～表12-5。

表12-2　　　　　　　　　　典型方案E3-1总估算汇总表　　　　　　　　金额单位：万元

| 序号 | 工程或费用名称 | 含税金额 | 占工程投资的比例（%） | 不含税金额 | 可抵扣增值税金额 |
| --- | --- | --- | --- | --- | --- |
| 一 | 建筑工程费 | | | | |
| 二 | 安装工程费 | 4.2 | 20.12 | 3.84 | 0.36 |
| 三 | 拆除工程费 | 0.24 | 1.15 | 0.22 | 0.02 |

续表

| 序号 | 工程或费用名称 | 含税金额 | 占工程投资的比例（%） | 不含税金额 | 可抵扣增值税金额 |
|---|---|---|---|---|---|
| 四 | 设备购置费 | 14.18 | 67.94 | 12.55 | 1.63 |
| | 其中：编制基准期价差 | 0.09 | 0.43 | 0.09 | |
| 五 | 小计 | 18.62 | 89.22 | 16.61 | 2.01 |
| | 其中：甲供设备材料费 | 14.72 | 70.53 | 13.03 | 1.69 |
| 六 | 其他费用 | 2.25 | 10.78 | 2.12 | 0.13 |
| 七 | 基本预备费 | | | | |
| 八 | 特殊项目 | | | | |
| 九 | 工程投资合计 | 20.87 | 100 | 18.73 | 2.14 |
| | 其中：可抵扣增值税金额 | 2.14 | | | 2.14 |
| | 其中：施工费 | 3.9 | 18.69 | 3.58 | 0.32 |

表 12-3    典型方案 E3-1 安装工程专业汇总表    金额单位：元

| 序号 | 工程或费用名称 | 安装工程费 | | | 设备购置费 | 合计 |
|---|---|---|---|---|---|---|
| | | 未计价材料费 | 安装费 | 小计 | | |
| | 安装工程 | 8156 | 33834 | 41990 | 141848 | 183838 |
| 四 | 控制及直流系统 | 7687 | 14729 | 22415 | 141848 | 164263 |
| 1 | 监控或监测系统 | | | | 50088 | 50088 |
| 1.1 | 计算机监控系统 | | | | 50088 | 50088 |
| 2 | 继电保护装置 | 7687 | 14729 | 22415 | 91760 | 114176 |
| 六 | 电缆防护设施 | 320 | 634 | 955 | | 955 |
| 2 | 电缆防火 | 320 | 634 | 955 | | 955 |
| 七 | 全站接地 | 149 | 13 | 163 | | 163 |
| 1 | 接地网 | 149 | 13 | 163 | | 163 |
| 九 | 调试 | | 18458 | 18458 | | 18458 |
| 1 | 分系统调试 | | 18458 | 18458 | | 18458 |
| | 合计 | 8156 | 33834 | 41990 | 141848 | 183838 |

表 12-4    典型方案 E3-1 拆除工程专业汇总表    金额单位：元

| 序号 | 工程或费用名称 | 拆除工程费 |
|---|---|---|
| | 拆除工程 | 2386 |
| | 安装拆除 | 2386 |
| 四 | 控制及直流系统 | 2386 |
| 2 | 继电保护装置 | 2386 |
| | 合计 | 2386 |

**表 12－5**　　　　　　　　**典型方案 E3－1 其他费用估算表**　　　　金额单位：元

| 序号 | 工程或费用项目名称 | 编制依据及计算说明 | 合价 |
|---|---|---|---|
| 2 | 项目管理费 | | 4327 |
| 2.1 | 管理经费 | （建筑工程费＋安装工程费＋拆除工程费）×3.53% | 1566 |
| 2.2 | 招标费 | （建筑工程费＋安装工程费＋拆除工程费）×1.81% | 803 |
| 2.3 | 工程监理费 | （建筑工程费＋安装工程费＋拆除工程费）×4.41% | 1957 |
| 3 | 项目技术服务费 | | 18136 |
| 3.1 | 前期工作费 | （建筑工程费＋安装工程费）×3.05% | 1281 |
| 3.3 | 工程勘察设计费 | | 15120 |
| 3.3.2 | 设计费 | 设计费×100% | 15120 |
| 3.4 | 设计文件评审费 | | 935 |
| 3.4.1 | 初步设计文件评审费 | 基本设计费×3.5% | 448 |
| 3.4.2 | 施工图文件评审费 | 基本设计费×3.8% | 487 |
| 3.5 | 施工过程造价咨询及竣工结算审核费 | （建筑工程费＋安装工程费＋拆除工程费）×0.53% | 800 |
| | 合计 | | 22463 |

### 12.1.4　典型方案设备材料表

典型方案 E3－1 设备材料表见表 12－6。

**表 12－6**　　　　　　　　**典型方案 E3－1 设备材料表**

| 序号 | 设备或材料名称 | 单位 | 数量 | 备注 |
|---|---|---|---|---|
| | 安装工程 | | | |
| 四 | 控制及直流系统 | | | |
| 900000001 | 计算机监控系统扩容 | 项 | 1 | |
| 500008716 | 断路器保护，AC220kV | 套 | 1 | |
| 100000013 | 220kV 变电站控制电缆 | km | 0.300 | |
| 500014805 | 布电线，BV，铜，2.5，1 | km | 0.200 | |
| 500014824 | 布电线，BVR，铜，4，1 | km | 0.200 | |
| 500128947 | 通信电缆，RVSP，1.5，2 | m | 300 | |
| 500011727 | 防火涂料 | t | 0.020 | |
| 500011738 | 防火堵料 | t | 0.020 | |
| 500027477 | 布电线，BVR，铜，100，1 | m | 2 | |

### 12.1.5　典型方案工程量表

典型方案 E3－1 工程量见表 12－7。

表 12-7 典型方案 E3-1 工程量表

| 序号 | 项目名称 | 单位 | 数量 | 备注 |
|---|---|---|---|---|
| | 安装工程 | | | |
| 四 | 控制及直流系统 | | | |
| JGD4-4 | 控制、保护屏柜安装　保护屏柜　220kV 变电站 | 块 | 1 | |
| JGD7-3 | 全站电缆敷设　控制电缆　全站 | 100m | 3 | |
| JGZ7-1 | 布放设备电缆　布放线缆 | 100m | 3 | |
| JGD7-10 | 电缆防火安装　防火堵料 | t | 0.020 | |
| JGD7-11 | 电缆防火安装　防火涂料 | t | 0.020 | |
| 九 | 调试 | | | |
| 1 | 分系统调试 | | | |
| 调 JGS1-14<br>R×0.8<br>C×0.8<br>J×0.8 | 配电装置系统　220kV | 间隔 | 1 | |
| | 拆除工程 | | | |
| | 安装拆除 | | | |
| CYD4-1 | 控制保护屏拆除　保护二次屏（柜） | 台 | 1 | |
| CYD7-3 | 全站电缆拆除　控制电缆 | 100m | 3 | |

## 12.2　E3-2 更换 220kV 断路器保护及附属电缆

### 12.2.1　典型方案主要内容

本典型方案为旧保护屏柜和二次电缆拆除，新保护屏柜安装、屏柜接地、屏顶小母线敷设、二次设备间线缆（含低压电力电缆、控制电缆、通信线缆）及至一次设备附属控制电缆敷设、二次接线，参数设置与修改，保护定值整定、配套系统调试、开关传动。不包括二次电缆沟新增和修整、屏柜基础修整，不包括二次接地网改造。

### 12.2.2　典型方案主要技术条件

典型方案 E3-2 主要技术条件见表 12-8。

表 12-8 典型方案 E3-2 主要技术条件

| 方案名称 | 工程主要技术条件 | |
|---|---|---|
| 更换 220kV 断路器保护及<br>附属电缆 | 电压等级 | 220kV |
| | 规格型号 | 不含备自投，单套配置 |
| | 组屏方式 | 保护装置 1 套，操作箱一套，组一面屏 |

### 12.2.3　典型方案估算书

估算投资为总投资，编制依据按第 9 章要求。典型方案 E3-2 估算书包括总估算汇总表、安装工程专业汇总表、拆除工程专业汇总表、其他费用估算表，分别见表 12-9～表 12-12。

表 12-9　　　　　　　　　　典型方案 E3-2 总估算汇总表　　　　　　　　金额单位：万元

| 序号 | 工程或费用名称 | 含税金额 | 占工程投资的比例（%） | 不含税金额 | 可抵扣增值税金额 |
|---|---|---|---|---|---|
| 一 | 建筑工程费 | | | | |
| 二 | 安装工程费 | 9.22 | 33.26 | 8.34 | 0.88 |
| 三 | 拆除工程费 | 0.93 | 3.35 | 0.85 | 0.08 |
| 四 | 设备购置费 | 14.18 | 51.15 | 12.55 | 1.63 |
| | 其中：编制基准期价差 | 0.16 | 0.58 | 0.16 | |
| 五 | 小计 | 24.33 | 87.77 | 21.74 | 2.59 |
| | 其中：甲供设备材料费 | 17.74 | 64 | 15.7 | 2.04 |
| 六 | 其他费用 | 3.39 | 12.23 | 3.2 | 0.19 |
| 七 | 基本预备费 | | | | |
| 八 | 特殊项目 | | | | |
| 九 | 工程投资合计 | 27.72 | 100 | 24.94 | 2.78 |
| | 其中：可抵扣增值税金额 | 2.78 | | | 2.78 |
| | 其中：施工费 | 6.58 | 23.74 | 6.04 | 0.54 |

表 12-10　　　　　　　　　典型方案 E3-2 安装工程专业汇总表　　　　　　　金额单位：元

| 序号 | 工程或费用名称 | 安装工程费 | | | 设备购置费 | 合计 |
|---|---|---|---|---|---|---|
| | | 未计价材料费 | 安装费 | 小计 | | |
| | 安装工程 | 38408 | 53749 | 92157 | 141848 | 234005 |
| 四 | 控制及直流系统 | 37939 | 34643 | 72582 | 141848 | 214430 |
| 1 | 监控或监测系统 | | | | 50088 | 50088 |
| 1.1 | 计算机监控系统 | | | | 50088 | 50088 |
| 2 | 继电保护装置 | 37939 | 34643 | 72582 | 91760 | 164342 |
| 六 | 电缆防护设施 | 320 | 634 | 955 | | 955 |
| 2 | 电缆防火 | 320 | 634 | 955 | | 955 |
| 七 | 全站接地 | 149 | 13 | 163 | | 163 |
| 1 | 接地网 | 149 | 13 | 163 | | 163 |
| 九 | 调试 | | 18458 | 18458 | | 18458 |
| 1 | 分系统调试 | | 18458 | 18458 | | 18458 |
| | 合计 | 38408 | 53749 | 92157 | 141848 | 234005 |

表 12-11　　　　　　　　　典型方案 E3-2 拆除工程专业汇总表　　　　　　　金额单位：元

| 序号 | 工程或费用名称 | 拆除工程费 |
|---|---|---|
| | 拆除工程 | 9271 |
| | 安装拆除 | 9271 |
| 四 | 控制及直流系统 | 9271 |
| 2 | 继电保护装置 | 9271 |
| | 合计 | 9271 |

表 12-12 典型方案 E3-2 其他费用估算表　　　　　金额单位：元

| 序号 | 工程或费用项目名称 | 编制依据及计算说明 | 合价 |
|---|---|---|---|
| 2 | 项目管理费 | | 9889 |
| 2.1 | 管理经费 | （建筑工程费＋安装工程费＋拆除工程费）×3.53% | 3580 |
| 2.2 | 招标费 | （建筑工程费＋安装工程费＋拆除工程费）×1.81% | 1836 |
| 2.3 | 工程监理费 | （建筑工程费＋安装工程费＋拆除工程费）×4.41% | 4473 |
| 3 | 项目技术服务费 | | 24047 |
| 3.1 | 前期工作费 | （建筑工程费＋安装工程费）×3.05% | 2811 |
| 3.3 | 工程勘察设计费 | | 19246 |
| 3.3.2 | 设计费 | 设计费×100% | 19246 |
| 3.4 | 设计文件评审费 | | 1191 |
| 3.4.1 | 初步设计文件评审费 | 基本设计费×3.5% | 571 |
| 3.4.2 | 施工图文件评审费 | 基本设计费×3.8% | 620 |
| 3.5 | 施工过程造价咨询及竣工结算审核费 | （建筑工程费＋安装工程费＋拆除工程费）×0.53% | 800 |
| | 合计 | | 33937 |

### 12.2.4 典型方案设备材料表

典型方案 E3-2 设备材料表见表 12-13。

表 12-13 典型方案 E3-2 设备材料表

| 序号 | 设备或材料名称 | 单位 | 数量 | 备注 |
|---|---|---|---|---|
| | 安装工程 | | | |
| 四 | 控制及直流系统 | | | |
| 900000001 | 计算机监控系统扩容 | 项 | 1 | |
| 500008716 | 断路器保护，AC220kV | 套 | 1 | |
| 100000013 | 220kV 变电站控制电缆 | km | 2 | |
| 500014805 | 布电线，BV，铜，2.5，1 | km | 0.200 | |
| 500014824 | 布电线，BVR，铜，4，1 | km | 0.200 | |
| 500128947 | 通信电缆，RVSP，1.5，2 | m | 300 | |
| 500011727 | 防火涂料 | t | 0.020 | |
| 500011738 | 防火堵料 | t | 0.020 | |
| 500027477 | 布电线，BVR，铜，100，1 | m | 2 | |

### 12.2.5 典型方案工程量表

典型方案 E3-2 工程量见表 12-14。

表 12-14　　　　　　　　　　典型方案 E3-2 工程量表

| 序号 | 项目名称 | 单位 | 数量 | 备注 |
|---|---|---|---|---|
|  | 安装工程 |  |  |  |
| 四 | 控制及直流系统 |  |  |  |
| JGD4-4 | 控制、保护屏柜安装　保护屏柜　220kV 变电站 | 块 | 1 |  |
| JGD7-3 | 全站电缆敷设　控制电缆　全站 | 100m | 20 |  |
| JGZ7-1 | 布放设备电缆　布放线缆 | 100m | 3 |  |
| JGD7-10 | 电缆防火安装　防火堵料 | t | 0.020 |  |
| JGD7-11 | 电缆防火安装　防火涂料 | t | 0.020 |  |
| 九 | 调试 |  |  |  |
| 1 | 分系统调试 |  |  |  |
| 调 JGS1-14<br>R×0.8<br>C×0.8<br>J×0.8 | 配电装置系统　220kV | 间隔 | 1 |  |
|  | 拆除工程 |  |  |  |
|  | 安装拆除 |  |  |  |
| CYD4-1 | 控制保护屏拆除　保护二次屏（柜） | 台 | 1 |  |
| CYD7-3 | 全站电缆拆除　控制电缆 | 100m | 20 |  |

## 12.3　E3-3 更换 330kV 断路器保护

### 12.3.1　典型方案主要内容

本典型方案为旧保护屏柜和二次电缆拆除，新保护屏柜安装、屏柜接地、屏顶小母线敷设、二次设备间线缆（含低压电力电缆、控制电缆、通信线缆）敷设、二次接线，参数设置与修改，保护定值整定、配套系统调试、开关传动。不包括二次电缆沟新增和修整、屏柜基础修整，不包括二次接地网改造。

### 12.3.2　典型方案主要技术条件

典型方案 E3-3 主要技术条件见表 12-15。

表 12-15　　　　　　　　　典型方案 E3-3 主要技术条件

| 方案名称 | 工程主要技术条件 | |
|---|---|---|
| 更换 330kV 断路器保护 | 电压等级 | 330kV |
|  | 规格型号 | 不含备自投，单套配置 |
|  | 组屏方式 | 单套装置组一面屏 |

### 12.3.3　典型方案估算书

估算投资为总投资，编制依据按第 9 章要求。典型方案 E3-3 估算书包括总估算汇总表、安装工程专业汇总表、拆除工程专业汇总表、其他费用估算表，分别见表12－16～表12－19。

表12－16 典型方案 E3－3 总估算汇总表 金额单位：万元

| 序号 | 工程或费用名称 | 含税金额 | 占工程投资的比例（%） | 不含税金额 | 可抵扣增值税金额 |
|---|---|---|---|---|---|
| 一 | 建筑工程费 | | | | |
| 二 | 安装工程费 | 4.2 | 20.08 | 3.84 | 0.36 |
| 三 | 拆除工程费 | 0.19 | 0.91 | 0.17 | 0.02 |
| 四 | 设备购置费 | 14.28 | 68.26 | 12.64 | 1.64 |
| | 其中：编制基准期价差 | 0.07 | 0.33 | 0.07 | |
| 五 | 小计 | 18.67 | 89.24 | 16.65 | 2.02 |
| | 其中：甲供设备材料费 | 14.79 | 70.7 | 13.09 | 1.7 |
| 六 | 其他费用 | 2.25 | 10.76 | 2.12 | 0.13 |
| 七 | 基本预备费 | | | | |
| 八 | 特殊项目 | | | | |
| 九 | 工程投资合计 | 20.92 | 100 | 18.77 | 2.15 |
| | 其中：可抵扣增值税金额 | 2.15 | | | 2.15 |
| | 其中：施工费 | 3.88 | 18.55 | 3.56 | 0.32 |

表12－17 典型方案 E3－3 安装工程专业汇总表 金额单位：元

| 序号 | 工程或费用名称 | 安装工程费 | | | 设备购置费 | 合计 |
|---|---|---|---|---|---|---|
| | | 未计价材料费 | 安装费 | 小计 | | |
| | 安装工程 | 7904 | 34127 | 42031 | 142850 | 184881 |
| 四 | 控制及直流系统 | 7435 | 14391 | 21826 | 142850 | 164676 |
| 1 | 监控或监测系统 | | | | 50088 | 50088 |
| 1.1 | 计算机监控系统 | | | | 50088 | 50088 |
| 2 | 继电保护装置 | 7435 | 14391 | 21826 | 92762 | 114588 |
| 六 | 电缆防护设施 | 320 | 508 | 828 | | 828 |
| 2 | 电缆防火 | 320 | 508 | 828 | | 828 |
| 七 | 全站接地 | 149 | 13 | 163 | | 163 |
| 1 | 接地网 | 149 | 13 | 163 | | 163 |
| 九 | 调试 | | 19214 | 19214 | | 19214 |
| 1 | 分系统调试 | | 19214 | 19214 | | 19214 |
| | 合计 | 7904 | 34127 | 42031 | 142850 | 184881 |

表 12-18　　　　典型方案 E3-3 拆除工程专业汇总表　　　　金额单位：元

| 序号 | 工程或费用名称 | 拆除工程费 |
|---|---|---|
| | 拆除工程 | 1864 |
| | 安装拆除 | 1864 |
| 四 | 控制及直流系统 | 1864 |
| 2 | 继电保护装置 | 1864 |
| | 合计 | 1864 |

表 12-19　　　　典型方案 E3-3 其他费用估算表　　　　金额单位：元

| 序号 | 工程或费用项目名称 | 编制依据及计算说明 | 合价 |
|---|---|---|---|
| 2 | 项目管理费 | | 4280 |
| 2.1 | 管理经费 | （建筑工程费＋安装工程费＋拆除工程费）×3.53% | 1550 |
| 2.2 | 招标费 | （建筑工程费＋安装工程费＋拆除工程费）×1.81% | 795 |
| 2.3 | 工程监理费 | （建筑工程费＋安装工程费＋拆除工程费）×4.41% | 1936 |
| 3 | 项目技术服务费 | | 18228 |
| 3.1 | 前期工作费 | （建筑工程费＋安装工程费）×3.05% | 1282 |
| 3.3 | 工程勘察设计费 | | 15206 |
| 3.3.2 | 设计费 | 设计费×100% | 15206 |
| 3.4 | 设计文件评审费 | | 941 |
| 3.4.1 | 初步设计文件评审费 | 基本设计费×3.5% | 451 |
| 3.4.2 | 施工图文件评审费 | 基本设计费×3.8% | 490 |
| 3.5 | 施工过程造价咨询及竣工结算审核费 | （建筑工程费＋安装工程费＋拆除工程费）×0.53% | 800 |
| | 合计 | | 22508 |

### 12.3.4　典型方案电气设备材料表

典型方案 E3-3 电气设备材料表见表 12-20。

表 12-20　　　　典型方案 E3-3 电气设备材料表

| 序号 | 设备或材料名称 | 单位 | 数量 | 备注 |
|---|---|---|---|---|
| | 安装工程 | | | |
| 四 | 控制及直流系统 | | | |
| 2 | 继电保护装置 | | | |
| 900000001 | 计算机监控系统扩容 | 项 | 1 | |
| 500008716 | 断路器保护，AC330kV | 套 | 1 | |
| 100000014 | 330kV 变电站控制电缆 | km | 0.300 | |
| 500014805 | 布电线，BV，铜，2.5，1 | km | 0.200 | |

| 序号 | 设备或材料名称 | 单位 | 数量 | 备注 |
|---|---|---|---|---|
| 500014824 | 布电线，BVR，铜，4，1 | km | 0.200 | |
| 500128947 | 通信电缆，RVSP，1.5，2 | m | 300 | |
| 500011727 | 防火涂料 | t | 0.020 | |
| 500011738 | 防火堵料 | t | 0.020 | |
| 500027477 | 布电线，BVR，铜，100，1 | m | 2 | |

### 12.3.5 典型方案工程量表

典型方案 E3－3 工程量见表 12－21。

**表 12－21**       **典型方案 E3－3 工程量表**

| 序号 | 项目名称 | 单位 | 数量 | 备注 |
|---|---|---|---|---|
| | 安装工程 | | | |
| 四 | 控制及直流系统 | | | |
| 2 | 继电保护装置 | | | |
| JGD4－5 | 控制、保护屏柜安装　保护屏柜　330kV 变电站 | 块 | 1 | |
| JGD7－3 | 全站电缆敷设　控制电缆　全站 | 100m | 3 | |
| JGZ7－1 | 布放设备电缆　布放线缆 | 100m | 3 | |
| JGD7－10 | 电缆防火安装　防火堵料 | t | 0.020 | |
| JGD7－11 | 电缆防火安装　防火涂料 | t | 0.020 | |
| 调 JGS1－15<br>R×0.8<br>C×0.8<br>J×0.8 | 配电装置系统　330kV | 间隔 | 1 | |
| | 安装拆除 | | | |
| CYD4－1 | 控制保护屏拆除　保护二次屏（柜） | 台 | 1 | |
| CYD7－3 | 全站电缆拆除　控制电缆 | 100m | 3 | |

## 12.4 E3－4 更换 330kV 断路器保护及附属电缆

### 12.4.1 典型方案主要内容

本典型方案为旧保护屏柜和二次电缆拆除，新保护屏柜安装、屏柜接地、屏顶小母线敷设、二次设备间线缆（含低压电力电缆、控制电缆、通信线缆）及至一次设备附属控制电缆敷设、二次接线，参数设置与修改，保护定值整定、配套系统调试、开关传动。不包括二次电缆沟新增和修整、屏柜基础修整，不包括二次接地网改造。

### 12.4.2 典型方案主要技术条件

典型方案 E3－4 主要技术条件见表 12－22。

表 12－22　　　　　　　　　　　典型方案 E3－4 主要技术条件

| 方案名称 | 工程主要技术条件 | |
|---|---|---|
| 更换 330kV 断路器保护及附属电缆 | 电压等级 | 330kV |
| | 规格型号 | 不含备自投，单套配置 |
| | 组屏方式 | 单套装置组一面屏 |

### 12.4.3　典型方案估算书

估算投资为总投资，编制依据按第 9 章要求。典型方案 E3－4 估算书包括总估算汇总表、安装工程专业汇总表、拆除工程专业汇总表、其他费用估算表，分别见表 12－23～表 12－26。

表 12－23　　　　　　　　　典型方案 E3－4 总估算汇总表　　　　　　　金额单位：万元

| 序号 | 工程或费用名称 | 含税金额 | 占工程投资的比例（%） | 不含税金额 | 可抵扣增值税金额 |
|---|---|---|---|---|---|
| 一 | 建筑工程费 | | | | |
| 二 | 安装工程费 | 9.6 | 33.92 | 8.7 | 0.9 |
| 三 | 拆除工程费 | 0.93 | 3.29 | 0.85 | 0.08 |
| 四 | 设备购置费 | 14.28 | 50.46 | 12.64 | 1.64 |
| | 其中：编制基准期价差 | 0.11 | 0.39 | 0.11 | |
| 五 | 小计 | 24.81 | 87.67 | 22.19 | 2.62 |
| | 其中：甲供设备材料费 | 17.68 | 62.47 | 15.65 | 2.03 |
| 六 | 其他费用 | 3.49 | 12.33 | 3.29 | 0.2 |
| 七 | 基本预备费 | | | | |
| 八 | 特殊项目 | | | | |
| 九 | 工程投资合计 | 28.3 | 100 | 25.48 | 2.82 |
| | 其中：可抵扣增值税金额 | 2.82 | | | 2.82 |
| | 其中：施工费 | 7.14 | 25.23 | 6.55 | 0.59 |

表 12－24　　　　　　　　　典型方案 E3－4 安装工程专业汇总表　　　　　　　金额单位：元

| 序号 | 工程或费用名称 | 安装工程费 | | | 设备购置费 | 合计 |
|---|---|---|---|---|---|---|
| | | 未计价材料费 | 安装费 | 小计 | | |
| | 安装工程 | 36727 | 59289 | 96016 | 142850 | 238866 |
| 四 | 控制及直流系统 | 36257 | 36108 | 72365 | 142850 | 215215 |
| 1 | 监控或监测系统 | | | | 50088 | 50088 |
| 1.1 | 计算机监控系统 | | | | 50088 | 50088 |
| 2 | 继电保护装置 | 36257 | 36108 | 72365 | 92762 | 165127 |
| 六 | 电缆防护设施 | 320 | 633 | 953 | | 953 |
| 4 | 电缆防火 | 320 | 633 | 953 | | 953 |

| 序号 | 工程或费用名称 | 安装工程费 | | | 设备购置费 | 合计 |
|---|---|---|---|---|---|---|
| | | 未计价材料费 | 安装费 | 小计 | | |
| 七 | 全站接地 | 149 | 13 | 163 | | 163 |
| 1 | 接地网 | 149 | 13 | 163 | | 163 |
| 九 | 调试 | | 22535 | 22535 | | 22535 |
| 1 | 分系统调试 | | 22535 | 22535 | | 22535 |
| | 合计 | 36727 | 59289 | 96016 | 142850 | 238866 |

**表 12-25** 　　　　　　　　典型方案 E3-4 拆除工程专业汇总表　　　　　　　金额单位：元

| 序号 | 工程或费用名称 | 拆除工程费 |
|---|---|---|
| | 拆除工程 | 9271 |
| | 安装拆除 | 9271 |
| 四 | 控制及直流系统 | 9271 |
| 2 | 继电保护装置 | 9271 |
| | 合计 | 9271 |

**表 12-26** 　　　　　　　　　　　典型方案 E3-4 其他费用估算表　　　　　　　　金额单位：元

| 序号 | 工程或费用项目名称 | 编制依据及计算说明 | 合价 |
|---|---|---|---|
| 2 | 项目管理费 | | 10265 |
| 2.1 | 管理经费 | （建筑工程费＋安装工程费＋拆除工程费）×3.53% | 3717 |
| 2.2 | 招标费 | （建筑工程费＋安装工程费＋拆除工程费）×1.81% | 1906 |
| 2.3 | 工程监理费 | （建筑工程费＋安装工程费＋拆除工程费）×4.41% | 4643 |
| 3 | 项目技术服务费 | | 24590 |
| 3.1 | 前期工作费 | （建筑工程费＋安装工程费）×3.05% | 2928 |
| 3.3 | 工程勘察设计费 | | 19646 |
| 3.3.2 | 设计费 | 设计费×100% | 19646 |
| 3.4 | 设计文件评审费 | | 1215 |
| 3.4.1 | 初步设计文件评审费 | 基本设计费×3.5% | 583 |
| 3.4.2 | 施工图文件评审费 | 基本设计费×3.8% | 633 |
| 3.5 | 施工过程造价咨询及竣工结算审核费 | （建筑工程费＋安装工程费＋拆除工程费）×0.53% | 800 |
| | 合计 | | 34855 |

## 12.4.4 典型方案电气设备材料表

典型方案 E3-4 电气设备材料表见表 12-27。

表 12-27　　　　　　　　　　典型方案 E3-4 电气设备材料表

| 序号 | 设备或材料名称 | 单位 | 数量 | 备注 |
|---|---|---|---|---|
| | 安装工程 | | | |
| 四 | 控制及直流系统 | | | |
| 2 | 继电保护装置 | | | |
| 900000001 | 计算机监控系统扩容 | 项 | 1 | |
| 500008716 | 断路器保护，AC330kV | 套 | 1 | |
| 100000014 | 330kV 变电站控制电缆 | km | 2 | |
| 500014805 | 布电线，BV，铜，2.5，1 | km | 0.200 | |
| 500014824 | 布电线，BVR，铜，4，1 | km | 0.200 | |
| 500128947 | 通信电缆，RVSP，1.5，2 | m | 300 | |
| 500011727 | 防火涂料 | t | 0.020 | |
| 500011738 | 防火堵料 | t | 0.020 | |
| 500027477 | 布电线，BVR，铜，100，1 | m | 2 | |

### 12.4.5　典型方案工程量表

典型方案 E3-4 工程量见表 12-28。

表 12-28　　　　　　　　　　典型方案 E3-4 工程量表

| 序号 | 项目名称 | 单位 | 数量 | 备注 |
|---|---|---|---|---|
| | 安装工程 | | | |
| 四 | 控制及直流系统 | | | |
| 2 | 继电保护装置 | | | |
| JGD4-5 | 控制、保护屏柜安装　保护屏柜　330kV 变电站 | 块 | 1 | |
| JGD7-3 | 全站电缆敷设　控制电缆　全站 | 100m | 20 | |
| JGZ7-1 | 布放设备电缆　布放线缆 | 100m | 3 | |
| JGD7-10 | 电缆防火安装　防火堵料 | t | 0.020 | |
| JGD7-11 | 电缆防火安装　防火涂料 | t | 0.020 | |
| 调 JGS1-15 R×0.8 C×0.8 J×0.8 | 配电装置系统　330kV | 间隔 | 1 | |
| | 安装拆除 | | | |
| CYD4-1 | 控制保护屏拆除　保护二次屏（柜） | 台 | 1 | |
| CYD7-3 | 全站电缆拆除　控制电缆 | 100m | 20 | |

## 12.5　E3-5 更换 500kV 断路器保护

### 12.5.1　典型方案主要内容

本典型方案为旧保护屏柜和二次电缆拆除，新保护屏柜安装、屏柜接地、屏顶小母线敷

设、二次设备间线缆（含低压电力电缆、控制电缆、通信线缆）敷设、二次接线，参数设置与修改，保护定值整定、配套系统调试、开关传动。不包括二次电缆沟新增和修整、屏柜基础修整，不包括二次接地网改造。

#### 12.5.2　典型方案主要技术条件

典型方案 E3-5 主要技术条件见表 12-29。

表 12-29　　　　　　　　典型方案 E3-5 主要技术条件

| 方案名称 | 工程主要技术条件 | |
|---|---|---|
| 更换 500kV 断路器保护 | 电压等级 | 500kV |
| | 规格型号 | 不含备自投，单套配置 |
| | 组屏方式 | 保护装置 1 套，操作箱一套，组一面屏 |

#### 12.5.3　典型方案估算书

估算投资为总投资，编制依据按第 9 章要求。典型方案 E3-5 估算书包括总估算汇总表、安装工程专业汇总表、拆除工程专业汇总表、其他费用估算表，分别见表 12-30～表 12-33。

表 12-30　　　　　　　　典型方案 E3-5 总估算汇总表　　　　　　　金额单位：万元

| 序号 | 工程或费用名称 | 含税金额 | 占工程投资的比例（%） | 不含税金额 | 可抵扣增值税金额 |
|---|---|---|---|---|---|
| 一 | 建筑工程费 | | | | |
| 二 | 安装工程费 | 5.33 | 22.13 | 4.87 | 0.46 |
| 三 | 拆除工程费 | 0.24 | 1 | 0.22 | 0.02 |
| 四 | 设备购置费 | 15.87 | 65.91 | 14.05 | 1.82 |
| | 其中：编制基准期价差 | 0.11 | 0.46 | 0.11 | |
| 五 | 小计 | 21.44 | 89.04 | 19.14 | 2.3 |
| | 其中：甲供设备材料费 | 16.37 | 67.98 | 14.49 | 1.88 |
| 六 | 其他费用 | 2.64 | 10.96 | 2.49 | 0.15 |
| 七 | 基本预备费 | | | | |
| 八 | 特殊项目 | | | | |
| 九 | 工程投资合计 | 24.08 | 100 | 21.63 | 2.45 |
| | 其中：可抵扣增值税金额 | 2.45 | | | 2.45 |
| | 其中：施工费 | 5.06 | 21.01 | 4.64 | 0.42 |

表 12-31　　　　　　　　典型方案 E3-5 安装工程专业汇总表　　　　　　　金额单位：元

| 序号 | 工程或费用名称 | 安装工程费 | | | 设备购置费 | 合计 |
|---|---|---|---|---|---|---|
| | | 未计价材料费 | 安装费 | 小计 | | |
| | 安装工程 | 7850 | 45426 | 53276 | 158677 | 211953 |
| 四 | 控制及直流系统 | 7380 | 18032 | 25412 | 158677 | 184089 |

续表

| 序号 | 工程或费用名称 | 安装工程费 | | | 设备购置费 | 合计 |
|---|---|---|---|---|---|---|
| | | 未计价材料费 | 安装费 | 小计 | | |
| 1 | 监控或监测系统 | | | | 50088 | 50088 |
| 1.1 | 计算机监控系统 | | | | 50088 | 50088 |
| 2 | 继电保护装置 | 7380 | 18032 | 25412 | 108590 | 134002 |
| 六 | 电缆防护设施 | 320 | 634 | 955 | | 955 |
| 2 | 电缆防火 | 320 | 634 | 955 | | 955 |
| 七 | 全站接地 | 149 | 13 | 163 | | 163 |
| 1 | 接地网 | 149 | 13 | 163 | | 163 |
| 九 | 调试 | | 26747 | 26747 | | 26747 |
| 1 | 分系统调试 | | 26747 | 26747 | | 26747 |
| | 合计 | 7850 | 45426 | 53276 | 158677 | 211953 |

表 12-32　　　　**典型方案 E3-5 拆除工程专业汇总表**　　　　金额单位：元

| 序号 | 工程或费用名称 | 拆除工程费 |
|---|---|---|
| | 拆除工程 | 2386 |
| | 安装拆除 | 2386 |
| 四 | 控制及直流系统 | 2386 |
| 2 | 继电保护装置 | 2386 |
| | 合计 | 2386 |

表 12-33　　　　**典型方案 E3-5 其他费用估算表**　　　　金额单位：元

| 序号 | 工程或费用项目名称 | 编制依据及计算说明 | 合价 |
|---|---|---|---|
| 2 | 项目管理费 | | 5427 |
| 2.1 | 管理经费 | （建筑工程费+安装工程费+拆除工程费）×3.53% | 1965 |
| 2.2 | 招标费 | （建筑工程费+安装工程费+拆除工程费）×1.81% | 1007 |
| 2.3 | 工程监理费 | （建筑工程费+安装工程费+拆除工程费）×4.41% | 2455 |
| 3 | 项目技术服务费 | | 20936 |
| 3.1 | 前期工作费 | （建筑工程费+安装工程费）×3.05% | 1625 |
| 3.3 | 工程勘察设计费 | | 17432 |
| 3.3.2 | 设计费 | 设计费×100% | 17432 |
| 3.4 | 设计文件评审费 | | 1078 |
| 3.4.1 | 初步设计文件评审费 | 基本设计费×3.5% | 517 |
| 3.4.2 | 施工图文件评审费 | 基本设计费×3.8% | 561 |
| 3.5 | 施工过程造价咨询及竣工结算审核费 | （建筑工程费+安装工程费+拆除工程费）×0.53% | 800 |
| | 合计 | | 26363 |

### 12.5.4 典型方案设备材料表

典型方案 E3-5 设备材料表见表 12-34。

表 12-34 典型方案 E3-5 设备材料表

| 序号 | 设备或材料名称 | 单位 | 数量 | 备注 |
|---|---|---|---|---|
| | 安装工程 | | | |
| 四 | 控制及直流系统 | | | |
| 900000001 | 计算机监控系统扩容 | 项 | 1 | |
| 500008715 | 断路器保护，AC500kV | 套 | 1 | |
| 100000015 | 500kV 变电站控制电缆 | km | 0.300 | |
| 500014805 | 布电线，BV，铜，2.5，1 | km | 0.200 | |
| 500014824 | 布电线，BVR，铜，4，1 | km | 0.200 | |
| 500128947 | 通信电缆，RVSP，1.5，2 | m | 300 | |
| 500011727 | 防火涂料 | t | 0.020 | |
| 500011738 | 防火堵料 | t | 0.020 | |
| 500027477 | 布电线，BVR，铜，100，1 | m | 2 | |

### 12.5.5 典型方案工程量表

典型方案 E3-5 工程量见表 12-35。

表 12-35 典型方案 E3-5 工程量表

| 序号 | 项目名称 | 单位 | 数量 | 备注 |
|---|---|---|---|---|
| | 安装工程 | | | |
| 四 | 控制及直流系统 | | | |
| JGD4-6 | 控制、保护屏柜安装 保护屏柜 500kV 变电站 | 块 | 1 | |
| JGD7-3 | 全站电缆敷设 控制电缆 全站 | 100m | 3 | |
| JGZ7-1 | 布放设备电缆 布放线缆 | 100m | 3 | |
| JGD7-10 | 电缆防火安装 防火堵料 | t | 0.020 | |
| JGD7-11 | 电缆防火安装 防火涂料 | t | 0.020 | |
| 九 | 调试 | | | |
| 1 | 分系统调试 | | | |
| 调 JGS1-16 $R \times 0.8$ $C \times 0.8$ $J \times 0.8$ | 配电装置系统 500kV | 间隔 | 1 | |
| | 拆除工程 | | | |
| | 安装拆除 | | | |
| CYD4-1 | 控制保护屏拆除 保护二次屏（柜） | 台 | 1 | |
| CYD7-3 | 全站电缆拆除 控制电缆 | 100m | 3 | |

## 12.6　E3-6更换500kV断路器保护及附属电缆

### 12.6.1　典型方案主要内容

本典型方案为旧保护屏柜和二次电缆拆除，新保护屏柜安装、屏柜接地、屏顶小母线敷设、二次设备间线缆（含低压电力电缆、控制电缆、通信线缆）及至一次设备附属控制电缆敷设、二次接线，参数设置与修改，保护定值整定、配套系统调试、开关传动。不包括二次电缆沟新增和修整、屏柜基础修整，不包括二次接地网改造。

### 12.6.2　典型方案主要技术条件

典型方案E3-6主要技术条件见表12-36。

表12-36　　　　　　　　　　典型方案E3-6主要技术条件

| 方案名称 | 工程主要技术条件 | |
|---|---|---|
| 更换500kV断路器保护及附属电缆 | 电压等级 | 500kV |
| | 规格型号 | 不含备自投，单套配置 |
| | 组屏方式 | 保护装置1套，操作箱一套，组一面屏 |

### 12.6.3　典型方案估算书

估算投资为总投资，编制依据按第9章要求。典型方案E3-6估算书包括总估算汇总表、安装工程专业汇总表、拆除工程专业汇总表、其他费用估算表，分别见表12-37～表12-40。

表12-37　　　　　　　　　典型方案E3-6总估算汇总表　　　　　　　　金额单位：万元

| 序号 | 工程或费用名称 | 含税金额 | 占工程投资的比例（%） | 不含税金额 | 可抵扣增值税金额 |
|---|---|---|---|---|---|
| 一 | 建筑工程费 | | | | |
| 二 | 安装工程费 | 10.17 | 33.11 | 9.22 | 0.95 |
| 三 | 拆除工程费 | 0.93 | 3.03 | 0.85 | 0.08 |
| 四 | 设备购置费 | 15.87 | 51.66 | 14.05 | 1.82 |
| | 其中：编制基准期价差 | 0.18 | 0.59 | 0.18 | |
| 五 | 小计 | 26.97 | 87.79 | 24.12 | 2.85 |
| | 其中：甲供设备材料费 | 19.22 | 62.57 | 17.01 | 2.21 |
| 六 | 其他费用 | 3.75 | 12.21 | 3.54 | 0.21 |
| 七 | 基本预备费 | | | | |
| 八 | 特殊项目 | | | | |
| 九 | 工程投资合计 | 30.72 | 100 | 27.66 | 3.06 |
| | 其中：可抵扣增值税金额 | 3.06 | | | 3.06 |
| | 其中：施工费 | 7.74 | 25.2 | 7.1 | 0.64 |

**表 12-38** 　　　　　　　　　**典型方案 E3-6 安装工程专业汇总表** 　　　　　　金额单位：元

| 序号 | 工程或费用名称 | 安装工程费 | | | 设备购置费 | 合计 |
|---|---|---|---|---|---|---|
| | | 未计价材料费 | 安装费 | 小计 | | |
| | 安装工程 | 36365 | 65317 | 101682 | 158677 | 260359 |
| 四 | 控制及直流系统 | 35896 | 37922 | 73818 | 158677 | 232495 |
| 1 | 监控或监测系统 | | | | 50088 | 50088 |
| 1.1 | 计算机监控系统 | | | | 50088 | 50088 |
| 2 | 继电保护装置 | 35896 | 37922 | 73818 | 108590 | 182408 |
| 六 | 电缆防护设施 | 320 | 634 | 955 | | 955 |
| 2 | 电缆防火 | 320 | 634 | 955 | | 955 |
| 七 | 全站接地 | 149 | 13 | 163 | | 163 |
| 1 | 接地网 | 149 | 13 | 163 | | 163 |
| 九 | 调试 | | 26747 | 26747 | | 26747 |
| 1 | 分系统调试 | | 26747 | 26747 | | 26747 |
| | 合计 | 36365 | 65317 | 101682 | 158677 | 260359 |

**表 12-39** 　　　　　　　　　**典型方案 E3-6 拆除工程专业汇总表** 　　　　　　金额单位：元

| 序号 | 工程或费用名称 | 拆除工程费 |
|---|---|---|
| | 拆除工程 | 9271 |
| | 安装拆除 | 9271 |
| 四 | 控制及直流系统 | 9271 |
| 2 | 继电保护装置 | 9271 |
| | 合计 | 9271 |

**表 12-40** 　　　　　　　　　**典型方案 E3-6 其他费用估算表** 　　　　　　金额单位：元

| 序号 | 工程或费用项目名称 | 编制依据及计算说明 | 合价 |
|---|---|---|---|
| 2 | 项目管理费 | | 10818 |
| 2.1 | 管理经费 | （建筑工程费+安装工程费+拆除工程费）×3.53% | 3917 |
| 2.2 | 招标费 | （建筑工程费+安装工程费+拆除工程费）×1.81% | 2008 |
| 2.3 | 工程监理费 | （建筑工程费+安装工程费+拆除工程费）×4.41% | 4893 |
| 3 | 项目技术服务费 | | 26640 |
| 3.1 | 前期工作费 | （建筑工程费+安装工程费）×3.05% | 3101 |
| 3.3 | 工程勘察设计费 | | 21413 |
| 3.3.2 | 设计费 | 设计费×100% | 21413 |
| 3.4 | 设计文件评审费 | | 1325 |
| 3.4.1 | 初步设计文件评审费 | 基本设计费×3.5% | 635 |
| 3.4.2 | 施工图文件评审费 | 基本设计费×3.8% | 690 |
| 3.5 | 施工过程造价咨询及竣工结算审核费 | （建筑工程费+安装工程费+拆除工程费）×0.53% | 800 |
| | 合计 | | 37457 |

### 12.6.4　典型方案设备材料表

典型方案 E3－6 设备材料表见表 12－41。

**表 12－41　　　　　　　　典型方案 E3－6 设备材料表**

| 序号 | 设备或材料名称 | 单位 | 数量 | 备注 |
|---|---|---|---|---|
| | 安装工程 | | | |
| 四 | 控制及直流系统 | | | |
| 900000001 | 计算机监控系统扩容 | 项 | 1 | |
| 500008715 | 断路器保护，AC500kV | 套 | 1 | |
| 100000015 | 500kV 变电站控制电缆 | km | 2 | |
| 500014805 | 布电线，BV，铜，2.5，1 | km | 0.200 | |
| 500014824 | 布电线，BVR，铜，4，1 | km | 0.200 | |
| 500128947 | 通信电缆，RVSP，1.5，2 | m | 300 | |
| 500011727 | 防火涂料 | t | 0.020 | |
| 500011738 | 防火堵料 | t | 0.020 | |
| 500027477 | 布电线，BVR，铜，100，1 | m | 2 | |

### 12.6.5　典型方案工程量表

典型方案 E3－6 工程量见表 12－42。

**表 12－42　　　　　　　　典型方案 E3－6 工程量表**

| 序号 | 项目名称 | 单位 | 数量 | 备注 |
|---|---|---|---|---|
| | 安装工程 | | | |
| 四 | 控制及直流系统 | | | |
| JGD4－6 | 控制、保护屏柜安装　保护屏柜　500kV 变电站 | 块 | 1 | |
| JGD7－3 | 全站电缆敷设　控制电缆　全站 | 100m | 20 | |
| JGZ7－1 | 布放设备电缆　布放线缆 | 100m | 3 | |
| JGD7－10 | 电缆防火安装　防火堵料 | t | 0.020 | |
| JGD7－11 | 电缆防火安装　防火涂料 | t | 0.020 | |
| 九 | 调试 | | | |
| 1 | 分系统调试 | | | |
| 调 JGS1－16<br>R×0.8<br>C×0.8<br>J×0.8 | 配电装置系统　500kV | 间隔 | 1 | |
| | 拆除工程 | | | |
| | 安装拆除 | | | |
| CYD4－1 | 控制保护屏拆除　保护二次屏（柜） | 台 | 1 | |
| CYD7－3 | 全站电缆拆除　控制电缆 | 100m | 20 | |

# 第13章 更换线路保护

更换线路保护典型方案共 12 个，包含 66～500kV 线路保护更换。所有典型方案的工作范围均为常规综自变电站内微机保护装置单独组屏单独更换，不考虑保护装置与测控装置同屏安装或配套更换的情况，也不考虑一次设备配合改造的情况。本典型方案不包含智能变电站内保护更换的方案。

## 13.1 E4-1更换66kV线路保护

### 13.1.1 典型方案主要内容

本典型方案为更换线路保护，内容包括原保护屏拆除和二次电缆拆除，新保护屏安装、屏柜接地、屏顶小母线敷设、二次设备间线缆（含低压电力电缆、控制电缆、通信线缆）敷设、二次接线、综自系统和故障信息子站相关参数设置与修改、保护调试。不包括二次电缆沟新增和修整、屏柜基础修整，不包括二次接地网改造，不包括端子箱更换，不包括断路器本体非全相保护继电器更换。

### 13.1.2 典型方案主要技术条件

典型方案 E4-1 主要技术条件见表 13-1。

表 13-1                      **典型方案 E4-1 主要技术条件**

| 方案名称 | 工程主要技术条件 | |
|---|---|---|
| 更换 66kV 线路保护 | 电压等级 | 66kV |
| | 规格型号 | 距离，零序保护，单套配置 |
| | 组屏方式 | 保护装置（含操作回路）1 套，组 1 面屏 |
| | 主接线方式 | 单母线分段接线 |

### 13.1.3 典型方案估算书

估算投资为总投资，编制依据按第 9 章要求。典型方案 E4-1 估算书包括总估算汇总表、安装工程专业汇总表、拆除工程专业汇总表、其他费用估算表，分别见表 13-2～表 13-5。

表 13-2                     **典型方案 E4-1 总估算汇总表**             金额单位：万元

| 序号 | 工程或费用名称 | 含税金额 | 占工程投资的比例（%） | 不含税金额 | 可抵扣增值税金额 |
|---|---|---|---|---|---|
| 一 | 建筑工程费 | | | | |
| 二 | 安装工程费 | 2.72 | 18.81 | 2.48 | 0.24 |

续表

| 序号 | 工程或费用名称 | 含税金额 | 占工程投资的比例（%） | 不含税金额 | 可抵扣增值税金额 |
|---|---|---|---|---|---|
| 三 | 拆除工程费 | 0.2 | 1.38 | 0.18 | 0.02 |
| 四 | 设备购置费 | 9.98 | 69.02 | 8.83 | 1.15 |
|  | 其中：编制基准期价差 | 0.06 | 0.41 | 0.06 |  |
| 五 | 小计 | 12.9 | 89.21 | 11.49 | 1.41 |
|  | 其中：甲供设备材料费 | 10.36 | 71.65 | 9.17 | 1.19 |
| 六 | 其他费用 | 1.56 | 10.79 | 1.47 | 0.09 |
| 七 | 基本预备费 |  |  |  |  |
| 八 | 特殊项目 |  |  |  |  |
| 九 | 工程投资合计 | 14.46 | 100 | 12.96 | 1.5 |
|  | 其中：可抵扣增值税金额 | 1.5 |  |  | 1.5 |
|  | 其中：施工费 | 2.53 | 17.5 | 2.32 | 0.21 |

**表 13-3** 　　　　　　　**典型方案 E4-1 安装工程专业汇总表** 　　　　金额单位：元

| 序号 | 工程或费用名称 | 安装工程费 | | | 设备购置费 | 合计 |
|---|---|---|---|---|---|---|
|  |  | 未计价材料费 | 安装费 | 小计 |  |  |
|  | 安装工程 | 5546 | 21623 | 27169 | 99774 | 126944 |
| 四 | 控制及直流系统 | 4927 | 9628 | 14555 | 99774 | 114330 |
| 1 | 监控或监测系统 |  |  |  | 50088 | 50088 |
| 1.1 | 计算机监控系统 |  |  |  | 50088 | 50088 |
| 2 | 继电保护装置 | 4927 | 9628 | 14555 | 49687 | 64242 |
| 六 | 电缆防护设施 | 320 | 634 | 955 |  | 955 |
| 2 | 电缆防火 | 320 | 634 | 955 |  | 955 |
| 七 | 全站接地 | 298 | 27 | 325 |  | 325 |
| 1 | 接地网 | 298 | 27 | 325 |  | 325 |
| 九 | 调试 |  | 11334 | 11334 |  | 11334 |
| 1 | 分系统调试 |  | 11334 | 11334 |  | 11334 |
|  | 合计 | 5546 | 21623 | 27169 | 99774 | 126944 |

**表 13-4** 　　　　　　　**典型方案 E4-1 拆除工程专业汇总表** 　　　　金额单位：元

| 序号 | 工程或费用名称 | 拆除工程费 |
|---|---|---|
|  | 拆除工程 | 1981 |
|  | 安装拆除 | 1981 |
| 四 | 控制及直流系统 | 1981 |
| 2 | 继电保护装置 | 1981 |
|  | 合计 | 1981 |

表 13－5

**典型方案 E4－1 其他费用估算表**

金额单位：元

| 序号 | 工程或费用项目名称 | 编制依据及计算说明 | 合价 |
|---|---|---|---|
| 2 | 项目管理费 | | 2842 |
| 2.1 | 管理经费 | （建筑工程费＋安装工程费＋拆除工程费）×3.53% | 1029 |
| 2.2 | 招标费 | （建筑工程费＋安装工程费＋拆除工程费）×1.81% | 528 |
| 2.3 | 工程监理费 | （建筑工程费＋安装工程费＋拆除工程费）×4.41% | 1286 |
| 3 | 项目技术服务费 | | 12715 |
| 3.1 | 前期工作费 | （建筑工程费＋安装工程费）×3.05% | 829 |
| 3.3 | 工程勘察设计费 | | 10441 |
| 3.3.2 | 设计费 | 设计费×100% | 10441 |
| 3.4 | 设计文件评审费 | | 646 |
| 3.4.1 | 初步设计文件评审费 | 基本设计费×3.5% | 310 |
| 3.4.2 | 施工图文件评审费 | 基本设计费×3.8% | 336 |
| 3.5 | 施工过程造价咨询及竣工结算审核费 | （建筑工程费＋安装工程费＋拆除工程费）×0.53% | 800 |
| | 合计 | | 15557 |

### 13.1.4 典型方案设备材料表

典型方案 E4－1 设备材料表见表 13－6。

表 13－6

**典型方案 E4－1 设备材料表**

| 序号 | 设备或材料名称 | 单位 | 数量 | 备注 |
|---|---|---|---|---|
| | 安装工程 | | | |
| 四 | 控制及直流系统 | | | |
| 2 | 继电保护装置 | | | |
| 900000001 | 计算机监控系统扩容 | 项 | 1 | |
| 500008691 | 线路保护，AC66kV | 套 | 1 | |
| 100000011 | 66kV 变电站控制电缆 | km | 0.200 | |
| 500014805 | 布电线，BV，铜，2.5，1 | km | 0.020 | |
| 500014824 | 布电线，BVR，铜，4，1 | km | 0.020 | |
| 500017121 | 网络线，超 5 类，屏蔽 | m | 100 | |
| 500128947 | 通信电缆，RVSP，1.5，2 | m | 100 | |
| 500011727 | 防火涂料 | t | 0.020 | |
| 500011738 | 防火堵料 | t | 0.020 | |
| 500027477 | 布电线，BVR，铜，100，1 | m | 4 | |

13.1.5　典型方案工程量表

典型方案 E4-1 工程量见表 13-7。

表 13-7　　　　　　　　　　　　　典型方案 E4-1 工程量表

| 序号 | 项目名称 | 单位 | 数量 | 备注 |
|---|---|---|---|---|
| | 安装工程 | | | |
| 四 | 控制及直流系统 | | | |
| 2 | 继电保护装置 | | | |
| 调 JGD4-3<br>R×0.88<br>C×0.88<br>J×0.88 | 控制、保护屏柜安装　保护屏柜　110kV 变电站 | 块 | 1 | |
| JGD7-3 | 全站电缆敷设　控制电缆　全站 | 100m | 2 | |
| JGZ7-1 | 布放设备电缆　布放线缆 | 100m | 2 | |
| JGD7-10 | 电缆防火安装　防火堵料 | t | 0.020 | |
| JGD7-11 | 电缆防火安装　防火涂料 | t | 0.020 | |
| 九 | 调试 | | | |
| 1 | 分系统调试 | | | |
| 调 JGS1-13<br>R×0.68<br>C×0.68<br>J×0.68 | 配电装置系统　　110kV | 间隔 | 1 | |
| | 拆除工程 | | | |
| | 安装拆除 | | | |
| CYD4-1 | 控制保护屏拆除　保护二次屏（柜） | 台 | 1 | |
| CYD7-3 | 全站电缆拆除　控制电缆 | 100m | 2 | |

## 13.2　E4-2 更换 66kV 线路保护及附属电缆

### 13.2.1　典型方案主要内容

本典型方案为更换线路保护，内容包括原保护屏拆除和二次电缆拆除，新保护屏安装、屏柜接地、屏顶小母线敷设、二次设备间线缆（含低压电力电缆、控制电缆、通信线缆）及至一次设备附属控制电缆敷设、二次接线、综自系统和故障信息子站相关参数设置与修改、保护调试。不包括二次电缆沟新增和修整、屏柜基础修整，不包括二次接地网改造，不包括端子箱更换，不包括断路器本体非全相保护继电器更换。

### 13.2.2　典型方案主要技术条件

典型方案 E4-2 主要技术条件见表 13-8。

表 13-8                          典型方案 E4-2 主要技术条件

| 方案名称 | 工程主要技术条件 | |
|---|---|---|
| 更换 66kV 线路保护及附属电缆 | 电压等级 | 66kV |
| | 规格型号 | 距离，零序保护，单套配置 |
| | 组屏方式 | 保护装置（含操作回路）1 套，组 1 面屏 |
| | 主接线方式 | 单母线分段接线 |

### 13.2.3　典型方案估算书

估算投资为总投资，编制依据按第 9 章要求。典型方案 E4-2 估算书包括总估算汇总表、安装工程专业汇总表、拆除工程专业汇总表、其他费用估算表，分别见表 13-9～表 13-12。

表 13-9                         典型方案 E4-2 总估算汇总表                          金额单位：万元

| 序号 | 工程或费用名称 | 含税金额 | 占工程投资的比例（%） | 不含税金额 | 可抵扣增值税金额 |
|---|---|---|---|---|---|
| 一 | 建筑工程费 | | | | |
| 二 | 安装工程费 | 11.37 | 43.38 | 10.24 | 1.13 |
| 三 | 拆除工程费 | 1.33 | 5.07 | 1.22 | 0.11 |
| 四 | 设备购置费 | 9.98 | 38.08 | 8.83 | 1.15 |
| | 其中：编制基准期价差 | 0.17 | 0.65 | 0.17 | |
| 五 | 小计 | 22.68 | 86.53 | 20.29 | 2.39 |
| | 其中：甲供设备材料费 | 15.74 | 60.05 | 13.93 | 1.81 |
| 六 | 其他费用 | 3.53 | 13.47 | 3.33 | 0.2 |
| 七 | 基本预备费 | | | | |
| 八 | 特殊项目 | | | | |
| 九 | 工程投资合计 | 26.21 | 100 | 23.62 | 2.59 |
| | 其中：可抵扣增值税金额 | 2.59 | | | 2.59 |
| | 其中：施工费 | 6.94 | 26.48 | 6.37 | 0.57 |

表 13-10                        典型方案 E4-2 安装工程专业汇总表                          金额单位：元

| 序号 | 工程或费用名称 | 安装工程费 | | | 设备购置费 | 合计 |
|---|---|---|---|---|---|---|
| | | 未计价材料费 | 安装费 | 小计 | | |
| | 安装工程 | 59344 | 54405 | 113749 | 99774 | 213523 |
| 四 | 控制及直流系统 | 58725 | 42409 | 101134 | 99774 | 200909 |
| 1 | 监控或监测系统 | | | | 50088 | 50088 |
| 1.1 | 计算机监控系统 | | | | 50088 | 50088 |
| 2 | 继电保护装置 | 58725 | 42409 | 101134 | 49687 | 150821 |
| 六 | 电缆防护设施 | 320 | 634 | 955 | | 955 |

续表

| 序号 | 工程或费用名称 | 安装工程费 | | | 设备购置费 | 合计 |
|---|---|---|---|---|---|---|
| | | 未计价材料费 | 安装费 | 小计 | | |
| 2 | 电缆防火 | 320 | 634 | 955 | | 955 |
| 七 | 全站接地 | 298 | 27 | 325 | | 325 |
| 1 | 接地网 | 298 | 27 | 325 | | 325 |
| 九 | 调试 | | 11334 | 11334 | | 11334 |
| 1 | 分系统调试 | | 11334 | 11334 | | 11334 |
| | 合计 | 59344 | 54405 | 113749 | 99774 | 213523 |

**表 13-11**　　　　　　　　**典型方案 E4-2 拆除工程专业汇总表**　　　　　　金额单位：元

| 序号 | 工程或费用名称 | 拆除工程费 |
|---|---|---|
| | 拆除工程 | 13320 |
| | 安装拆除 | 13320 |
| 四 | 控制及直流系统 | 13320 |
| 2 | 继电保护装置 | 13320 |
| | 合计 | 13320 |

**表 13-12**　　　　　　　　**典型方案 E4-2 其他费用估算表**　　　　　　金额单位：元

| 序号 | 工程或费用项目名称 | 编制依据及计算说明 | 合价 |
|---|---|---|---|
| 2 | 项目管理费 | | 12389 |
| 2.1 | 管理经费 | （建筑工程费+安装工程费+拆除工程费）×3.53% | 4486 |
| 2.2 | 招标费 | （建筑工程费+安装工程费+拆除工程费）×1.81% | 2300 |
| 2.3 | 工程监理费 | （建筑工程费+安装工程费+拆除工程费）×4.41% | 5604 |
| 3 | 项目技术服务费 | | 22917 |
| 3.1 | 前期工作费 | （建筑工程费+安装工程费）×3.05% | 3469 |
| 3.3 | 工程勘察设计费 | | 17561 |
| 3.3.2 | 设计费 | 设计费×100% | 17561 |
| 3.4 | 设计文件评审费 | | 1086 |
| 3.4.1 | 初步设计文件评审费 | 基本设计费×3.5% | 521 |
| 3.4.2 | 施工图文件评审费 | 基本设计费×3.8% | 566 |
| 3.5 | 施工过程造价咨询及竣工结算审核费 | （建筑工程费+安装工程费+拆除工程费）×0.53% | 800 |
| | 合计 | | 35306 |

### 13.2.4　典型方案设备材料表

典型方案 E4-2 设备材料表见表 13-13。

表 13-13　　　　　　　　　　　　　　典型方案 E4-2 设备材料表

| 序号 | 设备或材料名称 | 单位 | 数量 | 备注 |
|---|---|---|---|---|
|  | 安装工程 |  |  |  |
| 四 | 控制及直流系统 |  |  |  |
| 2 | 继电保护装置 |  |  |  |
| 900000001 | 计算机监控系统扩容 | 项 | 1 |  |
| 500008691 | 线路保护，AC66kV | 套 | 1 |  |
| 100000011 | 66kV 变电站控制电缆 | km | 3 |  |
| 500014805 | 布电线，BV，铜，2.5，1 | km | 0.020 |  |
| 500014824 | 布电线，BVR，铜，4，1 | km | 0.020 |  |
| 500017121 | 网络线，超 5 类，屏蔽 | m | 100 |  |
| 500128947 | 通信电缆，RVSP，1.5，2 | m | 100 |  |
| 500011727 | 防火涂料 | t | 0.020 |  |
| 500011738 | 防火堵料 | t | 0.020 |  |
| 500027477 | 布电线，BVR，铜，100，1 | m | 4 |  |

### 13.2.5　典型方案工程量表

典型方案 E4-2 工程量见表 13-14。

表 13-14　　　　　　　　　　　　　　典型方案 E4-2 工程量表

| 序号 | 项目名称 | 单位 | 数量 | 备注 |
|---|---|---|---|---|
|  | 安装工程 |  |  |  |
| 四 | 控制及直流系统 |  |  |  |
| 2 | 继电保护装置 |  |  |  |
| 调 JGD4-3<br>R×0.88<br>C×0.88<br>J×0.88 | 控制、保护屏柜安装　保护屏柜　110kV 变电站 | 块 | 1 |  |
| JGD7-3 | 全站电缆敷设　控制电缆　全站 | 100m | 30 |  |
| JGZ7-1 | 布放设备电缆　布放线缆 | 100m | 2 |  |
| JGD7-10 | 电缆防火安装　防火堵料 | t | 0.020 |  |
| JGD7-11 | 电缆防火安装　防火涂料 | t | 0.020 |  |
| 九 | 调试 |  |  |  |
| 1 | 分系统调试 |  |  |  |
| 调 JGS1-13<br>R×0.68<br>C×0.68<br>J×0.68 | 配电装置系统　110kV | 间隔 | 1 |  |
|  | 拆除工程 |  |  |  |
|  | 安装拆除 |  |  |  |
| CYD4-1 | 控制保护屏拆除　保护二次屏（柜） | 台 | 1 |  |
| CYD7-3 | 全站电缆拆除　控制电缆 | 100m | 30 |  |

### 13.3　E4-3 更换 110kV 线路保护

#### 13.3.1　典型方案主要内容

本典型方案为更换线路保护，内容包括原保护屏拆除和二次电缆拆除，新保护屏安装、屏柜接地、屏顶小母线敷设、二次设备间线缆（含低压电力电缆、控制电缆、通信线缆）敷设、二次接线、综自系统和故障信息子站相关参数设置与修改、保护调试。不包括二次电缆沟新增和修整、屏柜基础修整，不包括二次接地网改造，不包括端子箱更换，不包括断路器本体非全相保护继电器更换。

#### 13.3.2　典型方案主要技术条件

典型方案 E4-3 主要技术条件见表 13-15。

表 13-15　　　　　　　　　　　典型方案 E4-3 主要技术条件

| 方案名称 | 工程主要技术条件 | |
| --- | --- | --- |
| 更换 110kV 线路保护 | 电压等级 | 110kV |
| | 规格型号 | 距离，零序保护，单套配置 |
| | 组屏方式 | 保护装置（含操作回路）1 套，组 1 面屏 |
| | 主接线方式 | 双母线接线 |

#### 13.3.3　典型方案估算书

估算投资为总投资，编制依据按第 9 章要求。典型方案 E4-3 估算书包括总估算汇总表、安装工程专业汇总表、拆除工程专业汇总表、其他费用估算表，分别见表 13-16～表 13-19。

表 13-16　　　　　　　　　　　典型方案 E4-3 总估算汇总表　　　　　　　金额单位：万元

| 序号 | 工程或费用名称 | 含税金额 | 占工程投资的比例（%） | 不含税金额 | 可抵扣增值税金额 |
| --- | --- | --- | --- | --- | --- |
| 一 | 建筑工程费 | | | | |
| 二 | 安装工程费 | 2.89 | 20.06 | 2.64 | 0.25 |
| 三 | 拆除工程费 | 0.2 | 1.39 | 0.18 | 0.02 |
| 四 | 设备购置费 | 9.75 | 67.66 | 8.63 | 1.12 |
| | 其中：编制基准期价差 | 0.06 | 0.42 | 0.06 | |
| 五 | 小计 | 12.84 | 89.1 | 11.45 | 1.39 |
| | 其中：甲供设备材料费 | 10.1 | 70.09 | 8.94 | 1.16 |
| 六 | 其他费用 | 1.57 | 10.9 | 1.48 | 0.09 |
| 七 | 基本预备费 | | | | |
| 八 | 特殊项目 | | | | |
| 九 | 工程投资合计 | 14.41 | 100 | 12.93 | 1.48 |
| | 其中：可抵扣增值税金额 | 1.48 | | | 1.48 |
| | 其中：施工费 | 2.73 | 18.95 | 2.5 | 0.23 |

表 13-17　　典型方案 E4-3 安装工程专业汇总表　　　金额单位：元

| 序号 | 工程或费用名称 | 安装工程费 | | | 设备购置费 | 合计 |
|---|---|---|---|---|---|---|
| | | 未计价材料费 | 安装费 | 小计 | | |
| | 安装工程 | 4762 | 24154 | 28916 | 97470 | 126386 |
| 四 | 控制及直流系统 | 4144 | 10158 | 14302 | 97470 | 111772 |
| 1 | 监控或监测系统 | | | | 50088 | 50088 |
| 1.1 | 计算机监控系统 | | | | 50088 | 50088 |
| 2 | 继电保护装置 | 4144 | 10158 | 14302 | 47383 | 61685 |
| 六 | 电缆防护设施 | 320 | 634 | 955 | | 955 |
| 2 | 电缆防火 | 320 | 634 | 955 | | 955 |
| 七 | 全站接地 | 298 | 27 | 325 | | 325 |
| 1 | 接地网 | 298 | 27 | 325 | | 325 |
| 九 | 调试 | | 13335 | 13335 | | 13335 |
| 1 | 分系统调试 | | 13335 | 13335 | | 13335 |
| | 合计 | 4762 | 24154 | 28916 | 97470 | 126386 |

表 13-18　　典型方案 E4-3 拆除工程专业汇总表　　　金额单位：元

| 序号 | 工程或费用名称 | 拆除工程费 |
|---|---|---|
| | 拆除工程 | 1981 |
| | 安装拆除 | 1981 |
| 四 | 控制及直流系统 | 1981 |
| 2 | 继电保护装置 | 1981 |
| | 合计 | 1981 |

表 13-19　　典型方案 E4-3 其他费用估算表　　　金额单位：元

| 序号 | 工程或费用项目名称 | 编制依据及计算说明 | 合价 |
|---|---|---|---|
| 2 | 项目管理费 | | 3012 |
| 2.1 | 管理经费 | （建筑工程费+安装工程费+拆除工程费）×3.53% | 1091 |
| 2.2 | 招标费 | （建筑工程费+安装工程费+拆除工程费）×1.81% | 559 |
| 2.3 | 工程监理费 | （建筑工程费+安装工程费+拆除工程费）×4.41% | 1363 |
| 3 | 项目技术服务费 | | 12720 |
| 3.1 | 前期工作费 | （建筑工程费+安装工程费）×3.05% | 882 |
| 3.3 | 工程勘察设计费 | | 10395 |
| 3.3.2 | 设计费 | 设计费×100% | 10395 |
| 3.4 | 设计文件评审费 | | 643 |
| 3.4.1 | 初步设计文件评审费 | 基本设计费×3.5% | 308 |
| 3.4.2 | 施工图文件评审费 | 基本设计费×3.8% | 335 |
| 3.5 | 施工过程造价咨询及竣工结算审核费 | （建筑工程费+安装工程费+拆除工程费）×0.53% | 800 |
| | 合计 | | 15732 |

### 13.3.4  典型方案设备材料表

典型方案 E4-3 设备材料表见表 13-20。

**表 13-20**　　　　　　　　　　**典型方案 E4-3 设备材料表**

| 序号 | 设备或材料名称 | 单位 | 数量 | 备注 |
|---|---|---|---|---|
|  | 安装工程 |  |  |  |
| 四 | 控制及直流系统 |  |  |  |
| 2 | 继电保护装置 |  |  |  |
| 900000001 | 计算机监控系统扩容 | 项 | 1 |  |
| 500008685 | 线路保护，AC110kV | 套 | 1 |  |
| 100000012 | 110kV 变电站控制电缆 | km | 0.200 |  |
| 500014805 | 布电线，BV，铜，2.5，1 | km | 0.020 |  |
| 500014824 | 布电线，BVR，铜，4，1 | km | 0.020 |  |
| 500017121 | 网络线，超 5 类，屏蔽 | m | 50 | 单套 |
| 500128947 | 通信电缆，RVSP，1.5，2 | m | 50 | 单套 |
| 500011727 | 防火涂料 | t | 0.020 |  |
| 500011738 | 防火堵料 | t | 0.020 |  |
| 500027477 | 布电线，BVR，铜，100，1 | m | 4 |  |

### 13.3.5  典型方案工程量表

典型方案 E4-3 工程量见表 13-21。

**表 13-21**　　　　　　　　　　**典型方案 E4-3 工程量表**

| 序号 | 项目名称 | 单位 | 数量 | 备注 |
|---|---|---|---|---|
|  | 安装工程 |  |  |  |
| 四 | 控制及直流系统 |  |  |  |
| 2 | 继电保护装置 |  |  |  |
| JGD4-3 | 控制、保护屏柜安装　保护屏柜　110kV 变电站 | 块 | 1 |  |
| JGD7-3 | 全站电缆敷设　控制电缆　全站 | 100m | 2 |  |
| JGZ7-1 | 布放设备电缆　布放线缆 | 100m | 1 |  |
| JGD7-10 | 电缆防火安装　防火堵料 | t | 0.020 |  |
| JGD7-11 | 电缆防火安装　防火涂料 | t | 0.020 |  |
| 九 | 调试 |  |  |  |
| 1 | 分系统调试 |  |  |  |
| 调 JGS1-13<br>R×0.8<br>C×0.8<br>J×0.8 | 配电装置系统　110kV | 间隔 | 1 |  |

| 序号 | 项目名称 | 单位 | 数量 | 备注 |
|---|---|---|---|---|
| | 拆除工程 | | | |
| | 安装拆除 | | | |
| CYD4-1 | 控制保护屏拆除 保护二次屏（柜） | 台 | 1 | |
| CYD7-3 | 全站电缆拆除 控制电缆 | 100m | 2 | |

## 13.4 E4-4 更换 110kV 线路保护及附属电缆

### 13.4.1 典型方案主要内容

本典型方案为更换线路保护，内容包括原保护屏拆除和二次电缆拆除，新保护屏安装、屏柜接地、屏顶小母线敷设、二次设备间线缆（含低压电力电缆、控制电缆、通信线缆）及至一次设备附属控制电缆敷设、二次接线、综自系统和故障信息子站相关参数设置与修改、保护调试。不包括二次电缆沟新增和修整、屏柜基础修整，不包括二次接地网改造，不包括端子箱更换，不包括断路器本体非全相保护继电器更换。

### 13.4.2 典型方案主要技术条件

典型方案 E4-4 主要技术条件见表 13-22。

表 13-22　　　　　　　　　　典型方案 E4-4 主要技术条件

| 方案名称 | 工程主要技术条件 | |
|---|---|---|
| 更换 110kV 线路保护及附属电缆 | 电压等级 | 110kV |
| | 规格型号 | 距离，零序保护，单套配置 |
| | 组屏方式 | 保护装置（含操作回路）1 套，组 1 面屏 |
| | 主接线方式 | 双母线接线 |

### 13.4.3 典型方案估算书

估算投资为总投资，编制依据按第 9 章要求。典型方案 E4-4 估算书包括总估算汇总表、安装工程专业汇总表、拆除工程专业汇总表、其他费用估算表，分别见表 13-23～表 13-26。

表 13-23　　　　　　　　　　典型方案 E4-4 总估算汇总表　　　　　　　金额单位：万元

| 序号 | 工程或费用名称 | 含税金额 | 占工程投资的比例（%） | 不含税金额 | 可抵扣增值税金额 |
|---|---|---|---|---|---|
| 一 | 建筑工程费 | | | | |
| 二 | 安装工程费 | 11.15 | 43.4 | 10.06 | 1.09 |
| 三 | 拆除工程费 | 1.33 | 5.18 | 1.22 | 0.11 |
| 四 | 设备购置费 | 9.75 | 37.95 | 8.63 | 1.12 |
| | 其中：编制基准期价差 | 0.18 | 0.7 | 0.18 | |

续表

| 序号 | 工程或费用名称 | 含税金额 | 占工程投资的比例（%） | 不含税金额 | 可抵扣增值税金额 |
|---|---|---|---|---|---|
| 五 | 小计 | 22.23 | 86.53 | 19.91 | 2.32 |
|  | 其中：甲供设备材料费 | 15.09 | 58.74 | 13.36 | 1.73 |
| 六 | 其他费用 | 3.46 | 13.47 | 3.26 | 0.2 |
| 七 | 基本预备费 |  |  |  |  |
| 八 | 特殊项目 |  |  |  |  |
| 九 | 工程投资合计 | 25.69 | 100 | 23.17 | 2.52 |
|  | 其中：可抵扣增值税金额 | 2.52 |  |  | 2.52 |
|  | 其中：施工费 | 7.15 | 27.83 | 6.56 | 0.59 |

**表 13-24　　　　　　典型方案 E4-4 安装工程专业汇总表**　　　金额单位：元

| 序号 | 工程或费用名称 | 安装工程费 | | | 设备购置费 | 合计 |
|---|---|---|---|---|---|---|
|  |  | 未计价材料费 | 安装费 | 小计 |  |  |
|  | 安装工程 | 54586 | 56935 | 111521 | 97470 | 208992 |
| 四 | 控制及直流系统 | 53967 | 42940 | 96907 | 97470 | 194377 |
| 1 | 监控或监测系统 |  |  |  | 50088 | 50088 |
| 1.1 | 计算机监控系统 |  |  |  | 50088 | 50088 |
| 2 | 继电保护装置 | 53967 | 42940 | 96907 | 47383 | 144290 |
| 六 | 电缆防护设施 | 320 | 634 | 955 |  | 955 |
| 2 | 电缆防火 | 320 | 634 | 955 |  | 955 |
| 七 | 全站接地 | 298 | 27 | 325 |  | 325 |
| 1 | 接地网 | 298 | 27 | 325 |  | 325 |
| 九 | 调试 |  | 13335 | 13335 |  | 13335 |
| 1 | 分系统调试 |  | 13335 | 13335 |  | 13335 |
|  | 合计 | 54586 | 56935 | 111521 | 97470 | 208992 |

**表 13-25　　　　　　典型方案 E4-4 拆除工程专业汇总表**　　　金额单位：元

| 序号 | 工程或费用名称 | 拆除工程费 |
|---|---|---|
|  | 拆除工程 | 13320 |
|  | 安装拆除 | 13320 |
| 四 | 控制及直流系统 | 13320 |
| 2 | 继电保护装置 | 13320 |
|  | 合计 | 13320 |

表 13-26              **典型方案 E4-4 其他费用估算表**          金额单位：元

| 序号 | 工程或费用项目名称 | 编制依据及计算说明 | 合价 |
|---|---|---|---|
| 2 | 项目管理费 | | 12172 |
| 2.1 | 管理经费 | （建筑工程费＋安装工程费＋拆除工程费）×3.53% | 4407 |
| 2.2 | 招标费 | （建筑工程费＋安装工程费＋拆除工程费）×1.81% | 2260 |
| 2.3 | 工程监理费 | （建筑工程费＋安装工程费＋拆除工程费）×4.41% | 5506 |
| 3 | 项目技术服务费 | | 22454 |
| 3.1 | 前期工作费 | （建筑工程费＋安装工程费）×3.05% | 3401 |
| 3.3 | 工程勘察设计费 | | 17189 |
| 3.3.2 | 设计费 | 设计费×100% | 17189 |
| 3.4 | 设计文件评审费 | | 1063 |
| 3.4.1 | 初步设计文件评审费 | 基本设计费×3.5% | 510 |
| 3.4.2 | 施工图文件评审费 | 基本设计费×3.8% | 554 |
| 3.5 | 施工过程造价咨询及竣工结算审核费 | （建筑工程费＋安装工程费＋拆除工程费）×0.53% | 800 |
| | 合计 | | 34626 |

### 13.4.4 典型方案设备材料表

典型方案 E4-4 设备材料表见表 13-27。

表 13-27                      **典型方案 E4-4 设备材料表**

| 序号 | 设备或材料名称 | 单位 | 数量 | 备注 |
|---|---|---|---|---|
| | 安装工程 | | | |
| 四 | 控制及直流系统 | | | |
| 2 | 继电保护装置 | | | |
| 900000001 | 计算机监控系统扩容 | 项 | 1 | |
| 500008685 | 线路保护，AC110kV | 套 | 1 | |
| 100000012 | 110kV 变电站控制电缆 | km | 3 | |
| 500014805 | 布电线，BV，铜，2.5，1 | km | 0.020 | |
| 500014824 | 布电线，BVR，铜，4，1 | km | 0.020 | |
| 500017121 | 网络线，超 5 类，屏蔽 | m | 50 | 单套 |
| 500128947 | 通信电缆，RVSP，1.5，2 | m | 50 | 单套 |
| 500011727 | 防火涂料 | t | 0.020 | |
| 500011738 | 防火堵料 | t | 0.020 | |
| 500027477 | 布电线，BVR，铜，100，1 | m | 4 | |

### 13.4.5　典型方案工程量表

典型方案 E4-4 工程量见表 13-28。

表 13-28                              典型方案 E4-4 工程量表

| 序号 | 项目名称 | 单位 | 数量 | 备注 |
|---|---|---|---|---|
| | 安装工程 | | | |
| 四 | 控制及直流系统 | | | |
| 2 | 继电保护装置 | | | |
| JGD4-3 | 控制、保护屏柜安装　保护屏柜　110kV 变电站 | 块 | 1 | |
| JGD7-3 | 全站电缆敷设　控制电缆　全站 | 100m | 30 | |
| JGZ7-1 | 布放设备电缆　布放线缆 | 100m | 1 | |
| JGD7-10 | 电缆防火安装　防火堵料 | t | 0.020 | |
| JGD7-11 | 电缆防火安装　防火涂料 | t | 0.020 | |
| 九 | 调试 | | | |
| 1 | 分系统调试 | | | |
| 调 JGS1-13<br>R×0.8<br>C×0.8<br>J×0.8 | 配电装置系统　110kV | 间隔 | 1 | |
| | 拆除工程 | | | |
| | 安装拆除 | | | |
| CYD4-1 | 控制保护屏拆除　保护二次屏（柜） | 台 | 1 | |
| CYD7-3 | 全站电缆拆除　控制电缆 | 100m | 30 | |

## 13.5　E4-5 更换 110kV 线路光差保护

### 13.5.1　典型方案主要内容

本典型方案为更换线路光差保护，内容包括原保护屏拆除和二次电缆拆除，新保护屏安装、屏柜接地、屏顶小母线敷设、二次设备间线缆（含低压电力电缆、控制电缆、通信线缆）敷设、二次接线、综自系统和故障信息子站相关参数设置与修改、保护调试。不包括二次电缆沟新增和修整、屏柜基础修整，不包括二次接地网改造，不包括端子箱更换，不包括断路器本体非全相保护继电器更换。

### 13.5.2　典型方案主要技术条件

典型方案 E4-5 主要技术条件见表 13-29。

表 13－29 典型方案 E4－5 主要技术条件

| 方案名称 | 工程主要技术条件 | |
|---|---|---|
| 更换 110kV 线路光差保护 | 电压等级 | 110kV |
| | 规格型号 | 光差保护，单套配置 |
| | 组屏方式 | 保护装置（含操作回路）1 套，组 1 面屏 |
| | 主接线方式 | 双母线接线 |

### 13.5.3　典型方案估算书

估算投资为总投资，编制依据按第 9 章要求。典型方案 E4－5 估算书包括总估算汇总表、安装工程专业汇总表、拆除工程专业汇总表、其他费用估算表，分别见表 13－30～表 13－33。

表 13－30　　　　　　　　　典型方案 E4－5 总估算汇总表　　　　　　金额单位：万元

| 序号 | 工程或费用名称 | 含税金额 | 占工程投资的比例（%） | 不含税金额 | 可抵扣增值税金额 |
|---|---|---|---|---|---|
| 一 | 建筑工程费 | | | | |
| 二 | 安装工程费 | 3.24 | 19.76 | 2.96 | 0.28 |
| 三 | 拆除工程费 | 0.2 | 1.22 | 0.18 | 0.02 |
| 四 | 设备购置费 | 11.19 | 68.23 | 9.9 | 1.29 |
| | 其中：编制基准期价差 | 0.07 | 0.43 | 0.07 | |
| 五 | 小计 | 14.63 | 89.21 | 13.04 | 1.59 |
| | 其中：甲供设备材料费 | 11.55 | 70.43 | 10.22 | 1.33 |
| 六 | 其他费用 | 1.77 | 10.79 | 1.67 | 0.1 |
| 七 | 基本预备费 | | | | |
| 八 | 特殊项目 | | | | |
| 九 | 工程投资合计 | 16.4 | 100 | 14.71 | 1.69 |
| | 其中：可抵扣增值税金额 | 1.69 | | | 1.69 |
| | 其中：施工费 | 3.08 | 18.78 | 2.83 | 0.25 |

表 13－31　　　　　　　　　典型方案 E4－5 安装工程专业汇总表　　　　　金额单位：元

| 序号 | 工程或费用名称 | 安装工程费 | | | 设备购置费 | 合计 |
|---|---|---|---|---|---|---|
| | | 未计价材料费 | 安装费 | 小计 | | |
| | 安装工程 | 5935 | 26482 | 32417 | 111903 | 144319 |
| 四 | 控制及直流系统 | 5316 | 12486 | 17802 | 111903 | 129705 |
| 1 | 监控或监测系统 | | | | 50088 | 50088 |
| 1.1 | 计算机监控系统 | | | | 50088 | 50088 |
| 2 | 继电保护装置 | 5316 | 12486 | 17802 | 61815 | 79617 |
| 六 | 电缆防护设施 | 320 | 634 | 955 | | 955 |

续表

| 序号 | 工程或费用名称 | 安装工程费 | | | 设备购置费 | 合计 |
|---|---|---|---|---|---|---|
| | | 未计价材料费 | 安装费 | 小计 | | |
| 2 | 电缆防火 | 320 | 634 | 955 | | 955 |
| 七 | 全站接地 | 298 | 27 | 325 | | 325 |
| 1 | 接地网 | 298 | 27 | 325 | | 325 |
| 九 | 调试 | | 13335 | 13335 | | 13335 |
| 1 | 分系统调试 | | 13335 | 13335 | | 13335 |
| | 合计 | 5935 | 26482 | 32417 | 111903 | 144319 |

**表 13-32**　　　　　典型方案 E4-5 拆除工程专业汇总表　　　　　金额单位：元

| 序号 | 工程或费用名称 | 拆除工程费 |
|---|---|---|
| | 拆除工程 | 1981 |
| | 安装拆除 | 1981 |
| 四 | 控制及直流系统 | 1981 |
| 2 | 继电保护装置 | 1981 |
| | 合计 | 1981 |

**表 13-33**　　　　　典型方案 E4-5 其他费用估算表　　　　　金额单位：元

| 序号 | 工程或费用项目名称 | 编制依据及计算说明 | 合价 |
|---|---|---|---|
| 2 | 项目管理费 | | 3354 |
| 2.1 | 管理经费 | （建筑工程费+安装工程费+拆除工程费）×3.53% | 1214 |
| 2.2 | 招标费 | （建筑工程费+安装工程费+拆除工程费）×1.81% | 623 |
| 2.3 | 工程监理费 | （建筑工程费+安装工程费+拆除工程费）×4.41% | 1517 |
| 3 | 项目技术服务费 | | 14393 |
| 3.1 | 前期工作费 | （建筑工程费+安装工程费）×3.05% | 989 |
| 3.3 | 工程勘察设计费 | | 11870 |
| 3.3.2 | 设计费 | 设计费×100% | 11870 |
| 3.4 | 设计文件评审费 | | 734 |
| 3.4.1 | 初步设计文件评审费 | 基本设计费×3.5% | 352 |
| 3.4.2 | 施工图文件评审费 | 基本设计费×3.8% | 382 |
| 3.5 | 施工过程造价咨询及竣工结算审核费 | （建筑工程费+安装工程费+拆除工程费）×0.53% | 800 |
| | 合计 | | 17746 |

### 13.5.4　典型方案设备材料表

典型方案 E4-5 设备材料表见表 13-34。

表 13－34                          典型方案 E4－5 设备材料表

| 序号 | 设备或材料名称 | 单位 | 数量 | 备注 |
|---|---|---|---|---|
| | 安装工程 | | | |
| 四 | 控制及直流系统 | | | |
| 2 | 继电保护装置 | | | |
| 900000001 | 计算机监控系统扩容 | 项 | 1 | |
| 500138415 | 线路光差保护，AC110kV | 套 | 1 | |
| 100000012 | 110kV 变电站控制电缆 | km | 0.200 | |
| 500014805 | 布电线，BV，铜，2.5，1 | km | 0.020 | |
| 500014824 | 布电线，BVR，铜，4，1 | km | 0.020 | |
| 500017121 | 网络线，超 5 类，屏蔽 | m | 50 | |
| 500128947 | 通信电缆，RVSP，1.5，2 | m | 50 | |
| 500122978 | 普通光缆，4 芯，G.652，非金属防鼠咬光缆 | m | 200 | |
| 500011727 | 防火涂料 | t | 0.020 | |
| 500011738 | 防火堵料 | t | 0.020 | |
| 500027477 | 布电线，BVR，铜，100，1 | m | 4 | |

### 13.5.5  典型方案工程量表

典型方案 E4－5 工程量见表 13－35。

表 13－35                          典型方案 E4－5 工程量表

| 序号 | 项目名称 | 单位 | 数量 | 备注 |
|---|---|---|---|---|
| | 安装工程 | | | |
| 四 | 控制及直流系统 | | | |
| 2 | 继电保护装置 | | | |
| JGD4－3 | 控制、保护屏柜安装  保护屏柜  110kV 变电站 | 块 | 1 | |
| JGD7－3 | 全站电缆敷设  控制电缆  全站 | 100m | 2 | |
| JGZ17－6 | 光缆架（敷）设  室内光缆敷设 | 100m | 2 | |
| JGZ17－35 | 用户光缆接续  12 芯以下 | 头 | 2 | |
| JGZ7－1 | 布放设备电缆  布放线缆 | 100m | 1 | |
| JGD7－10 | 电缆防火安装  防火堵料 | t | 0.020 | |
| JGD7－11 | 电缆防火安装  防火涂料 | t | 0.020 | |
| 九 | 调试 | | | |
| 1 | 分系统调试 | | | |
| 调 JGS1－13<br>R×0.8<br>C×0.8<br>J×0.8 | 配电装置系统  110kV | 间隔 | 1 | |

续表

| 序号 | 项目名称 | 单位 | 数量 | 备注 |
|---|---|---|---|---|
| | 拆除工程 | | | |
| | 安装拆除 | | | |
| CYD4－1 | 控制保护屏拆除　保护二次屏（柜） | 台 | 1 | |
| CYD7－3 | 全站电缆拆除　控制电缆 | 100m | 2 | |

## 13.6　E4－6 更换 110kV 线路光差保护及附属电缆

### 13.6.1　典型方案主要内容

本典型方案为更换线路光差保护，内容包括原保护屏拆除和二次电缆拆除，新保护屏安装、屏柜接地、屏顶小母线敷设、二次设备间线缆（含低压电力电缆、控制电缆、通信线缆）及至一次设备附属控制电缆敷设、二次接线、综自系统和故障信息子站相关参数设置与修改、保护调试。不包括二次电缆沟新增和修整、屏柜基础修整，不包括二次接地网改造，不包括端子箱更换，不包括断路器本体非全相保护继电器更换。

### 13.6.2　典型方案主要技术条件

典型方案 E4－6 主要技术条件见表 13－36。

表 13－36　　　　　　　　　　典型方案 E4－6 主要技术条件

| 方案名称 | 工程主要技术条件 | |
|---|---|---|
| 更换 110kV 线路保护及附属电缆 | 电压等级 | 110kV |
| | 规格型号 | 光差保护，单套配置 |
| | 组屏方式 | 保护装置（含操作回路）1 套，组 1 面屏 |
| | 主接线方式 | 双母线接线 |

### 13.6.3　典型方案估算书

估算投资为总投资，编制依据按第 9 章要求。典型方案 E4－6 估算书包括总估算汇总表、安装工程专业汇总表、拆除工程专业汇总表、其他费用估算表，分别见表 13－37～表 13－40。

表 13－37　　　　　　　　　　典型方案 E4－6 总估算汇总表　　　　　　　　　金额单位：万元

| 序号 | 工程或费用名称 | 含税金额 | 占工程投资的比例（%） | 不含税金额 | 可抵扣增值税金额 |
|---|---|---|---|---|---|
| 一 | 建筑工程费 | | | | |
| 二 | 安装工程费 | 11.5 | 41.55 | 10.38 | 1.12 |
| 三 | 拆除工程费 | 1.33 | 4.8 | 1.22 | 0.11 |
| 四 | 设备购置费 | 11.19 | 40.43 | 9.9 | 1.29 |
| | 其中：编制基准期价差 | 0.19 | 0.69 | 0.19 | |

续表

| 序号 | 工程或费用名称 | 含税金额 | 占工程投资的比例（%） | 不含税金额 | 可抵扣增值税金额 |
|---|---|---|---|---|---|
| 五 | 小计 | 24.02 | 86.78 | 21.5 | 2.52 |
| | 其中：甲供设备材料费 | 16.53 | 59.72 | 14.63 | 1.9 |
| 六 | 其他费用 | 3.66 | 13.22 | 3.45 | 0.21 |
| 七 | 基本预备费 | | | | |
| 八 | 特殊项目 | | | | |
| 九 | 工程投资合计 | 27.68 | 100 | 24.95 | 2.73 |
| | 其中：可抵扣增值税金额 | 2.73 | | | 2.73 |
| | 其中：施工费 | 7.5 | 27.1 | 6.88 | 0.62 |

**表 13-38** 典型方案 E4-6 安装工程专业汇总表　　　金额单位：元

| 序号 | 工程或费用名称 | 安装工程费 | | | 设备购置费 | 合计 |
|---|---|---|---|---|---|---|
| | | 未计价材料费 | 安装费 | 小计 | | |
| | 安装工程 | 55758 | 59263 | 115022 | 111903 | 226924 |
| 四 | 控制及直流系统 | 55140 | 45268 | 100407 | 111903 | 212310 |
| 1 | 监控或监测系统 | | | | 50088 | 50088 |
| 1.1 | 计算机监控系统 | | | | 50088 | 50088 |
| 2 | 继电保护装置 | 55140 | 45268 | 100407 | 61815 | 162222 |
| 六 | 电缆防护设施 | 320 | 634 | 955 | | 955 |
| 2 | 电缆防火 | 320 | 634 | 955 | | 955 |
| 七 | 全站接地 | 298 | 27 | 325 | | 325 |
| 1 | 接地网 | 298 | 27 | 325 | | 325 |
| 九 | 调试 | | 13335 | 13335 | | 13335 |
| 1 | 分系统调试 | | 13335 | 13335 | | 13335 |
| | 合计 | 55758 | 59263 | 115022 | 111903 | 226924 |

**表 13-39** 典型方案 E4-6 拆除工程专业汇总表　　　金额单位：元

| 序号 | 工程或费用名称 | 拆除工程费 |
|---|---|---|
| | 拆除工程 | 13320 |
| | 安装拆除 | 13320 |
| 四 | 控制及直流系统 | 13320 |
| 2 | 继电保护装置 | 13320 |
| | 合计 | 13320 |

**表 13-40**　　　　　　　　　**典型方案 E4-6 其他费用估算表**　　　　金额单位：元

| 序号 | 工程或费用项目名称 | 编制依据及计算说明 | 合价 |
|---|---|---|---|
| 2 | 项目管理费 | | 12513 |
| 2.1 | 管理经费 | （建筑工程费+安装工程费+拆除工程费）×3.53% | 4530 |
| 2.2 | 招标费 | （建筑工程费+安装工程费+拆除工程费）×1.81% | 2323 |
| 2.3 | 工程监理费 | （建筑工程费+安装工程费+拆除工程费）×4.41% | 5660 |
| 3 | 项目技术服务费 | | 24126 |
| 3.1 | 前期工作费 | （建筑工程费+安装工程费）×3.05% | 3508 |
| 3.3 | 工程勘察设计费 | | 18664 |
| 3.3.2 | 设计费 | 设计费×100% | 18664 |
| 3.4 | 设计文件评审费 | | 1155 |
| 3.4.1 | 初步设计文件评审费 | 基本设计费×3.5% | 554 |
| 3.4.2 | 施工图文件评审费 | 基本设计费×3.8% | 601 |
| 3.5 | 施工过程造价咨询及竣工结算审核费 | （建筑工程费+安装工程费+拆除工程费）×0.53% | 800 |
| | 合计 | | 36640 |

### 13.6.4　典型方案设备材料表

典型方案 E4-6 设备材料表见表 13-41。

**表 13-41**　　　　　　　　　**典型方案 E4-6 设备材料表**

| 序号 | 设备或材料名称 | 单位 | 数量 | 备注 |
|---|---|---|---|---|
| | 安装工程 | | | |
| 四 | 控制及直流系统 | | | |
| 2 | 继电保护装置 | | | |
| 900000001 | 计算机监控系统扩容 | 项 | 1 | |
| 500138415 | 线路光差保护，AC110kV | 套 | 1 | |
| 100000012 | 110kV 变电站控制电缆 | km | 3 | |
| 500014805 | 布电线，BV，铜，2.5，1 | km | 0.020 | |
| 500014824 | 布电线，BVR，铜，4，1 | km | 0.020 | |
| 500017121 | 网络线，超 5 类，屏蔽 | m | 50 | |
| 500128947 | 通信电缆，RVSP，1.5，2 | m | 50 | |
| 500122978 | 普通光缆，4 芯，G.652，非金属防鼠咬光缆 | m | 200 | |
| 500011727 | 防火涂料 | t | 0.020 | |
| 500011738 | 防火堵料 | t | 0.020 | |
| 500027477 | 布电线，BVR，铜，100，1 | m | 4 | |

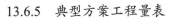

13.6.5 典型方案工程量表

典型方案 E4-6 工程量见表 13-42。

表 13-42　　　　　　　　　典型方案 E4-6 工程量表

| 序号 | 项目名称 | 单位 | 数量 | 备注 |
|---|---|---|---|---|
| | 安装工程 | | | |
| 四 | 控制及直流系统 | | | |
| 2 | 继电保护装置 | | | |
| JGD4-3 | 控制、保护屏柜安装　保护屏柜　110kV 变电站 | 块 | 1 | |
| JGD7-3 | 全站电缆敷设　控制电缆　全站 | 100m | 30 | |
| JGZ17-6 | 光缆架（敷）设　室内光缆敷设 | 100m | 2 | |
| JGZ17-35 | 用户光缆接续　12 芯以下 | 头 | 2 | |
| JGZ7-1 | 布放设备电缆　布放线缆 | 100m | 1 | |
| JGD7-10 | 电缆防火安装　防火堵料 | t | 0.020 | |
| JGD7-11 | 电缆防火安装　防火涂料 | t | 0.020 | |
| 九 | 调试 | | | |
| 1 | 分系统调试 | | | |
| 调 JGS1-13<br>R×0.8<br>C×0.8<br>J×0.8 | 配电装置系统　110kV | 间隔 | 1 | |
| | 拆除工程 | | | |
| | 安装拆除 | | | |
| CYD4-1 | 控制保护屏拆除　保护二次屏（柜） | 台 | 1 | |
| CYD7-3 | 全站电缆拆除　控制电缆 | 100m | 30 | |

## 13.7　E4-7 更换 220kV 线路保护

### 13.7.1　典型方案主要内容

本典型方案为更换线路保护，内容包括原保护屏拆除和二次电缆拆除，新保护屏安装、屏柜接地、屏顶小母线敷设、二次设备间线缆（含低压电力电缆、控制电缆、通信线缆）敷设、二次接线、综自系统和故障信息子站相关参数设置与修改、保护调试。不包括二次电缆沟新增和修整、屏柜基础修整，不包括二次接地网改造，不包括端子箱更换，不包括断路器本体非全相保护继电器更换。

### 13.7.2　典型方案主要技术条件

典型方案 E4-7 主要技术条件见表 13-43。

**表 13－43**

**表 13－43**　　　　　　　　　　**典型方案 E4－7 主要技术条件**

| 方案名称 | 工程主要技术条件 | |
|---|---|---|
| 更换 220kV 线路保护 | 电压等级 | 220kV |
| | 规格型号 | 光差保护，双套配置 |
| | 组屏方式 | 保护装置（含操作回路）2 套，组 2 面屏 |
| | 主接线方式 | 双母线接线 |

### 13.7.3　典型方案估算书

估算投资为总投资，编制依据按第 9 章要求。典型方案 E4－7 估算书包括总估算汇总表、安装工程专业汇总表、拆除工程专业汇总表、其他费用估算表，分别见表 13－44～表 13－47。

**表 13－44**　　　　　　　　　　**典型方案 E4－7 总估算汇总表**　　　　　　金额单位：万元

| 序号 | 工程或费用名称 | 含税金额 | 占工程投资的比例（%） | 不含税金额 | 可抵扣增值税金额 |
|---|---|---|---|---|---|
| 一 | 建筑工程费 | | | | |
| 二 | 安装工程费 | 5.4 | 15.19 | 4.94 | 0.46 |
| 三 | 拆除工程费 | 0.36 | 1.01 | 0.33 | 0.03 |
| 四 | 设备购置费 | 26.23 | 73.76 | 23.21 | 3.02 |
| | 其中：编制基准期价差 | 0.12 | 0.34 | 0.12 | |
| 五 | 小计 | 31.99 | 89.96 | 28.48 | 3.51 |
| | 其中：甲供设备材料费 | 26.76 | 75.25 | 23.68 | 3.08 |
| 六 | 其他费用 | 3.57 | 10.04 | 3.37 | 0.2 |
| 七 | 基本预备费 | | | | |
| 八 | 特殊项目 | | | | |
| 九 | 工程投资合计 | 35.56 | 100 | 31.85 | 3.71 |
| | 其中：可抵扣增值税金额 | 3.71 | | | 3.71 |
| | 其中：施工费 | 5.22 | 14.68 | 4.79 | 0.43 |

**表 13－45**　　　　　　　　　　**典型方案 E4－7 安装工程专业汇总表**　　　　　　金额单位：元

| 序号 | 工程或费用名称 | 安装工程费 | | | 设备购置费 | 合计 |
|---|---|---|---|---|---|---|
| | | 未计价材料费 | 安装费 | 小计 | | |
| | 安装工程 | 8215 | 45793 | 54008 | 262258 | 316266 |
| 四 | 控制及直流系统 | 7596 | 26674 | 34270 | 262258 | 296528 |
| 1 | 监控或监测系统 | | | | 50088 | 50088 |
| 1.1 | 计算机监控系统 | | | | 50088 | 50088 |
| 2 | 继电保护装置 | 7596 | 26674 | 34270 | 212171 | 246440 |
| 六 | 电缆防护设施 | 320 | 634 | 955 | | 955 |

续表

| 序号 | 工程或费用名称 | 安装工程费 | | | 设备购置费 | 合计 |
|---|---|---|---|---|---|---|
| | | 未计价材料费 | 安装费 | 小计 | | |
| 2 | 电缆防火 | 320 | 634 | 955 | | 955 |
| 七 | 全站接地 | 298 | 27 | 325 | | 325 |
| 1 | 接地网 | 298 | 27 | 325 | | 325 |
| 九 | 调试 | | 18458 | 18458 | | 18458 |
| 1 | 分系统调试 | | 18458 | 18458 | | 18458 |
| | 合计 | 8215 | 45793 | 54008 | 262258 | 316266 |

表 13-46 　　　　　　　　　典型方案 E4-7 拆除工程专业汇总表 　　　　　　金额单位：元

| 序号 | 工程或费用名称 | 拆除工程费 |
|---|---|---|
| | 拆除工程 | 3557 |
| | 安装拆除 | 3557 |
| 四 | 控制及直流系统 | 3557 |
| 2 | 继电保护装置 | 3557 |
| | 合计 | 3557 |

表 13-47 　　　　　　　　　　典型方案 E4-7 其他费用估算表 　　　　　　　金额单位：元

| 序号 | 工程或费用项目名称 | 编制依据及计算说明 | 合价 |
|---|---|---|---|
| 2 | 项目管理费 | | 5613 |
| 2.1 | 管理经费 | （建筑工程费+安装工程费+拆除工程费）×3.53% | 2032 |
| 2.2 | 招标费 | （建筑工程费+安装工程费+拆除工程费）×1.81% | 1042 |
| 2.3 | 工程监理费 | （建筑工程费+安装工程费+拆除工程费）×4.41% | 2539 |
| 3 | 项目技术服务费 | | 30068 |
| 3.1 | 前期工作费 | （建筑工程费+安装工程费）×3.05% | 1647 |
| 3.3 | 工程勘察设计费 | | 26012 |
| 3.3.2 | 设计费 | 设计费×100% | 26012 |
| 3.4 | 设计文件评审费 | | 1609 |
| 3.4.1 | 初步设计文件评审费 | 基本设计费×3.5% | 772 |
| 3.4.2 | 施工图文件评审费 | 基本设计费×3.8% | 838 |
| 3.5 | 施工过程造价咨询及竣工结算审核费 | （建筑工程费+安装工程费+拆除工程费）×0.53% | 800 |
| | 合计 | | 35681 |

### 13.7.4　典型方案设备材料表

典型方案 E4-7 设备材料表见表 13-48。

**表 13-48** 典型方案 E4-7 设备材料表

| 序号 | 设备或材料名称 | 单位 | 数量 | 备注 |
|---|---|---|---|---|
| | 安装工程 | | | |
| 四 | 控制及直流系统 | | | |
| 2 | 继电保护装置 | | | |
| 900000001 | 计算机监控系统扩容 | 项 | 1 | |
| 500008688 | 线路保护，AC220kV | 套 | 2 | |
| 100000013 | 220kV 变电站控制电缆 | km | 0.300 | |
| 500014805 | 布电线，BV，铜，2.5，1 | km | 0.020 | |
| 500014824 | 布电线，BVR，铜，4，1 | km | 0.020 | |
| 500017121 | 网络线，超 5 类，屏蔽 | m | 100 | |
| 500128947 | 通信电缆，RVSP，1.5，2 | m | 100 | |
| 500122978 | 普通光缆，4 芯，G.652，非金属防鼠咬光缆 | m | 200 | |
| 500011727 | 防火涂料 | t | 0.020 | |
| 500011738 | 防火堵料 | t | 0.020 | |
| 500027477 | 布电线，BVR，铜，100，1 | m | 4 | |

### 13.7.5 典型方案工程量表

典型方案 E4-7 工程量见表 13-49。

**表 13-49** 典型方案 E4-7 工程量表

| 序号 | 项目名称 | 单位 | 数量 | 备注 |
|---|---|---|---|---|
| | 安装工程 | | | |
| 四 | 控制及直流系统 | | | |
| 2 | 继电保护装置 | | | |
| JGD4-4 | 控制、保护屏柜安装　保护屏柜　220kV 变电站 | 块 | 2 | |
| JGD7-3 | 全站电缆敷设　控制电缆　全站 | 100m | 3 | |
| JGZ17-6 | 光缆架（敷）设　室内光缆敷设 | 100m | 2 | |
| JGZ17-35 | 用户光缆接续　12 芯以下 | 头 | 2 | |
| JGZ7-1 | 布放设备电缆　布放线缆 | 100m | 2 | |
| JGD7-10 | 电缆防火安装　防火堵料 | t | 0.020 | |
| JGD7-11 | 电缆防火安装　防火涂料 | t | 0.020 | |
| 九 | 调试 | | | |
| 1 | 分系统调试 | | | |
| 调 JGS1-14<br>R×0.8<br>C×0.8<br>J×0.8 | 配电装置系统　220kV | 间隔 | 1 | |

| 序号 | 项目名称 | 单位 | 数量 | 备注 |
|------|----------|------|------|------|
|  | 拆除工程 |  |  |  |
|  | 安装拆除 |  |  |  |
| CYD4－1 | 控制保护屏拆除　保护二次屏（柜） | 台 | 2 |  |
| CYD7－3 | 全站电缆拆除　控制电缆 | 100m | 3 |  |

## 13.8　E4－8更换220kV线路保护及附属电缆

### 13.8.1　典型方案主要内容

本典型方案为更换线路保护，内容包括原保护屏拆除和二次电缆拆除，新保护屏安装、屏柜接地、屏顶小母线敷设、二次设备间线缆（含低压电力电缆、控制电缆、通信线缆）及至一次设备附属控制电缆敷设、二次接线、综自系统和故障信息子站相关参数设置与修改、保护调试。不包括二次电缆沟新增和修整、屏柜基础修整，不包括二次接地网改造，不包括端子箱更换，不包括断路器本体非全相保护继电器更换。

### 13.8.2　典型方案主要技术条件

典型方案E4－8主要技术条件见表13－50。

表13－50　　　　　　　　典型方案E4－8主要技术条件

| 方案名称 | 工程主要技术条件 | |
|----------|------------------|---|
| 更换220kV线路保护及<br>附属电缆 | 电压等级 | 220kV |
|  | 规格型号 | 光差保护，双套配置 |
|  | 组屏方式 | 保护装置（含操作回路）2套，组2面屏 |
|  | 主接线方式 | 双母线接线 |

### 13.8.3　典型方案估算书

估算投资为总投资，编制依据按第9章要求。典型方案E4－8估算书包括总估算汇总表、安装工程专业汇总表、拆除工程专业汇总表、其他费用估算表，分别见表13－51～表13－54。

表13－51　　　　　　　　典型方案E4－8总估算汇总表　　　　　　　　金额单位：万元

| 序号 | 工程或费用名称 | 含税金额 | 占工程投资的比例（%） | 不含税金额 | 可抵扣增值税金额 |
|------|----------------|----------|----------------------|------------|------------------|
| 一 | 建筑工程费 |  |  |  |  |
| 二 | 安装工程费 | 19.27 | 35.34 | 17.39 | 1.88 |
| 三 | 拆除工程费 | 2.26 | 4.14 | 2.07 | 0.19 |
| 四 | 设备购置费 | 26.23 | 48.1 | 23.21 | 3.02 |
|  | 其中：编制基准期价差 | 0.32 | 0.59 | 0.32 |  |

续表

| 序号 | 工程或费用名称 | 含税金额 | 占工程投资的比例（%） | 不含税金额 | 可抵扣增值税金额 |
|---|---|---|---|---|---|
| 五 | 小计 | 47.76 | 87.58 | 42.67 | 5.09 |
| | 其中：甲供设备材料费 | 35.12 | 64.4 | 31.08 | 4.04 |
| 六 | 其他费用 | 6.77 | 12.42 | 6.39 | 0.38 |
| 七 | 基本预备费 | | | | |
| 八 | 特殊项目 | | | | |
| 九 | 工程投资合计 | 54.53 | 100 | 49.06 | 5.47 |
| | 其中：可抵扣增值税金额 | 5.47 | | | 5.47 |
| | 其中：施工费 | 12.63 | 23.16 | 11.59 | 1.04 |

表 13-52　　　　　　典型方案 E4-8 安装工程专业汇总表　　　　　　金额单位：元

| 序号 | 工程或费用名称 | 安装工程费 | | | 设备购置费 | 合计 |
|---|---|---|---|---|---|---|
| | | 未计价材料费 | 安装费 | 小计 | | |
| | 安装工程 | 91852 | 100852 | 192704 | 262258 | 454962 |
| 四 | 控制及直流系统 | 91233 | 81733 | 172966 | 262258 | 435225 |
| 1 | 监控或监测系统 | | | | 50088 | 50088 |
| 1.1 | 计算机监控系统 | | | | 50088 | 50088 |
| 2 | 继电保护装置 | 91233 | 81733 | 172966 | 212171 | 385137 |
| 六 | 电缆防护设施 | 320 | 634 | 955 | | 955 |
| 2 | 电缆防火 | 320 | 634 | 955 | | 955 |
| 七 | 全站接地 | 298 | 27 | 325 | | 325 |
| 1 | 接地网 | 298 | 27 | 325 | | 325 |
| 九 | 调试 | | 18458 | 18458 | | 18458 |
| 1 | 分系统调试 | | 18458 | 18458 | | 18458 |
| | 合计 | 91852 | 100852 | 192704 | 262258 | 454962 |

表 13-53　　　　　　典型方案 E4-8 拆除工程专业汇总表　　　　　　金额单位：元

| 序号 | 工程或费用名称 | 拆除工程费 |
|---|---|---|
| | 拆除工程 | 22591 |
| | 安装拆除 | 22591 |
| 四 | 控制及直流系统 | 22591 |
| 2 | 继电保护装置 | 22591 |
| | 合计 | 22591 |

表 13-54 　　　　　　　　典型方案 E4-8 其他费用估算表 　　　　　　　　金额单位：元

| 序号 | 工程或费用项目名称 | 编制依据及计算说明 | 合价 |
|---|---|---|---|
| 2 | 项目管理费 | | 20991 |
| 2.1 | 管理经费 | （建筑工程费＋安装工程费＋拆除工程费）×3.53% | 7600 |
| 2.2 | 招标费 | （建筑工程费＋安装工程费＋拆除工程费）×1.81% | 3897 |
| 2.3 | 工程监理费 | （建筑工程费＋安装工程费＋拆除工程费）×4.41% | 9495 |
| 3 | 项目技术服务费 | | 46752 |
| 3.1 | 前期工作费 | （建筑工程费＋安装工程费）×3.05% | 5877 |
| 3.3 | 工程勘察设计费 | | 37419 |
| 3.3.2 | 设计费 | 设计费×100% | 37419 |
| 3.4 | 设计文件评审费 | | 2315 |
| 3.4.1 | 初步设计文件评审费 | 基本设计费×3.5% | 1110 |
| 3.4.2 | 施工图文件评审费 | 基本设计费×3.8% | 1205 |
| 3.5 | 施工过程造价咨询及竣工结算审核费 | （建筑工程费＋安装工程费＋拆除工程费）×0.53% | 1141 |
| | 合计 | | 67744 |

### 13.8.4 典型方案设备材料表

典型方案 E4-8 设备材料表见表 13-55。

表 13-55 　　　　　　　　　　典型方案 E4-8 设备材料表

| 序号 | 设备或材料名称 | 单位 | 数量 | 备注 |
|---|---|---|---|---|
| | 安装工程 | | | |
| 四 | 控制及直流系统 | | | |
| 2 | 继电保护装置 | | | |
| 900000001 | 计算机监控系统扩容 | 项 | 1 | |
| 500008688 | 线路保护，AC220kV | 套 | 2 | |
| 100000013 | 220kV 变电站控制电缆 | km | 5 | |
| 500014805 | 布电线，BV，铜，2.5，1 | km | 0.020 | |
| 500014824 | 布电线，BVR，铜，4，1 | km | 0.020 | |
| 500017121 | 网络线，超 5 类，屏蔽 | m | 100 | |
| 500128947 | 通信电缆，RVSP，1.5，2 | m | 100 | |
| 500122978 | 普通光缆，4 芯，G.652，非金属防鼠咬光缆 | m | 200 | |
| 500011727 | 防火涂料 | t | 0.020 | |
| 500011738 | 防火堵料 | t | 0.020 | |
| 500027477 | 布电线，BVR，铜，100，1 | m | 4 | |

### 13.8.5　典型方案工程量表

典型方案 E4-8 工程量见表 13-56。

表 13-56　　　　　　　　　　　　典型方案 E4-8 工程量表

| 序号 | 项目名称 | 单位 | 数量 | 备注 |
|---|---|---|---|---|
| | 安装工程 | | | |
| 四 | 控制及直流系统 | | | |
| 2 | 继电保护装置 | | | |
| JGD4-4 | 控制、保护屏柜安装　保护屏柜　220kV 变电站 | 块 | 2 | |
| JGD7-3 | 全站电缆敷设　控制电缆　全站 | 100m | 50 | |
| JGZ17-6 | 光缆架（敷）设　室内光缆敷设 | 100m | 2 | |
| JGZ17-35 | 用户光缆接续　12 芯以下 | 头 | 2 | |
| JGZ7-1 | 布放设备电缆　布放线缆 | 100m | 2 | |
| JGD7-10 | 电缆防火安装　防火堵料 | t | 0.020 | |
| JGD7-11 | 电缆防火安装　防火涂料 | t | 0.020 | |
| 九 | 调试 | | | |
| 1 | 分系统调试 | | | |
| 调 JGS1-14<br>R×0.8<br>C×0.8<br>J×0.8 | 配电装置系统　220kV | 间隔 | 1 | |
| | 拆除工程 | | | |
| | 安装拆除 | | | |
| CYD4-1 | 控制保护屏拆除　保护二次屏（柜） | 台 | 2 | |
| CYD7-3 | 全站电缆拆除　控制电缆 | 100m | 50 | |

## 13.9　E4-9 更换 330kV 线路保护

### 13.9.1　典型方案主要内容

本典型方案为更换线路保护，内容包括原保护屏拆除和二次电缆拆除，新保护屏安装、屏柜接地、屏顶小母线敷设、二次设备间线缆（含低压电力电缆、控制电缆、通信线缆）敷设、二次接线、综自系统和故障信息子站相关参数设置与修改、保护调试。不包括二次电缆沟新增和修整、屏柜基础修整，不包括二次接地网改造，不包括端子箱更换，不包括断路器本体非全相保护继电器更换。

### 13.9.2　典型方案主要技术条件

典型方案 E4-9 主要技术条件见表 13-57。

表 13-57 典型方案 E4-9 主要技术条件

| 方案名称 | 工程主要技术条件 | |
|---|---|---|
| | 电压等级 | 330kV |
| 更换 330kV 线路保护 | 规格型号 | 光差保护，双套配置 |
| | 组屏方式 | 2 套装置组 2 面屏 |
| | 主接线方式 | 3/2 接线 |

### 13.9.3 典型方案估算书

估算投资为总投资，编制依据按第 9 章要求。典型方案 E4-9 估算书包括总估算汇总表、安装工程专业汇总表、拆除工程专业汇总表、其他费用估算表，分别见表 13-58～表 13-61。

表 13-58 典型方案 E4-9 总估算汇总表 金额单位：万元

| 序号 | 工程或费用名称 | 含税金额 | 占工程投资的比例（%） | 不含税金额 | 可抵扣增值税金额 |
|---|---|---|---|---|---|
| 一 | 建筑工程费 | | | | |
| 二 | 安装工程费 | 6.13 | 16.62 | 5.61 | 0.52 |
| 三 | 拆除工程费 | 0.36 | 0.98 | 0.33 | 0.03 |
| 四 | 设备购置费 | 26.63 | 72.21 | 23.57 | 3.06 |
| | 其中：编制基准期价差 | 0.08 | 0.22 | 0.08 | |
| 五 | 小计 | 33.12 | 89.8 | 29.51 | 3.61 |
| | 其中：甲供设备材料费 | 27.14 | 73.59 | 24.02 | 3.12 |
| 六 | 其他费用 | 3.76 | 10.2 | 3.55 | 0.21 |
| 七 | 基本预备费 | | | | |
| 八 | 特殊项目 | | | | |
| 九 | 工程投资合计 | 36.88 | 100 | 33.06 | 3.82 |
| | 其中：可抵扣增值税金额 | 3.82 | | | 3.82 |
| | 其中：施工费 | 5.97 | 16.19 | 5.48 | 0.49 |

表 13-59 典型方案 E4-9 安装工程专业汇总表 金额单位：元

| 序号 | 工程或费用名称 | 安装工程费 | | | 设备购置费 | 合计 |
|---|---|---|---|---|---|---|
| | | 未计价材料费 | 安装费 | 小计 | | |
| | 安装工程 | 7962 | 53315 | 61277 | 266265 | 327543 |
| 四 | 控制及直流系统 | 7344 | 30120 | 37464 | 266265 | 303729 |
| 1 | 监控或监测系统 | | | | 50088 | 50088 |
| 1.1 | 计算机监控系统 | | | | 50088 | 50088 |
| 2 | 继电保护装置 | 7344 | 30120 | 37464 | 216178 | 253642 |
| 六 | 电缆防护设施 | 320 | 633 | 953 | | 953 |

续表

| 序号 | 工程或费用名称 | 安装工程费 | | | 设备购置费 | 合计 |
|---|---|---|---|---|---|---|
| | | 未计价材料费 | 安装费 | 小计 | | |
| 2 | 电缆防火 | 320 | 633 | 953 | | 953 |
| 七 | 全站接地 | 298 | 27 | 325 | | 325 |
| 1 | 接地网 | 298 | 27 | 325 | | 325 |
| 九 | 调试 | | 22535 | 22535 | | 22535 |
| 1 | 分系统调试 | | 22535 | 22535 | | 22535 |
| | 合计 | 7962 | 53315 | 61277 | 266265 | 327543 |

**表 13−60**　　　　　　　**典型方案 E4−9 拆除工程专业汇总表**　　　金额单位：元

| 序号 | 工程或费用名称 | 拆除工程费 |
|---|---|---|
| | 拆除工程 | 3557 |
| | 安装拆除 | 3557 |
| 四 | 控制及直流系统 | 3557 |
| 2 | 继电保护装置 | 3557 |
| | 合计 | 3557 |

**表 13−61**　　　　　　　**典型方案 E4−9 其他费用估算表**　　　金额单位：元

| 序号 | 工程或费用项目名称 | 编制依据及计算说明 | 合价 |
|---|---|---|---|
| 2 | 项目管理费 | | 6321 |
| 2.1 | 管理经费 | （建筑工程费＋安装工程费＋拆除工程费）×3.53% | 2289 |
| 2.2 | 招标费 | （建筑工程费＋安装工程费＋拆除工程费）×1.81% | 1174 |
| 2.3 | 工程监理费 | （建筑工程费＋安装工程费＋拆除工程费）×4.41% | 2859 |
| 3 | 项目技术服务费 | | 31275 |
| 3.1 | 前期工作费 | （建筑工程费＋安装工程费）×3.05% | 1869 |
| 3.3 | 工程勘察设计费 | | 26939 |
| 3.3.2 | 设计费 | 设计费×100% | 26939 |
| 3.4 | 设计文件评审费 | | 1667 |
| 3.4.1 | 初步设计文件评审费 | 基本设计费×3.5% | 799 |
| 3.4.2 | 施工图文件评审费 | 基本设计费×3.8% | 868 |
| 3.5 | 施工过程造价咨询及竣工结算审核费 | （建筑工程费＋安装工程费＋拆除工程费）×0.53% | 800 |
| | 合计 | | 37596 |

### 13.9.4　典型方案电气设备材料表

典型方案 E4−9 电气设备材料表见表 13−62。

表 13-62                    典型方案 E4-9 电气设备材料表

| 序号 | 设备或材料名称 | 单位 | 数量 | 备注 |
|---|---|---|---|---|
| | 安装工程 | | | |
| 四 | 控制及直流系统 | | | |
| 2 | 继电保护装置 | | | |
| 900000001 | 计算机监控系统扩容 | 项 | 1 | |
| 500008684 | 线路保护，AC330kV | 套 | 2 | |
| 100000014 | 330kV 变电站控制电缆 | km | 0.300 | |
| 500014805 | 布电线，BV，铜，2.5，1 | km | 0.020 | |
| 500014824 | 布电线，BVR，铜，4，1 | km | 0.020 | |
| 500017121 | 网络线，超 5 类，屏蔽 | m | 100 | |
| 500128947 | 通信电缆，RVSP，1.5，2 | m | 100 | |
| 500122978 | 普通光缆，4 芯，G.652，非金属防鼠咬光缆 | m | 200 | |
| 500011727 | 防火涂料 | t | 0.020 | |
| 500011738 | 防火堵料 | t | 0.020 | |
| 500027477 | 布电线，BVR，铜，100，1 | m | 4 | |

## 13.9.5  典型方案工程量表

典型方案 E4-9 工程量见表 13-63。

表 13-63                    典型方案 E4-9 工程量表

| 序号 | 项目名称 | 单位 | 数量 | 备注 |
|---|---|---|---|---|
| | 安装工程 | | | |
| 四 | 控制及直流系统 | | | |
| 2 | 继电保护装置 | | | |
| JGD4-5 | 控制、保护屏柜安装　保护屏柜　330kV 变电站 | 块 | 2 | |
| JGD7-3 | 全站电缆敷设　控制电缆　全站 | 100m | 3 | |
| JGZ17-6 | 光缆架（敷）设　室内光缆敷设 | 100m | 2 | |
| JGZ17-35 | 用户光缆接续　12 芯以下 | 头 | 2 | |
| JGZ7-1 | 布放设备电缆　布放线缆 | 100m | 2 | |
| JGD7-10 | 电缆防火安装　防火堵料 | t | 0.020 | |
| JGD7-11 | 电缆防火安装　防火涂料 | t | 0.020 | |
| 调 JGS1-15<br>R×0.8<br>C×0.8<br>J×0.8 | 配电装置系统　330kV | 间隔 | 1 | |
| | 安装拆除 | | | |
| CYD4-1 | 控制保护屏拆除　保护二次屏（柜） | 台 | 2 | |
| CYD7-3 | 全站电缆拆除　控制电缆 | 100m | 3 | |

## 13.10　E4-10 更换 330kV 线路保护及附属电缆

### 13.10.1　典型方案主要内容

本典型方案为更换线路保护，内容包括原保护屏拆除和二次电缆拆除，新保护屏安装、屏柜接地、屏顶小母线敷设、二次设备间线缆（含低压电力电缆、控制电缆、通信线缆）及至一次设备附属控制电缆敷设、二次接线、综自系统和故障信息子站相关参数设置与修改、保护调试。不包括二次电缆沟新增和修整、屏柜基础修整，不包括二次接地网改造，不包括端子箱更换，不包括断路器本体非全相保护继电器更换。

### 13.10.2　典型方案主要技术条件

典型方案 E4-10 主要技术条件见表 13-64。

表 13-64　　　　　　　　　　典型方案 E4-10 主要技术条件

| 方案名称 | 工程主要技术条件 | |
| --- | --- | --- |
| 更换 330kV 线路保护及附属电缆 | 电压等级 | 330kV |
| | 规格型号 | 光差保护，双套配置 |
| | 组屏方式 | 2 套装置组 2 面屏 |
| | 主接线方式 | 3/2 接线 |

### 13.10.3　典型方案估算书

估算投资为总投资，编制依据按第 9 章要求。典型方案 E4-10 估算书包括总估算汇总表、安装工程专业汇总表、拆除工程专业汇总表、其他费用估算表，分别见表 13-65~表 13-68。

表 13-65　　　　　　　　　　典型方案 E4-10 总估算汇总表　　　　　　金额单位：万元

| 序号 | 工程或费用名称 | 含税金额 | 占工程投资的比例（%） | 不含税金额 | 可抵扣增值税金额 |
| --- | --- | --- | --- | --- | --- |
| 一 | 建筑工程费 | | | | |
| 二 | 安装工程费 | 19.53 | 35.32 | 17.64 | 1.89 |
| 三 | 拆除工程费 | 2.26 | 4.09 | 2.07 | 0.19 |
| 四 | 设备购置费 | 26.63 | 48.16 | 23.57 | 3.06 |
| | 其中：编制基准期价差 | 0.22 | 0.4 | 0.22 | |
| 五 | 小计 | 48.42 | 87.57 | 43.28 | 5.14 |
| | 其中：甲供设备材料费 | 35.1 | 63.48 | 31.06 | 4.04 |
| 六 | 其他费用 | 6.87 | 12.43 | 6.48 | 0.39 |
| 七 | 基本预备费 | | | | |
| 八 | 特殊项目 | | | | |
| 九 | 工程投资合计 | 55.29 | 100 | 49.76 | 5.53 |
| | 其中：可抵扣增值税金额 | 5.53 | | | 5.53 |
| | 其中：施工费 | 13.32 | 24.09 | 12.22 | 1.1 |

表 13-66　　　　　　　　　　典型方案 E4-10 安装工程专业汇总表　　　　　　金额单位：元

| 序号 | 工程或费用名称 | 安装工程费 | | | 设备购置费 | 合计 |
| --- | --- | --- | --- | --- | --- | --- |
| | | 未计价材料费 | 安装费 | 小计 | | |
| | 安装工程 | 87649 | 107691 | 195339 | 266265 | 461605 |
| 四 | 控制及直流系统 | 87030 | 84496 | 171526 | 266265 | 437791 |
| 1 | 监控或监测系统 | | | | 50088 | 50088 |
| 1.1 | 计算机监控系统 | | | | 50088 | 50088 |
| 2 | 继电保护装置 | 87030 | 84496 | 171526 | 216178 | 387704 |
| 六 | 电缆防护设施 | 320 | 633 | 953 | | 953 |
| 2 | 电缆防火 | 320 | 633 | 953 | | 953 |
| 七 | 全站接地 | 298 | 27 | 325 | | 325 |
| 1 | 接地网 | 298 | 27 | 325 | | 325 |
| 九 | 调试 | | 22535 | 22535 | | 22535 |
| 1 | 分系统调试 | | 22535 | 22535 | | 22535 |
| | 合计 | 87649 | 107691 | 195339 | 266265 | 461605 |

表 13-67　　　　　　　　　　典型方案 E4-10 拆除工程专业汇总表　　　　　　金额单位：元

| 序号 | 工程或费用名称 | 拆除工程费 |
| --- | --- | --- |
| | 拆除工程 | 22591 |
| | 安装拆除 | 22591 |
| 四 | 控制及直流系统 | 22591 |
| 2 | 继电保护装置 | 22591 |
| | 合计 | 22591 |

表 13-68　　　　　　　　　　典型方案 E4-10 其他费用估算表　　　　　　金额单位：元

| 序号 | 工程或费用项目名称 | 编制依据及计算说明 | 合价 |
| --- | --- | --- | --- |
| 2 | 项目管理费 | | 21248 |
| 2.1 | 管理经费 | （建筑工程费+安装工程费+拆除工程费）×3.53% | 7693 |
| 2.2 | 招标费 | （建筑工程费+安装工程费+拆除工程费）×1.81% | 3945 |
| 2.3 | 工程监理费 | （建筑工程费+安装工程费+拆除工程费）×4.41% | 9611 |
| 3 | 项目技术服务费 | | 47427 |
| 3.1 | 前期工作费 | （建筑工程费+安装工程费）×3.05% | 5958 |
| 3.3 | 工程勘察设计费 | | 37965 |
| 3.3.2 | 设计费 | 设计费×100% | 37965 |
| 3.4 | 设计文件评审费 | | 2349 |
| 3.4.1 | 初步设计文件评审费 | 基本设计费×3.5% | 1126 |
| 3.4.2 | 施工图文件评审费 | 基本设计费×3.8% | 1223 |
| 3.5 | 施工过程造价咨询及竣工结算审核费 | （建筑工程费+安装工程费+拆除工程费）×0.53% | 1155 |
| | 合计 | | 68675 |

### 13.10.4　典型方案电气设备材料表

典型方案 E4-10 电气设备材料表见表 13-69。

表 13-69　　　　　　典型方案 E4-10 电气设备材料表

| 序号 | 设备或材料名称 | 单位 | 数量 | 备注 |
|---|---|---|---|---|
| | 安装工程 | | | |
| 四 | 控制及直流系统 | | | |
| 2 | 继电保护装置 | | | |
| 900000001 | 计算机监控系统扩容 | 项 | 1 | |
| 500008684 | 线路保护，AC330kV | 套 | 2 | |
| 100000014 | 330kV 变电站控制电缆 | km | 5 | |
| 500014805 | 布电线，BV，铜，2.5，1 | km | 0.020 | |
| 500014824 | 布电线，BVR，铜，4，1 | km | 0.020 | |
| 500017121 | 网络线，超 5 类，屏蔽 | m | 100 | |
| 500128947 | 通信电缆，RVSP，1.5，2 | m | 100 | |
| 500122978 | 普通光缆，4 芯，G.652，非金属防鼠咬光缆 | m | 200 | |
| 500011727 | 防火涂料 | t | 0.020 | |
| 500011738 | 防火堵料 | t | 0.020 | |
| 500027477 | 布电线，BVR，铜，100，1 | m | 4 | |

### 13.10.5　典型方案工程量表

典型方案 E4-10 工程量见表 13-70。

表 13-70　　　　　　典型方案 E4-10 工程量表

| 序号 | 项目名称 | 单位 | 数量 | 备注 |
|---|---|---|---|---|
| | 安装工程 | | | |
| 四 | 控制及直流系统 | | | |
| 2 | 继电保护装置 | | | |
| JGD4-5 | 控制、保护屏柜安装　保护屏柜　330kV 变电站 | 块 | 2 | |
| JGD7-3 | 全站电缆敷设　控制电缆　全站 | 100m | 50 | |
| JGZ17-6 | 光缆架（敷）设　室内光缆敷设 | 100m | 2 | |
| JGZ17-35 | 用户光缆接续　12 芯以下 | 头 | 2 | |
| JGZ7-1 | 布放设备电缆　布放线缆 | 100m | 2 | |
| JGD7-10 | 电缆防火安装　防火堵料 | t | 0.020 | |
| JGD7-11 | 电缆防火安装　防火涂料 | t | 0.020 | |
| 调 JGS1-15 R×0.8 C×0.8 J×0.8 | 配电装置系统　330kV | 间隔 | 1 | |

| 序号 | 项目名称 | 单位 | 数量 | 备注 |
|------|----------|------|------|------|
|  | 安装拆除 |  |  |  |
| CYD4-1 | 控制保护屏拆除 保护二次屏（柜） | 台 | 2 |  |
| CYD7-3 | 全站电缆拆除 控制电缆 | 100m | 50 |  |

## 13.11 E4-11 更换 500kV 线路保护

### 13.11.1 典型方案主要内容

本典型方案为更换线路保护，内容包括原保护屏拆除和二次电缆拆除，新保护屏安装、屏柜接地、屏顶小母线敷设、二次设备间线缆（含低压电力电缆、控制电缆、通信线缆）敷设、二次接线、综自系统和故障信息子站相关参数设置与修改、保护调试。不包括二次电缆沟新增和修整、屏柜基础修整，不包括二次接地网改造，不包括端子箱更换，不包括断路器本体非全相保护继电器更换。

### 13.11.2 典型方案主要技术条件

典型方案 E4-11 主要技术条件见表 13-71。

表 13-71　　　　　　　　　　　典型方案 E4-11 主要技术条件

| 方案名称 | 工程主要技术条件 | |
|----------|------|------|
|  | 电压等级 | 500kV |
| 更换 500kV 线路保护 | 规格型号 | 主保护光纤差动，后备保护距离、零序，双套配置 |
|  | 组屏方式 | 保护装置（含操作回路）3 套，组 3 面屏 |
|  | 主接线方式 | 3/2 接线 |

### 13.11.3 典型方案估算书

估算投资为总投资，编制依据按第 9 章要求。典型方案 E4-11 估算书包括总估算汇总表、安装工程专业汇总表、拆除工程专业汇总表、其他费用估算表，分别见表 13-72～表 13-75。

表 13-72　　　　　　　　　　　典型方案 E4-11 总估算汇总表　　　　　　　金额单位：万元

| 序号 | 工程或费用名称 | 含税金额 | 占工程投资的比例（%） | 不含税金额 | 可抵扣增值税金额 |
|------|----------------|----------|------------------------|------------|-------------------|
| 一 | 建筑工程费 |  |  |  |  |
| 二 | 安装工程费 | 8.76 | 14.6 | 8.01 | 0.75 |
| 三 | 拆除工程费 | 0.55 | 0.92 | 0.5 | 0.05 |
| 四 | 设备购置费 | 44.74 | 74.59 | 39.6 | 5.14 |
|  | 其中：编制基准期价差 | 0.2 | 0.33 | 0.2 |  |

| 序号 | 工程或费用名称 | 含税金额 | 占工程投资的比例（%） | 不含税金额 | 可抵扣增值税金额 |
|---|---|---|---|---|---|
| 五 | 小计 | 54.05 | 90.11 | 48.11 | 5.94 |
|  | 其中：甲供设备材料费 | 45.58 | 75.99 | 40.34 | 5.24 |
| 六 | 其他费用 | 5.93 | 9.89 | 5.59 | 0.34 |
| 七 | 基本预备费 | | | | |
| 八 | 特殊项目 | | | | |
| 九 | 工程投资合计 | 59.98 | 100 | 53.7 | 6.28 |
|  | 其中：可抵扣增值税金额 | 6.28 | | | 6.28 |
|  | 其中：施工费 | 8.48 | 14.14 | 7.78 | 0.7 |

表 13－73　　　　**典型方案 E4－11 安装工程专业汇总表**　　　　金额单位：元

| 序号 | 工程或费用名称 | 安装工程费 | | | 设备购置费 | 合计 |
|---|---|---|---|---|---|---|
|  |  | 未计价材料费 | 安装费 | 小计 | | |
|  | 安装工程 | 11263 | 76386 | 87649 | 447382 | 535030 |
| 四 | 控制及直流系统 | 10644 | 48979 | 59623 | 447382 | 507004 |
| 1 | 监控或监测系统 | | | | 50088 | 50088 |
| 1.1 | 计算机监控系统 | | | | 50088 | 50088 |
| 2 | 继电保护装置 | 10644 | 48979 | 59623 | 397294 | 456917 |
| 六 | 电缆防护设施 | 320 | 634 | 955 | | 955 |
| 2 | 电缆防火 | 320 | 634 | 955 | | 955 |
| 七 | 全站接地 | 298 | 27 | 325 | | 325 |
| 1 | 接地网 | 298 | 27 | 325 | | 325 |
| 九 | 调试 | | 26747 | 26747 | | 26747 |
| 1 | 分系统调试 | | 26747 | 26747 | | 26747 |
|  | 合计 | 11263 | 76386 | 87649 | 447382 | 535030 |

表 13－74　　　　**典型方案 E4－11 拆除工程专业汇总表**　　　　金额单位：元

| 序号 | 工程或费用名称 | 拆除工程费 |
|---|---|---|
|  | 拆除工程 | 5539 |
|  | 安装拆除 | 5539 |
| 四 | 控制及直流系统 | 5539 |
| 2 | 继电保护装置 | 5539 |
|  | 合计 | 5539 |

表 13-75　　　　　　　　　　　典型方案 E4-11 其他费用估算表　　　　　　　金额单位：元

| 序号 | 工程或费用项目名称 | 编制依据及计算说明 | 合价 |
|---|---|---|---|
| 2 | 项目管理费 | | 9086 |
| 2.1 | 管理经费 | （建筑工程费＋安装工程费＋拆除工程费）×3.53% | 3290 |
| 2.2 | 招标费 | （建筑工程费＋安装工程费＋拆除工程费）×1.81% | 1687 |
| 2.3 | 工程监理费 | （建筑工程费＋安装工程费＋拆除工程费）×4.41% | 4110 |
| 3 | 项目技术服务费 | | 50200 |
| 3.1 | 前期工作费 | （建筑工程费＋安装工程费）×3.05% | 2673 |
| 3.3 | 工程勘察设计费 | | 44004 |
| 3.3.2 | 设计费 | 设计费×100% | 44004 |
| 3.4 | 设计文件评审费 | | 2722 |
| 3.4.1 | 初步设计文件评审费 | 基本设计费×3.5% | 1305 |
| 3.4.2 | 施工图文件评审费 | 基本设计费×3.8% | 1417 |
| 3.5 | 施工过程造价咨询及竣工结算审核费 | （建筑工程费＋安装工程费＋拆除工程费）×0.53% | 800 |
| | 合计 | | 59285 |

### 13.11.4 典型方案设备材料表

典型方案 E4-11 设备材料表见表 13-76。

表 13-76　　　　　　　　　　　典型方案 E4-11 设备材料表

| 序号 | 设备或材料名称 | 单位 | 数量 | 备注 |
|---|---|---|---|---|
| | 安装工程 | | | |
| 四 | 控制及直流系统 | | | |
| 2 | 继电保护装置 | | | |
| 900000001 | 计算机监控系统扩容 | 项 | 1 | |
| 500008689 | 线路保护，AC500kV | 套 | 3 | |
| 100000015 | 500kV 变电站控制电缆 | km | 0.500 | |
| 500014805 | 布电线，BV，铜，2.5，1 | km | 0.020 | |
| 500014824 | 布电线，BVR，铜，4，1 | km | 0.020 | |
| 500017121 | 网络线，超 5 类，屏蔽 | m | 100 | |
| 500128947 | 通信电缆，RVSP，1.5，2 | m | 100 | |
| 500122978 | 普通光缆，4 芯，G.652，非金属防鼠咬光缆 | m | 200 | |
| 500011727 | 防火涂料 | t | 0.020 | |
| 500011738 | 防火堵料 | t | 0.020 | |
| 500027477 | 布电线，BVR，铜，100，1 | m | 4 | |

### 13.11.5　典型方案工程量表

典型方案 E4-11 工程量见表 13-77。

表 13-77　　　　　　　　　　典型方案 E4-11 工程量表

| 序号 | 项目名称 | 单位 | 数量 | 备注 |
|---|---|---|---|---|
| | 安装工程 | | | |
| 四 | 控制及直流系统 | | | |
| 2 | 继电保护装置 | | | |
| JGD4-6 | 控制、保护屏柜安装　保护屏柜　500kV 变电站 | 块 | 3 | |
| JGD7-3 | 全站电缆敷设　控制电缆　全站 | 100m | 5 | |
| JGZ17-6 | 光缆架（敷）设　室内光缆敷设 | 100m | 2 | |
| JGZ17-35 | 用户光缆接续　12 芯以下 | 头 | 2 | |
| JGZ7-1 | 布放设备电缆　布放线缆 | 100m | 2 | |
| JGD7-10 | 电缆防火安装　防火堵料 | t | 0.020 | |
| JGD7-11 | 电缆防火安装　防火涂料 | t | 0.020 | |
| 九 | 调试 | | | |
| 1 | 分系统调试 | | | |
| 调 JGS1-16<br>R×0.8<br>C×0.8<br>J×0.8 | 配电装置系统　500kV | 间隔 | 1 | |
| | 拆除工程 | | | |
| | 安装拆除 | | | |
| CYD4-1 | 控制保护屏拆除　保护二次屏（柜） | 台 | 3 | |
| CYD7-3 | 全站电缆拆除　控制电缆 | 100m | 5 | |

## 13.12　E4-12 更换 500kV 线路保护及附属电缆

### 13.12.1　典型方案主要内容

本典型方案为更换线路保护，内容包括原保护屏拆除和二次电缆拆除，新保护屏安装、屏柜接地、屏顶小母线敷设、二次设备间线缆（含低压电力电缆、控制电缆、通信线缆）及至一次设备附属控制电缆敷设、二次接线、综自系统和故障信息子站相关参数设置与修改、保护调试。不包括二次电缆沟新增和修整、屏柜基础修整，不包括二次接地网改造，不包括端子箱更换，不包括断路器本体非全相保护继电器更换。

### 13.12.2　典型方案主要技术条件

典型方案 E4-12 主要技术条件见表 13-78。

表13-78 典型方案E4-12主要技术条件

| 方案名称 | 工程主要技术条件 | |
|---|---|---|
| 更换500kV线路保护及附属电缆 | 电压等级 | 500kV |
| | 规格型号 | 主保护光纤差动，后备保护距离、零序，双套配置 |
| | 组屏方式 | 保护装置（含操作回路）3套，组3面屏 |
| | 主接线方式 | 3/2接线 |

### 13.12.3　典型方案估算书

估算投资为总投资，编制依据按第9章要求。典型方案E4-12估算书包括总估算汇总表、安装工程专业汇总表、拆除工程专业汇总表、其他费用估算表，分别见表13-79～表13-82。

表13-79　　　　　　　　　典型方案E4-12总估算汇总表　　　　　　　金额单位：万元

| 序号 | 工程或费用名称 | 含税金额 | 占工程投资的比例（%） | 不含税金额 | 可抵扣增值税金额 |
|---|---|---|---|---|---|
| 一 | 建筑工程费 | | | | |
| 二 | 安装工程费 | 30.12 | 33.7 | 27.2 | 2.92 |
| 三 | 拆除工程费 | 3.59 | 4.02 | 3.29 | 0.3 |
| 四 | 设备购置费 | 44.74 | 50.06 | 39.6 | 5.14 |
| | 其中：编制基准期价差 | 0.51 | 0.57 | 0.51 | |
| 五 | 小计 | 78.45 | 87.78 | 70.09 | 8.36 |
| | 其中：甲供设备材料费 | 58.16 | 65.08 | 51.47 | 6.69 |
| 六 | 其他费用 | 10.92 | 12.22 | 10.3 | 0.62 |
| 七 | 基本预备费 | | | | |
| 八 | 特殊项目 | | | | |
| 九 | 工程投资合计 | 89.37 | 100 | 80.39 | 8.98 |
| | 其中：可抵扣增值税金额 | 8.98 | | | 8.98 |
| | 其中：施工费 | 20.29 | 22.7 | 18.61 | 1.68 |

表13-80　　　　　　　　　典型方案E4-12安装工程专业汇总表　　　　　　　金额单位：元

| 序号 | 工程或费用名称 | 安装工程费 | | | 设备购置费 | 合计 |
|---|---|---|---|---|---|---|
| | | 未计价材料费 | 安装费 | 小计 | | |
| | 安装工程 | 137066 | 164140 | 301206 | 447382 | 748587 |
| 四 | 控制及直流系统 | 136447 | 136733 | 273180 | 447382 | 720561 |
| 1 | 监控或监测系统 | | | | 50088 | 50088 |
| 1.1 | 计算机监控系统 | | | | 50088 | 50088 |
| 2 | 继电保护装置 | 136447 | 136733 | 273180 | 397294 | 670474 |

| 序号 | 工程或费用名称 | 安装工程费 | | | 设备购置费 | 合计 |
|---|---|---|---|---|---|---|
| | | 未计价材料费 | 安装费 | 小计 | | |
| 六 | 电缆防护设施 | 320 | 634 | 955 | | 955 |
| 2 | 电缆防火 | 320 | 634 | 955 | | 955 |
| 七 | 全站接地 | 298 | 27 | 325 | | 325 |
| 1 | 接地网 | 298 | 27 | 325 | | 325 |
| 九 | 调试 | | 26747 | 26747 | | 26747 |
| 1 | 分系统调试 | | 26747 | 26747 | | 26747 |
| | 合计 | 137066 | 164140 | 301206 | 447382 | 748587 |

**表 13－81　　　　　　典型方案 E4－12 拆除工程专业汇总表**　　　　金额单位：元

| 序号 | 工程或费用名称 | 拆除工程费 |
|---|---|---|
| | 拆除工程 | 35911 |
| | 安装拆除 | 35911 |
| 四 | 控制及直流系统 | 35911 |
| 2 | 继电保护装置 | 35911 |
| | 合计 | 35911 |

**表 13－82　　　　　　典型方案 E4－12 其他费用估算表**　　　　金额单位：元

| 序号 | 工程或费用项目名称 | 编制依据及计算说明 | 合价 |
|---|---|---|---|
| 2 | 项目管理费 | | 32869 |
| 2.1 | 管理经费 | （建筑工程费＋安装工程费＋拆除工程费）×3.53% | 11900 |
| 2.2 | 招标费 | （建筑工程费＋安装工程费＋拆除工程费）×1.81% | 6102 |
| 2.3 | 工程监理费 | （建筑工程费＋安装工程费＋拆除工程费）×4.41% | 14867 |
| 3 | 项目技术服务费 | | 76351 |
| 3.1 | 前期工作费 | （建筑工程费＋安装工程费）×3.05% | 9187 |
| 3.3 | 工程勘察设计费 | | 61568 |
| 3.3.2 | 设计费 | 设计费×100% | 61568 |
| 3.4 | 设计文件评审费 | | 3809 |
| 3.4.1 | 初步设计文件评审费 | 基本设计费×3.5% | 1826 |
| 3.4.2 | 施工图文件评审费 | 基本设计费×3.8% | 1983 |
| 3.5 | 施工过程造价咨询及竣工结算审核费 | （建筑工程费＋安装工程费＋拆除工程费）×0.53% | 1787 |
| | 合计 | | 109220 |

### 13.12.4　典型方案设备材料表

典型方案 E4-12 设备材料表见表 13-83。

表 13-83　　　　　　　　　　　典型方案 E4-12 设备材料表

| 序号 | 设备或材料名称 | 单位 | 数量 | 备注 |
|---|---|---|---|---|
| | 安装工程 | | | |
| 四 | 控制及直流系统 | | | |
| 2 | 继电保护装置 | | | |
| 900000001 | 计算机监控系统扩容 | 项 | 1 | |
| 500008689 | 线路保护，AC500kV | 套 | 3 | |
| 100000015 | 500kV 变电站控制电缆 | km | 8 | |
| 500014805 | 布电线，BV，铜，2.5，1 | km | 0.020 | |
| 500014824 | 布电线，BVR，铜，4，1 | km | 0.020 | |
| 500017121 | 网络线，超 5 类，屏蔽 | m | 100 | |
| 500128947 | 通信电缆，RVSP，1.5，2 | m | 100 | |
| 500122978 | 普通光缆，4 芯，G.652，非金属防鼠咬光缆 | m | 200 | |
| 500011727 | 防火涂料 | t | 0.020 | |
| 500011738 | 防火堵料 | t | 0.020 | |
| 500027477 | 布电线，BVR，铜，100，1 | m | 4 | |

### 13.12.5　典型方案工程量表

典型方案 E4-12 工程量见表 13-84。

表 13-84　　　　　　　　　　　典型方案 E4-12 工程量表

| 序号 | 项目名称 | 单位 | 数量 | 备注 |
|---|---|---|---|---|
| | 安装工程 | | | |
| 四 | 控制及直流系统 | | | |
| 2 | 继电保护装置 | | | |
| JGD4-6 | 控制、保护屏柜安装　保护屏柜　500kV 变电站 | 块 | 3 | |
| JGD7-3 | 全站电缆敷设　控制电缆　全站 | 100m | 80 | |
| JGZ17-6 | 光缆架（敷）设　室内光缆敷设 | 100m | 2 | |
| JGZ17-35 | 用户光缆接续　12 芯以下 | 头 | 2 | |
| JGZ7-1 | 布放设备电缆　布放线缆 | 100m | 2 | |
| JGD7-10 | 电缆防火安装　防火堵料 | t | 0.020 | |
| JGD7-11 | 电缆防火安装　防火涂料 | t | 0.020 | |
| 九 | 调试 | | | |
| 1 | 分系统调试 | | | |

| 序号 | 项目名称 | 单位 | 数量 | 备注 |
|---|---|---|---|---|
| 调 JGS1－16<br>R×0.8<br>C×0.8<br>J×0.8 | 配电装置系统　500kV | 间隔 | 1 | |
| | 拆除工程 | | | |
| | 安装拆除 | | | |
| CYD4－1 | 控制保护屏拆除　保护二次屏（柜） | 台 | 3 | |
| CYD7－3 | 全站电缆拆除　控制电缆 | 100m | 80 | |

# 第六篇 使 用 说 明

## 第14章 典型造价使用说明

### 14.1 典型方案应用范围

本册典型方案主要应用于电网生产技术改造工程编制与审核工作，指导编制单位编制电网生产技术改造工程概预算，审核单位对比审核实际工程费用，分析费用差异原因。

### 14.2 典型方案应用方法

第一步：分析实际工程的主要技术条件和工程参数。

第二步：根据实际工程的主要技术条件和工程参数，从典型方案库中选择对应方案；若典型方案库中无实际工程的技术条件，则采用类似技术条件的典型方案。

第三步：按照实际工程的工程参数，选择单个方案或多个方案进行拼接。

（1）更换单一构件。

1）选择方案：选取单个方案，并根据实际工程的情况，乘以构件数量，实现工程量累加，得到拟编制工程的工程量。

2）取费及价格水平调整：按照当地取费要求、材机调价水平要求对方案进行调整。

3）工程量调整：根据实际工程与典型方案的差异，对工程量和物料进行调整，得出本体费用。

4）其他费用调整：根据实际工程所在区域调整典型方案中可调整的其他费用项，《预规》中规定的其他费用项计算标准不变，依此标准重新计算实际工程的其他费用。

（2）更换组合构件。

1）选择方案：选取多个方案，并根据实际工程的情况，每个方案乘以对应的构件数量，然后将各方案的工程量进行累加，拼接后得到拟编制工程的工程量。

2）取费及价格水平调整：按照当地取费要求、材机调价水平要求对方案进行调整。

3）工程量调整：根据实际工程与典型方案的差异，对工程量和物料进行调整，得出本体费用。

4）其他费用调整：根据实际工程所在区域调整典型方案中可调整的其他费用项，《预规》中规定的其他费用项计算标准不变，依此标准重新计算实际工程的其他费用。

第四步：得到实际工程造价，并得出实际工程与典型方案的差异。

# 第三部分

# 自动化（技改）专业

# 第七篇 总 论

# 第15章 概 述

为服务国家电网公司"一体四翼"发展战略，支撑现代设备管理体系建设，进一步提升电网生产技术改造与设备大修项目（简称项目）管理水平，提高项目可研、设计、采购、结算质效，国家电网公司委托国网经济技术研究院有限公司（简称国网经研院）、国网河北省电力有限公司（简称国网河北电力）牵头收集整理 2019 年 6 月～2023 年 8 月期间各类典型项目，明确技术条件和工程取费标准，在《电网生产技术改造工程典型造价（2017 年版）》的基础上，修编形成《电网生产技术改造与设备大修项目典型造价汇编（2023 年版）》（简称《2023 年版典型造价》）。

《2023 年版典型造价》基于标准化设计，遵循"方案典型、造价合理、编制科学"的原则，形成典型方案库。一是方案典型。通过对大量实际工程的统计、分析，结合公司各区域工程建设实际特点，合理归并、科学优化典型方案。二是造价合理。统一典型造价的编制原则、编制深度和编制依据，按照国家电网公司项目建设标准，综合考虑各地区工程建设实际情况，体现近年项目造价的综合平均水平。三是编制科学。典型造价编制工作结合项目管理实际，提出既能满足当前工程要求又有一定代表性的典型方案，根据现行的估算编制依据，优化假设条件，使典型造价更合理、更科学。

《电网生产技术改造与设备大修项目典型造价汇编（2023 年版） 通信/继电保护/自动化技改检修分册》为第六册，包含通信（技改）、继电保护（技改）、自动化（技改）、通信（检修）四部分，其中自动化（技改）专业适用于综合自动化改造等电网生产技术改造项目。

本分册共分为三篇，第一篇为总论，包括概述、编制过程、总说明；第二篇为典型方案造价，包含方案概况、主要技术条件、估算费用、电气设备材料和工程量等内容；第三篇为使用说明。

本分册典型造价应用时需与实际工作结合，充分考虑电网工程技术进步、国家政策等影响造价的各类因素。一是处理好与工程实际的关系。典型造价与工程实际的侧重点不同，但编制原则、技术条件一致，因此，在应用中可根据两者的特点，相互补充参考。二是因地制宜，加强对各类费用的控制。《2023 年版典型造价》按照《电网技术改造工程预算编制与计算规定（2020 年版）》（简称《预规》）计算了每个典型方案的具体造价，对于计价依据明确的费用，在实际工程设计评审等管理环节中必须严格把关；对于建设场地征用及清理费用等地区差异较大、计价依据未明确的费用，应进行合理的比较、分析与控制。

# 第16章 典型造价编制过程

典型造价编制工作于 2021 年 7 月启动，2023 年 8 月形成最终成果，期间召开 5 次研讨会，明确各阶段工作任务，对典型方案、估算编制原则和典型造价进行评审，提高典型造价科学性、正确性和合理性。具体编制过程如下：

2021 年 7～9 月，召开启动会，明确编制任务，研讨《电网生产技术改造工程典型造价（2017 版）》方案设置情况，结合项目实际情况，经多次会议讨论，梳理形成《2023 年版典型造价》方案清单。

2021 年 10～11 月，细化方案清单，明确典型方案的主要技术条件及主要工程量，明确对应的定额子目。在北京召开集中研讨会，审定典型方案的技术条件及设计规模，初步确定定额子目及配套使用规则。

2021 年 12 月～2022 年 4 月，国网经研院、国网河北电力统一编制标准、明确编制依据，各参研单位根据典型方案技术规模、《预规》等计价规范，编制形成典型造价案例库。

2022 年 5～11 月，在编制组内开展互查互审工作，对典型造价案例库的技术规模和定额计费情况征集修改意见，组织多轮修改工作和集中审查工作，统一《2023 年版典型造价》形式。

2022 年 12 月～2023 年 1 月，线上召开电网生产技改与设备大修项目典型造价汇报审查会议，根据审查意见，依据《国网设备部关于印发电网生产技术改造和设备大修项目估算编制指导意见的通知》（设备计划〔2022〕96 号文）调整典型造价估算书，并根据当前市场价格更新主要材料与设备价格。

2023 年 2～6 月，邀请国网湖北省电力有限公司、国网福建省电力有限公司对编制成果进行审查，同期组织第二次编制组内互查互审工作，对审查意见进行集中梳理研讨并对应完成修改工作。

2023 年 6～8 月，国网经研院与国网河北电力完成终稿校审工作。

# 第17章 典型造价总说明

典型造价编制严格执行国家有关法律法规、电网工程技术改造预算编制与计算规定和配套定额、电网检修工程预算编制与计算规定和配套定额，设备材料以 2022 年为价格水平基准年，结合实际工程情况，形成典型造价方案、确定典型造价编制依据。估算书的编制深度和内容符合现行《电网技术改造工程预算编制与计算规定（2020 年版）》及《电网检修工程预算编制与计算规定（2020 年版）》的要求，表现形式遵循《预规》规定的表格形式、项目划分及费用性质划分原则。

## 17.1 典型方案形成过程

本册典型方案从实际工程选取，参考河北、山东、江苏、河南、重庆、辽宁、宁夏、新疆等地区电网生产技术改造项目类型确定，典型方案形成过程如下：

（1）典型方案选择原则：根据造价水平相当的原则，科学合理归并方案，确保方案的适用性、典型性。

（2）典型方案选取：以各地区常见工程为基础，充分考虑地区差异，整理分析典型工程，按专业类型及工程规模形成主体框架。

（3）典型方案确定：根据不同地区、各电压等级电网生产技术改造项目特点，以单项工程为计价单元，优化提炼出具有一定代表性的典型方案。

（4）典型方案主要技术条件：明确典型方案的主要技术条件，确定各方案边界条件及组合原则。

（5）典型方案主要内容：确定各方案具体工作内容。

## 17.2 典型造价编制依据

（1）项目划分及取费执行国家能源局发布的《电网技术改造工程预算编制与计算规定（2020 年版）》及《电网检修工程预算编制与计算规定（2020 年版）》。

（2）定额采用《电网技术改造工程概算定额（2020 年版）》《电网技术改造工程预算定额（2020 年版）》《电网检修工程预算定额（2020 年版）》《电网拆除工程预算定额（2020 年版）》。

（3）措施费取费标准按北京地区（Ⅱ类地区）计取，不计列特殊地区施工增加费。

（4）定额价格水平调整执行《电力工程造价与定额管理总站关于发布 2020 版电网技术改造及检修工程概预算定额 2022 年上半年价格水平调整系数的通知》（定额〔2022〕21 号）相关规定。人工费和材机费调整金额只计取税金，汇总计入总表"编制基准期价差"。

（5）建筑地方材料根据《北京工程造价信息》（月刊〔总第 266 期〕）计列。

（6）电气设备及主要材料价格统一按照《电网工程设备材料信息参考价》（2022 年第三季

度）计列，信息价格中未含部分，按照 2022 年第三季度国家电网公司区域工程项目招标中标平均价计列。综合材料价格按《电力建设工程装置性材料综合信息价（2021 年版）》计列。

（7）住房公积金和社会保险费按北京标准执行，分别按 12% 和 28.3%（含基本养老保险、失业保险、基本医疗保险、生育保险、工伤保险）计取。

（8）甲供设备材料增值税税金按 13% 计列，乙供设备材料及施工增值税税金按 9% 计列，设计、监理、咨询等技术服务增值税税金按 6% 计列。

（9）取费表取费基数及费率见附录 A，其他费用取费基数及费率见附录 D。

## 17.3　典型造价编制相关说明

典型造价编制过程中通过广泛调研，明确了各专业设计方案的主要技术条件，确定了工程造价的编制原则及依据，具体如下：

（1）各典型造价技术方案中的环境条件按北京地区典型条件考虑，各参数假定条件为地形：平原；地貌：Ⅲ类土；海拔：2000m 以下；气温：−20～45℃。

（2）建筑材料按不含税价考虑，电气设备、主要材料按含税价考虑。

（3）设备、配件按供货至现场考虑，按设备、配件价格及相应计提比例计列卸车费，施工现场的配件保管费已在临时设施费和企业管理费等费用中综合考虑。

（4）设计费除计列基本设计费外，同时计列了施工图预算编制费和竣工图文件编制费，施工图预算编制若由施工队伍编制，则不应列入设计费中。

（5）多次进场增加费考虑综合情况，实际进出场次数按 1 次考虑。

（6）总费用中不计列基本预备费。

（7）"典型方案工程量表"与"典型方案电气设备材料表"中"序号"列显示内容包含项目划分的序号、定额编码、物料编码。其中项目划分的序号、定额编码与《预规》及定额保持一致。

（8）根据《预规》与定额要求需对定额进行调整时，在定额序号前标"调"，同时分别注明人材机的调整系数，其中"R"表示人工费，"C"表示材料费，"J"表示机械费。根据实际情况，没有与实际工作内容完全一致的定额时，需套用相关定额或其他定额时，在定额序号前标"参"，根据实际情况，定额中的人材机与定额子目明细不同时，套用此定额需在定额序号前加"换"。

## 17.4　典型造价编码规则

典型方案编码含义：

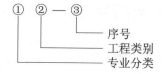

典型方案编码规则分别见表 17-1~表 17-3。

表 17-1                         专 业 分 类 编 码 规 则

| 专业分类 | 变电 | 输电 | 配电 | 通信 | 继电保护 | 自动化 |
|---|---|---|---|---|---|---|
| 技改代码 | A | B | C | D | E | F |
| 检修代码 | XA | XB | XC | XD | / | / |

表 17-2                         工 程 类 别 编 码 规 则

| 工程类别 | 综合自动化改造 |
|---|---|
| 代码 | 1 |

表 17-3                         序 号 编 码 规 则

| 流水号 | 1 | 2 | 3 | ... | N | N+1 |
|---|---|---|---|---|---|---|
| 代码 | 1 | 2 | 3 | ... | N | N+1 |

## 17.5 典型造价一览表

典型造价一览表为本册方案总览，包含方案编码、方案名称、主设备型号规格、方案规模、方案投资、设备购置费，详见表 17-4。

表 17-4                     自动化（技改）专业典型造价一览表

| 方案编码 | 方案名称 | 主设备型号规格 | 方案规模 | 方案投资 | 其中：设备购置费 |
|---|---|---|---|---|---|
| F | 自动化（技改）专业 | | | | |
| F1 | 综合自动化改造 | | | 万元 | 万元 |
| F1-1 | 35kV 综合自动化改造 | 综自系统含时间同步系统，低压侧为测保一体装置 | 1 套 | 108.00 | 60.77 |
| F1-2 | 66kV 综合自动化改造 | 综自系统含时间同步系统，低压侧为测保一体装置 | 1 套 | 217.65 | 136.60 |
| F1-3 | 110kV 综合自动化改造 | 综自系统含时间同步系统，低压侧为测保一体装置 | 1 套 | 271.10 | 137.90 |
| F1-4 | 220kV 综合自动化改造 | 综自系统含时间同步系统，低压侧为测保一体装置 | 1 套 | 434.85 | 216.38 |
| F1-5 | 500kV 综合自动化改造 | 综自系统含时间同步系统，低压侧为测保一体装置 | 1 套 | 588.05 | 258.87 |

# 第八篇　典型方案造价

## 第18章　综合自动化改造

**典型方案说明**

> 综合自动化改造典型方案共 5 个，包含 35、66、110、220、500kV 变电站全站综合自动化系统改造。所有典型方案的均为常规综自系统更换，配套增加时间同步系统，但不含其他单独配置的保护装置改造的情况，也不考虑一次设备配合改造的情况，布置方式均为室内集中布置。本典型方案不包含智能变电站内保护更换的方案。

### 18.1　F1-1 35kV 综合自动化改造

#### 18.1.1　典型方案主要内容

本典型方案为更换 1 套全站自动化设备，配套增加时间同步系统；不考虑拆除旧屏；不考虑新增屏柜基础，均按现场具备新屏位考虑。不考虑新增电缆沟，所有线缆均按在现有沟道内新敷设考虑。不考虑站内其他保护装置更换，不考虑二次安防设备更换，不考虑故障录波器及故障信息子站更换，不考虑端子箱更换。

#### 18.1.2　典型方案主要技术条件

典型方案 F1-1 主要技术条件见表 18-1。

表 18-1　　　　　　　　　　典型方案 F1-1 主要技术条件

| 方案名称 | 工程主要技术条件 | |
| --- | --- | --- |
| 35kV 综合自动化改造 | 电压等级 | 35kV |
| | 规格型号 | 综自系统含时间同步系统，低压侧为测保一体装置 |
| | 主要设备 | 35kV 监控系统 1 套、35kV、10kV 分段保护采用分段测保一体装置、备自投装置单独配置、时钟同步系统 1 套 |
| | 主接线方式 | 35kV 采用内桥接线，10kV 采用单母线分段接线 |
| | 变电站规模 | 2 台 35/10kV 主变压器，2×10MVA，有载调压；35kV：出线 2 回，2 个 TV，主变压器开关 2 个，内桥开关 1 个；10kV：2 个站用变压器，2 个 TV，主变压器开关 2 个，出线 8 条，电容器 2 个，分段开关 1 个 |

#### 18.1.3　典型方案估算书

估算投资为总投资，编制依据按第 17 章要求。典型方案 F1-1 估算书包括总估算汇总表、安装工程专业汇总表、拆除工程专业汇总表、其他费用估算表，分别见表 18-2～表 18-5。

**表 18-2**            **典型方案 F1-1 总估算汇总表**         金额单位：万元

| 序号 | 工程或费用名称 | 含税金额 | 占工程投资的比例（%） | 不含税金额 | 可抵扣增值税金额 |
|---|---|---|---|---|---|
| 一 | 建筑工程费 | | | | |
| 二 | 安装工程费 | 33.38 | 30.91 | 30.25 | 3.13 |
| 三 | 拆除工程费 | 1.07 | 0.99 | 0.98 | 0.09 |
| 四 | 设备购置费 | 60.77 | 56.27 | 53.78 | 6.99 |
| | 其中：编制基准期价差 | 0.55 | 0.51 | 0.55 | |
| 五 | 小计 | 95.22 | 88.17 | 85.01 | 10.21 |
| | 其中：甲供设备材料费 | 72.21 | 66.86 | 63.91 | 8.3 |
| 六 | 其他费用 | 12.78 | 11.83 | 12.78 | |
| 七 | 基本预备费 | | | | |
| 八 | 特殊项目 | | | | |
| 九 | 工程投资合计 | 108 | 100 | 97.79 | 10.21 |
| | 其中：可抵扣增值税金额 | 10.21 | | | 10.21 |
| | 其中：施工费 | 23.01 | 21.31 | 21.11 | 1.9 |

**表 18-3**            **典型方案 F1-1 安装工程专业汇总表**         金额单位：元

| 序号 | 工程或费用名称 | 安装工程费 | | | 设备购置费 | 合计 |
|---|---|---|---|---|---|---|
| | | 未计价材料费 | 安装费 | 小计 | | |
| | 安装工程 | 119473 | 214326 | 333799 | 607669 | 941467 |
| 四 | 控制及直流系统 | 116901 | 95760 | 212661 | 607669 | 820330 |
| 1 | 监控或监测系统 | 116901 | 95760 | 212661 | 607669 | 820330 |
| 1.1 | 计算机监控系统 | 116901 | 95760 | 212661 | 607669 | 820330 |
| 六 | 电缆防护设施 | 1838 | 2684 | 4522 | | 4522 |
| 2 | 电缆防火 | 1838 | 2684 | 4522 | | 4522 |
| 七 | 全站接地 | 733 | 66 | 799 | | 799 |
| 1 | 接地网 | 733 | 66 | 799 | | 799 |
| 九 | 调试 | | 115816 | 115816 | | 115816 |
| 1 | 分系统调试 | | 115816 | 115816 | | 115816 |
| | 合计 | 119473 | 214326 | 333799 | 607669 | 941467 |

**表 18-4**            **典型方案 F1-1 拆除工程专业汇总表**         金额单位：元

| 序号 | 工程或费用名称 | 拆除工程费 |
|---|---|---|
| | 拆除工程 | 10688 |
| | 安装拆除 | 10688 |
| 四 | 控制及直流系统 | 10688 |
| 1 | 监控或监测系统 | 10688 |
| 1.1 | 计算机监控系统 | 10688 |
| | 合计 | 10688 |

**表 18－5　　　　　　　　　典型方案 F1－1 其他费用估算表　　　　　　金额单位：元**

| 序号 | 工程或费用项目名称 | 编制依据及计算说明 | 合价 |
|---|---|---|---|
| 2 | 项目管理费 | | 33587 |
| 2.1 | 管理经费 | （建筑工程费＋安装工程费＋拆除工程费）×3.53% | 12160 |
| 2.2 | 招标费 | （建筑工程费＋安装工程费＋拆除工程费）×1.81% | 6235 |
| 2.3 | 工程监理费 | （建筑工程费＋安装工程费＋拆除工程费）×4.41% | 15192 |
| 3 | 项目技术服务费 | | 94229 |
| 3.1 | 前期工作费 | （建筑工程费＋安装工程费）×3.05% | 10181 |
| 3.3 | 工程勘察设计费 | | 77432 |
| 3.3.2 | 设计费 | 设计费×100% | 77432 |
| 3.4 | 设计文件评审费 | | 4790 |
| 3.4.1 | 初步设计文件评审费 | 基本设计费×3.5% | 2297 |
| 3.4.2 | 施工图文件评审费 | 基本设计费×3.8% | 2494 |
| 3.5 | 施工过程造价咨询及竣工结算审核费 | （建筑工程费＋安装工程费＋拆除工程费）×0.53% | 1826 |
| | 合计 | | 127816 |

### 18.1.4　典型方案电气设备材料表

典型方案 F1－1 电气设备材料表见表 18－6。

**表 18－6　　　　　　　　典型方案 F1－1 电气设备材料表**

| 序号 | 设备或材料名称 | 单位 | 数量 | 备注 |
|---|---|---|---|---|
| | 安装工程 | | | |
| 四 | 控制及直流系统 | | | |
| 1 | 监控或监测系统 | | | |
| 1.1 | 计算机监控系统 | | | |
| 500008897 | 变电站监控系统，AC35kV | 套 | 1 | |
| 二次设备 | 监控主机数据服务器 | 套 | 1 | 2台监控主机含一键顺控功能；其中1台监控主机含智能防误功能 |
| 二次设备 | 综合应用服务器 | 套 | 1 | |
| 二次设备 | Ⅰ区数据通信网关机兼图形网关机 | 台 | 2 | 带一键顺控数据通信功能 |
| 二次设备 | Ⅱ区数据通信网关机兼图形网关机 | 台 | 1 | |
| 二次设备 | Ⅳ区数据通信网关机 | 台 | 1 | |
| 二次设备 | 防火墙 | 台 | 1 | |
| 二次设备 | 正向隔离装置 | 台 | 1 | |

| 序号 | 设备或材料名称 | 单位 | 数量 | 备注 |
|---|---|---|---|---|
| 二次设备 | 反向隔离装置 | 台 | 1 | |
| 500008913 | 时间同步装置，AC35kV | 套 | 1 | |
| 二次设备 | 公用测控装置（站控） | 台 | 2 | |
| 二次设备 | 主变压器测控装置 | 台 | 6 | 1、2号主变压器高、低及本体测控 |
| 二次设备 | 10kV 站用变压器保护测控装置 | 台 | 2 | |
| 二次设备 | 10kV 线路保护测控装置 | 台 | 8 | |
| 二次设备 | 10kV 电容器保护测控装置 | 台 | 2 | |
| 二次设备 | 10kV 分段保护测控装置 | 台 | 1 | |
| 二次设备 | 10kV 备自投装置 | 台 | 1 | |
| 二次设备 | 10kV TV 并列装置 | 台 | 1 | |
| 二次设备 | 10kV 公用测控装置 | 台 | 2 | |
| 二次设备 | 35kV 公用测控装置 | 台 | 2 | |
| 二次设备 | 35kV 线路保护测控装置 | 台 | 2 | |
| 二次设备 | 网络打印机 | 台 | 1 | |
| 二次设备 | 交换机 | 台 | 4 | |
| 100000010 | 35kV 变电站控制电缆 | km | 4 | |
| 100000016 | 35kV 变电站电力电缆 | km | 1 | |
| 500128947 | 屏蔽双绞线 | m | 500 | |
| 500017121 | 超五类网络通信线 | m | 500 | |
| 500027477 | 接地铜缆≥100mm² | m | 12 | |
| 六 | 电缆防护措施 | | | |
| 2 | 电缆防火 | | | |
| 500011727 | 防火涂料 | t | 0.070 | |
| 500011738 | 防火堵料 | t | 0.140 | |

### 18.1.5　典型方案工程量表

典型方案 F1-1 工程量见表 18-7。

**表 18-7　　　　　　　　　典型方案 F1-1 工程量表**

| 序号 | 项目名称 | 单位 | 数量 | 备注 |
|---|---|---|---|---|
| | 安装工程 | | | |
| 四 | 控制及直流系统 | | | |
| 1 | 监控或监测系统 | | | |
| 1.1 | 计算机监控系统 | | | |

| 序号 | 项目名称 | 单位 | 数量 | 备注 |
|---|---|---|---|---|
| JGD4－2 | 控制、保护屏柜安装　保护屏柜　35kV 变电站 | 块 | 7 | |
| JGZ14－1 | 公共设备安装调测　通用计算机、打印机、扫描仪 | 台 | 1 | |
| JGZ11－5 | 交换机安装调测　网络交换机　盒式 | 台 | 4 | |
| JGD7－3 | 全站电缆敷设　控制电缆　全站 | 100m | 40 | |
| JGD7－1 | 全站电缆敷设　电力电缆 6kV 以下　全站 | 100m | 10 | |
| JGZ7－1 | 布放设备电缆　布放线缆 | 100m | 10 | |
| 六 | 电缆防护设施 | | | |
| 2 | 电缆防火 | | | |
| JGD7－11 | 电缆防火安装　防火涂料 | t | 0.070 | |
| JGD7－10 | 电缆防火安装　防火堵料 | t | 0.140 | |
| 九 | 调试 | | | |
| 1 | 分系统调试 | | | |
| 调 JGS1－1<br>R×0.8<br>C×0.8<br>J×0.8 | 电力变压器系统　10kV | 系统 | 2 | |
| 调 JGS1－2<br>R×0.8<br>C×0.8<br>J×0.8 | 电力变压器系统　35kV | 系统 | 2 | |
| JGS1－11 | 配电装置系统　10kV 断路器 | 间隔 | 11 | |
| JGS1－12 | 配电装置系统　35kV | 间隔 | 2 | |
| JGS1－40 | 备用自投系统　10kV | 系统 | 1 | |
| JGS1－99 | 时间同步系统　35kV | 站 | 1 | |
| | 拆除工程 | | | |
| | 安装拆除 | | | |
| 四 | 控制及直流系统 | | | |
| 1 | 监控或监测系统 | | | |
| 1.1 | 计算机监控系统 | | | |
| 调 CYD7－3<br>R×0.5<br>C×0.5<br>J×0.5 | 全站电缆拆除　控制电缆 | 100m | 32 | |
| 调 CYD7－1<br>R×0.5<br>C×0.5<br>J×0.5 | 全站电缆拆除　电力电缆 6kV 以下 | 100m | 6 | |
| 调 CYZ1－40<br>R×0.5<br>C×0.5<br>J×0.5 | 辅助设备拆除　设备电缆 | 100m | 8 | |

## 18.2 F1-2 66kV综合自动化改造

### 18.2.1 典型方案主要内容

本典型方案为更换1套全站自动化设备，配套增加时间同步系统；不考虑拆除旧屏；不考虑新增屏柜基础，均按现场具备新屏位考虑。不考虑新增电缆沟，所有线缆均按在现有沟道内新敷设考虑。不考虑站内其他保护装置更换，不考虑二次安防设备更换，不考虑故障录波器及故障信息子站更换，不考虑端子箱更换。

### 18.2.2 典型方案主要技术条件

典型方案F1-2主要技术条件见表18-8。

**表 18-8**                 **典型方案 F1-2 主要技术条件**

| 方案名称 | 工程主要技术条件 | |
| --- | --- | --- |
| 66kV综合自动化改造 | 电压等级 | 66kV |
| | 规格型号 | 综自系统含时间同步系统，低压侧为测保一体装置 |
| | 主要设备 | 66kV监控系统1套、10kV分段采用分段测保一体装置、备自投装置单独配置、时钟同步系统1套 |
| | 主接线方式 | 66kV采用单母线接线，10kV采用单母线分段接线 |
| | 变电站规模 | 2台66/10kV主变压器，2×40MVA，有载调压；66kV：1个TV，主变压器开关2个，线路4回；10kV：2个站用变压器，2个TV，主变压器开关2个，出线16条，电容器2个，分段开关1个 |

### 18.2.3 典型方案估算书

估算投资为总投资，编制依据按第17章要求。典型方案F1-2估算书包括总估算汇总表、安装工程专业汇总表、拆除工程专业汇总表、其他费用估算表，分别见表18-9～表18-12。

**表 18-9**                 **典型方案 F1-2 总估算汇总表**         金额单位：万元

| 序号 | 工程或费用名称 | 含税金额 | 占工程投资的比例（%） | 不含税金额 | 可抵扣增值税金额 |
| --- | --- | --- | --- | --- | --- |
| 一 | 建筑工程费 | | | | |
| 二 | 安装工程费 | 56.6 | 26.01 | 51.3 | 5.3 |
| 三 | 拆除工程费 | 1.85 | 0.85 | 1.7 | 0.15 |
| 四 | 设备购置费 | 136.6 | 62.76 | 120.89 | 15.71 |
| | 其中：编制基准期价差 | 0.96 | 0.44 | 0.96 | |
| 五 | 小计 | 195.05 | 89.62 | 173.89 | 21.16 |
| | 其中：甲供设备材料费 | 156.03 | 71.69 | 138.09 | 17.94 |
| 六 | 其他费用 | 22.6 | 10.38 | 22.6 | |
| 七 | 基本预备费 | | | | |

续表

| 序号 | 工程或费用名称 | 含税金额 | 占工程投资的比例（%） | 不含税金额 | 可抵扣增值税金额 |
|---|---|---|---|---|---|
| 八 | 特殊项目 | | | | |
| 九 | 工程投资合计 | 217.65 | 100 | 196.49 | 21.16 |
| | 其中：可抵扣增值税金额 | 21.16 | | | 21.16 |
| | 其中：施工费 | 39.02 | 17.93 | 35.8 | 3.22 |

**表 18-10**　　　　　　　**典型方案 F1-2 安装工程专业汇总表**　　　　　金额单位：元

| 序号 | 工程或费用名称 | 安装工程费 | | | 设备购置费 | 合计 |
|---|---|---|---|---|---|---|
| | | 未计价材料费 | 安装费 | 小计 | | |
| | 安装工程 | 199587 | 366448 | 566035 | 1365993 | 1932028 |
| 四 | 控制及直流系统 | 196832 | 169209 | 366041 | 1365993 | 1732034 |
| 1 | 监控或监测系统 | 196832 | 169209 | 366041 | 1365993 | 1732034 |
| 1.1 | 计算机监控系统 | 196832 | 169209 | 366041 | 1365993 | 1732034 |
| 六 | 电缆防护设施 | 1838 | 2671 | 4509 | | 4509 |
| 2 | 电缆防火 | 1838 | 2671 | 4509 | | 4509 |
| 七 | 全站接地 | 916 | 82 | 999 | | 999 |
| 1 | 接地网 | 916 | 82 | 999 | | 999 |
| 九 | 调试 | | 194486 | 194486 | | 194486 |
| 1 | 分系统调试 | | 194486 | 194486 | | 194486 |
| | 合计 | 199587 | 366448 | 566035 | 1365993 | 1932028 |

**表 18-11**　　　　　　　**典型方案 F1-2 拆除工程专业汇总表**　　　　　金额单位：元

| 序号 | 工程或费用名称 | 拆除工程费 |
|---|---|---|
| | 拆除工程 | 18506 |
| | 安装拆除 | 18506 |
| 四 | 控制及直流系统 | 18506 |
| 1 | 监控或监测系统 | 18506 |
| 1.1 | 计算机监控系统 | 18506 |
| | 合计 | 18506 |

**表 18-12**　　　　　　　**典型方案 F1-2 其他费用估算表**　　　　　金额单位：元

| 序号 | 工程或费用项目名称 | 编制依据及计算说明 | 合价 |
|---|---|---|---|
| 2 | 项目管理费 | | 56993 |
| 2.1 | 管理经费 | （建筑工程费+安装工程费+拆除工程费）×3.53% | 20634 |
| 2.2 | 招标费 | （建筑工程费+安装工程费+拆除工程费）×1.81% | 10580 |

| 序号 | 工程或费用项目名称 | 编制依据及计算说明 | 合价 |
|---|---|---|---|
| 2.3 | 工程监理费 | （建筑工程费＋安装工程费＋拆除工程费）×4.41% | 25778 |
| 3 | 项目技术服务费 | | 169001 |
| 3.1 | 前期工作费 | （建筑工程费＋安装工程费）×3.05% | 17264 |
| 3.3 | 工程勘察设计费 | | 139979 |
| 3.3.2 | 设计费 | 设计费×100% | 139979 |
| 3.4 | 设计文件评审费 | | 8660 |
| 3.4.1 | 初步设计文件评审费 | 基本设计费×3.5% | 4152 |
| 3.4.2 | 施工图文件评审费 | 基本设计费×3.8% | 4508 |
| 3.5 | 施工过程造价咨询及竣工结算审核费 | （建筑工程费＋安装工程费＋拆除工程费）×0.53% | 3098 |
| | 合计 | | 225994 |

### 18.2.4 典型方案电气设备材料表

典型方案 F1－2 电气设备材料表见表 18－13。

**表 18－13**           **典型方案 F1－2 电气设备材料表**

| 序号 | 设备或材料名称 | 单位 | 数量 | 备注 |
|---|---|---|---|---|
| | 安装工程 | | | |
| 四 | 控制及直流系统 | | | |
| 1 | 监控或监测系统 | | | |
| 1.1 | 计算机监控系统 | | | |
| 500008901 | 变电站监控系统，AC66kV | 套 | 1 | |
| 二次设备 | 监控主机数据服务器 | 套 | 1 | 2台监控主机含一键顺控功能；其中1台监控主机含智能防误功能 |
| 二次设备 | 综合应用服务器 | 套 | 1 | |
| 二次设备 | Ⅰ区数据通信网关机兼图形网关机 | 台 | 2 | 带一键顺控数据通信功能 |
| 二次设备 | Ⅱ区数据通信网关机兼图形网关机 | 台 | 1 | |
| 二次设备 | Ⅳ区数据通信网关机 | 台 | 1 | |
| 二次设备 | 防火墙 | 台 | 1 | |
| 二次设备 | 正向隔离装置 | 台 | 1 | |
| 二次设备 | 反向隔离装置 | 台 | 1 | |
| 500008918 | 时间同步装置，AC66kV | 套 | 1 | |
| 二次设备 | 公用测控装置 | 台 | 2 | |

续表

| 序号 | 设备或材料名称 | 单位 | 数量 | 备注 |
|---|---|---|---|---|
| 二次设备 | 主变压器测控装置 | 台 | 6 | 1、2 号主变压器高、低及本体测控 |
| 二次设备 | 10kV 站用变压器保护测控装置 | 台 | 2 | |
| 二次设备 | 10kV 线路保护测控装置 | 台 | 16 | |
| 二次设备 | 10kV 电容器保护测控装置 | 台 | 2 | |
| 二次设备 | 10kV 分段保护测控装置 | 台 | 1 | |
| 二次设备 | 10kV 备自投装置 | 台 | 1 | |
| 二次设备 | 10kV TV 并列装置 | 台 | 1 | |
| 二次设备 | 10kV 公用测控装置 | 台 | 2 | |
| 二次设备 | 66kV 公用测控装置 | 台 | 1 | |
| 二次设备 | 66kV 线路测控装置 | 台 | 4 | |
| 二次设备 | 网络打印机 | 台 | 1 | |
| 二次设备 | 交换机 | 台 | 4 | |
| 100000011 | 66kV 变电站控制电缆 | km | 6 | |
| 100000017 | 66kV 变电站电力电缆 | km | 2 | |
| 500128947 | 屏蔽双绞线 | m | 500 | |
| 500017121 | 超五类网络通信线 | m | 800 | |
| 500027477 | 接地铜缆≥100mm² | m | 15 | |
| 六 | 电缆防护措施 | | | |
| 2 | 电缆防火 | | | |
| 500011727 | 防火涂料 | t | 0.070 | |
| 500011738 | 防火堵料 | t | 0.140 | |

### 18.2.5 典型方案工程量表

典型方案 F1-2 工程量见表 18-14。

**表 18-14　　　　　　　　　典型方案 F1-2 工程量表**

| 序号 | 项目名称 | 单位 | 数量 | 备注 |
|---|---|---|---|---|
| | 安装工程 | | | |
| 四 | 控制及直流系统 | | | |
| 1 | 监控或监测系统 | | | |
| 1.1 | 计算机监控系统 | | | |
| 调 JGD4-3<br>R×0.88<br>C×0.88<br>J×0.88 | 控制、保护屏柜安装　保护屏柜　110kV 变电站 | 块 | 10 | |

续表

| 序号 | 项目名称 | 单位 | 数量 | 备注 |
|---|---|---|---|---|
| JGZ14－1 | 公共设备安装调测　通用计算机、打印机、扫描仪 | 台 | 1 | |
| JGZ11－5 | 交换机安装调测　网络交换机　盒式 | 台 | 4 | |
| JGD7－3 | 全站电缆敷设　控制电缆　全站 | 100m | 60 | |
| JGD7－1 | 全站电缆敷设　电力电缆 6kV 以下　全站 | 100m | 20 | |
| JGZ7－1 | 布放设备电缆　布放线缆 | 100m | 13 | |
| 六 | 电缆防护设施 | | | |
| 2 | 电缆防火 | | | |
| JGD7－11 | 电缆防火安装　防火涂料 | t | 0.070 | |
| JGD7－10 | 电缆防火安装　防火堵料 | t | 0.140 | |
| 九 | 调试 | | | |
| 1 | 分系统调试 | | | |
| 调 JGS1－1<br>R×0.8<br>C×0.8<br>J×0.8 | 电力变压器系统　10kV | 系统 | 2 | |
| 调 JGS1－3<br>R×0.68<br>C×0.68<br>J×0.68 | 电力变压器系统　110kV | 系统 | 2 | |
| JGS1－11 | 配电装置系统　10kV　断路器 | 间隔 | 19 | |
| 调 JGS1－13<br>R×0.88<br>C×0.88<br>J×0.88 | 配电装置系统　110kV | 间隔 | 4 | |
| JGS1－40 | 备用自投系统　10kV | 系统 | 1 | |
| 调 JGS1－100<br>R×0.88<br>C×0.88<br>J×0.88 | 时间同步系统　110kV | 站 | 1 | |
| | 拆除工程 | | | |
| | 安装拆除 | | | |
| 四 | 控制及直流系统 | | | |
| 1 | 监控或监测系统 | | | |
| 1.1 | 计算机监控系统 | | | |
| 调 CYD7－3<br>R×0.5<br>C×0.5<br>J×0.5 | 全站电缆拆除　控制电缆 | 100m | 52 | |
| 调 CYD7－1<br>R×0.5<br>C×0.5<br>J×0.5 | 全站电缆拆除．电力电缆 6kV 以下 | 100m | 14 | |
| 调 CYZ1－40<br>R×0.5<br>C×0.5<br>J×0.5 | 辅助设备拆除　设备电缆 | 100m | 10 | |

### 18.3　F1-3 110kV 综合自动化改造

#### 18.3.1　典型方案主要内容

本典型方案为更换 1 套全站自动化设备，配套增加时间同步系统；不考虑拆除旧屏；不考虑新增屏柜基础，均按现场具备新屏位考虑。不考虑新增电缆沟，所有线缆均按在现有沟道内新敷设考虑。不考虑站内其他保护装置更换，不考虑二次安防设备更换，不考虑故障录波器及故障信息子站更换，不考虑端子箱更换。

#### 18.3.2　典型方案主要技术条件

典型方案 F1-3 主要技术条件见表 18-15。

表 18-15　　　　　　　　　　　　典型方案 F1-3 主要技术条件

| 方案名称 | 工程主要技术条件 | |
|---|---|---|
| 110kV 综合自动化改造 | 电压等级 | 110kV |
| | 规格型号 | 综自系统含时间同步系统，低压侧为测保一体装置 |
| | 主要设备 | 110kV 监控系统 1 套、110kV 分段测控独立配置、35kV、10kV 分段采用分段测保一体装置、备自投装置单独配置、时钟同步系统 1 套，组控制屏柜 2 面，保护屏柜 2 面 |
| | 主接线方式 | 110kV 采用单母分段接线，35kV 采用单母线分段接线，10kV 采用单母线分段接线 |
| | 变电站规模 | 2 台 110/35/10kV 主变压器，2×50MVA，有载调压；110kV：2 个 TV，主变压器开关 2 个，线路 4 回，分段开关 1 个；35kV：2 个 TV，主变压器开关 2 个，出线 6 回，分段开关 1 个；10kV：2 个站用变压器，2 个 TV，主变压器开关 2 个，出线 16 回，电容器 4 个，分段开关 1 个 |

#### 18.3.3　典型方案估算书

估算投资为总投资，编制依据按第 17 章要求。典型方案 F1-3 估算书包括总估算汇总表、安装工程专业汇总表、拆除工程专业汇总表、其他费用估算表，分别见表 18-16～表 18-19。

表 18-16　　　　　　　　　　典型方案 F1-3 总估算汇总表　　　　　　　金额单位：万元

| 序号 | 工程或费用名称 | 含税金额 | 占工程投资的比例（%） | 不含税金额 | 可抵扣增值税金额 |
|---|---|---|---|---|---|
| 一 | 建筑工程费 | | | | |
| 二 | 安装工程费 | 98.86 | 36.47 | 89.49 | 9.37 |
| 三 | 拆除工程费 | 3.48 | 1.28 | 3.19 | 0.29 |
| 四 | 设备购置费 | 137.9 | 50.87 | 122.04 | 15.86 |
| | 其中：编制基准期价差 | 1.58 | 0.58 | 1.58 | |
| 五 | 小计 | 240.24 | 88.62 | 214.72 | 25.52 |
| | 其中：甲供设备材料费 | 175.13 | 64.6 | 154.99 | 20.14 |

续表

| 序号 | 工程或费用名称 | 含税金额 | 占工程投资的比例（%） | 不含税金额 | 可抵扣增值税金额 |
|---|---|---|---|---|---|
| 六 | 其他费用 | 30.86 | 11.38 | 30.86 | |
| 七 | 基本预备费 | | | | |
| 八 | 特殊项目 | | | | |
| 九 | 工程投资合计 | 271.1 | 100 | 245.58 | 25.52 |
| | 其中：可抵扣增值税金额 | 25.52 | | | 25.52 |
| | 其中：施工费 | 65.11 | 24.02 | 59.73 | 5.38 |

**表 18−17**　　　　　　　　　**典型方案 F1−3 安装工程专业汇总表**　　　　　金额单位：元

| 序号 | 工程或费用名称 | 安装工程费 | | | 设备购置费 | 合计 |
|---|---|---|---|---|---|---|
| | | 未计价材料费 | 安装费 | 小计 | | |
| | 安装工程 | 383786 | 604806 | 988593 | 1379016 | 2367609 |
| 四 | 控制及直流系统 | 376305 | 283771 | 660076 | 1379016 | 2039092 |
| 1 | 监控或监测系统 | 376305 | 283771 | 660076 | 1379016 | 2039092 |
| 1.1 | 计算机监控系统 | 376305 | 283771 | 660076 | 1379016 | 2039092 |
| 六 | 电缆防护设施 | 6566 | 9586 | 16152 | | 16152 |
| 2 | 电缆防火 | 6566 | 9586 | 16152 | | 16152 |
| 七 | 全站接地 | 916 | 82 | 999 | | 999 |
| 1 | 接地网 | 916 | 82 | 999 | | 999 |
| 九 | 调试 | | 311367 | 311367 | | 311367 |
| 1 | 分系统调试 | | 311367 | 311367 | | 311367 |
| | 合计 | 383786 | 604806 | 988593 | 1379016 | 2367609 |

**表 18−18**　　　　　　　　　**典型方案 F1−3 拆除工程专业汇总表**　　　　　金额单位：元

| 序号 | 工程或费用名称 | 拆除工程费 |
|---|---|---|
| | 拆除工程 | 34824 |
| | 安装拆除 | 34824 |
| 四 | 控制及直流系统 | 34824 |
| 1 | 监控或监测系统 | 34824 |
| 1.1 | 计算机监控系统 | 34824 |
| | 合计 | 34824 |

表 18－19　　　　　　　　　　典型方案 F1－3 其他费用估算表　　　　　　金额单位：元

| 序号 | 工程或费用项目名称 | 编制依据及计算说明 | 合价 |
|---|---|---|---|
| 2 | 项目管理费 | | 99783 |
| 2.1 | 管理经费 | （建筑工程费＋安装工程费＋拆除工程费）×3.53% | 36127 |
| 2.2 | 招标费 | （建筑工程费＋安装工程费＋拆除工程费）×1.81% | 18524 |
| 2.3 | 工程监理费 | （建筑工程费＋安装工程费＋拆除工程费）×4.41% | 45133 |
| 3 | 项目技术服务费 | | 208826 |
| 3.1 | 前期工作费 | （建筑工程费＋安装工程费）×3.05% | 30152 |
| 3.3 | 工程勘察设计费 | | 163157 |
| 3.3.2 | 设计费 | 设计费×100% | 163157 |
| 3.4 | 设计文件评审费 | | 10094 |
| 3.4.1 | 初步设计文件评审费 | 基本设计费×3.5% | 4839 |
| 3.4.2 | 施工图文件评审费 | 基本设计费×3.8% | 5254 |
| 3.5 | 施工过程造价咨询及竣工结算审核费 | （建筑工程费＋安装工程费＋拆除工程费）×0.53% | 5424 |
| | 合计 | | 308610 |

## 18.3.4　典型方案电气设备材料表

典型方案 F1－3 电气设备材料表见表 18－20。

表 18－20　　　　　　　　　　典型方案 F1－3 电气设备材料表

| 序号 | 设备或材料名称 | 单位 | 数量 | 备注 |
|---|---|---|---|---|
| | 安装工程 | | | |
| 四 | 控制及直流系统 | | | |
| 1 | 监控或监测系统 | | | |
| 1.1 | 计算机监控系统 | | | |
| 500008896 | 变电站监控系统，AC110kV | 套 | 1 | |
| 二次设备 | 监控主机数据服务器 | 套 | 1 | 2 台监控主机含一键顺控功能；其中1 台监控主机含智能防误功能 |
| 二次设备 | 综合应用服务器 | 套 | 1 | |
| 二次设备 | Ⅰ区数据通信网关机兼图形网关机 | 台 | 2 | 带一键顺控数据通信功能 |
| 二次设备 | Ⅱ区数据通信网关机兼图形网关机 | 台 | 1 | |
| 二次设备 | Ⅳ区数据通信网关机 | 台 | 1 | |
| 二次设备 | 防火墙 | 台 | 1 | |
| 二次设备 | 正向隔离装置 | 台 | 1 | |

续表

| 序号 | 设备或材料名称 | 单位 | 数量 | 备注 |
|---|---|---|---|---|
| 二次设备 | 反向隔离装置 | 台 | 1 | |
| 500008914 | 时间同步装置，AC110kV | 套 | 1 | |
| 二次设备 | 公用测控装置 | 台 | 2 | |
| 二次设备 | 主变压器测控装置 | 台 | 8 | 1、2号主变压器高、中、低及本体测控 |
| 二次设备 | 10kV站用变压器保护测控装置 | 台 | 2 | |
| 二次设备 | 10kV线路保护测控装置 | 台 | 16 | |
| 二次设备 | 10kV电容器保护测控装置 | 台 | 4 | |
| 二次设备 | 10kV分段保护测控装置 | 台 | 1 | |
| 二次设备 | 10kV备自投装置 | 台 | 1 | |
| 二次设备 | 10kV TV并列装置 | 台 | 1 | |
| 二次设备 | 35kV TV并列装置 | 台 | 1 | |
| 二次设备 | 110kV TV并列装置 | 台 | 1 | |
| 二次设备 | 10kV公用测控装置 | 台 | 2 | |
| 二次设备 | 35kV公用测控装置 | 台 | 2 | |
| 二次设备 | 110kV公用测控装置 | 台 | 2 | |
| 二次设备 | 35kV分段保护测控装置 | 台 | 1 | |
| 二次设备 | 35kV备自投装置 | 台 | 1 | |
| 二次设备 | 35kV线路保护测控装置 | 台 | 6 | |
| 二次设备 | 交换机 | 台 | 6 | |
| 二次设备 | 110kV分段测控装置 | 台 | 1 | |
| 二次设备 | 110kV线路测控装置 | 台 | 4 | |
| 100000012 | 110kV变电站控制电缆 | km | 13 | |
| 100000018 | 110kV变电站电力电缆 | km | 3 | |
| 500128947 | 屏蔽双绞线 | m | 800 | |
| 500017121 | 超五类网络通信线 | m | 800 | |
| 500027477 | 接地铜缆≥100mm$^2$ | m | 15 | |
| 六 | 电缆防护措施 | | | |
| 2 | 电缆防火 | | | |
| 500011727 | 防火涂料 | t | 0.250 | |
| 500011738 | 防火堵料 | t | 0.500 | |

### 18.3.5　典型方案工程量表

典型方案 F1-3 工程量见表 18-21。

表 18－21　　　　　　　　　典型方案 F1－3 工程量表

| 序号 | 项目名称 | 单位 | 数量 | 备注 |
|---|---|---|---|---|
| | 安装工程 | | | |
| 四 | 控制及直流系统 | | | |
| 1 | 监控或监测系统 | | | |
| 1.1 | 计算机监控系统 | | | |
| JGD4－3 | 控制、保护屏柜安装　保护屏柜　110kV 变电站 | 块 | 11 | |
| JGZ11－5 | 交换机安装调测　网络交换机　盒式 | 台 | 6 | |
| JGD7－3 | 全站电缆敷设　控制电缆　全站 | 100m | 130 | |
| JGD7－1 | 全站电缆敷设　电力电缆 6kV 以下　全站 | 100m | 30 | |
| JGZ7－1 | 布放设备电缆　布放线缆 | 100m | 16 | |
| 六 | 电缆防护设施 | | | |
| 2 | 电缆防火 | | | |
| JGD7－11 | 电缆防火安装　防火涂料 | t | 0.250 | |
| JGD7－10 | 电缆防火安装　防火堵料 | t | 0.500 | |
| 九 | 调试 | | | |
| 1 | 分系统调试 | | | |
| 调 JGS1－1<br>R×0.8<br>C×0.8<br>J×0.8 | 电力变压器系统　10kV | 系统 | 2 | |
| 调 JGS1－3<br>R×0.8<br>C×0.8<br>J×0.8 | 电力变压器系统　110kV | 系统 | 2 | |
| 调 JGS1－11<br>J×0.8 | 配电装置系统　10kV 断路器 | 间隔 | 21 | |
| JGS1－12 | 配电装置系统　35kV | 间隔 | 7 | |
| JGS1－13 | 配电装置系统　110kV | 间隔 | 5 | |
| JGS1－40 | 备用自投系统　10kV | 系统 | 1 | |
| JGS1－41 | 备用自投系统　35kV | 系统 | 1 | |
| JGS1－100 | 时间同步系统　110kV | 站 | 1 | |
| | 拆除工程 | | | |
| | 安装拆除 | | | |
| 四 | 控制及直流系统 | | | |
| 1 | 监控或监测系统 | | | |
| 1.1 | 计算机监控系统 | | | |
| 调 CYD7－3<br>R×0.5<br>C×0.5<br>J×0.5 | 全站电缆拆除　控制电缆 | 100m | 110 | |

| 序号 | 项目名称 | 单位 | 数量 | 备注 |
|---|---|---|---|---|
| 调 CYD7 – 1<br>R × 0.5<br>C × 0.5<br>J × 0.5 | 全站电缆拆除 电力电缆 6kV 以下 | 100m | 23 | |
| 调 CYZ1 – 40<br>R × 0.5<br>C × 0.5<br>J × 0.5 | 辅助设备拆除 设备电缆 | 100m | 12 | |

## 18.4 F1–4 220kV 综合自动化改造

### 18.4.1 典型方案主要内容

本典型方案为更换 1 套全站自动化设备，配套增加时间同步系统；不考虑拆除旧屏；不考虑新增屏柜基础，均按现场具备新屏位考虑。不考虑新增电缆沟，所有线缆均按在现有沟道内新敷设考虑。不考虑站内其他保护装置更换，不考虑二次安防设备更换，不考虑故障录波器及故障信息子站更换，不考虑端子箱更换。

### 18.4.2 典型方案主要技术条件

典型方案 F1–4 主要技术条件见表 18–22。

表 18–22　　　　　　　　　　典型方案 F1–4 主要技术条件

| 方案名称 | 工程主要技术条件 | |
|---|---|---|
| 220kV 综合自动化改造 | 电压等级 | 220kV |
| | 规格型号 | 综自系统含时间同步系统，低压侧为测保一体装置 |
| | 主要设备 | 220kV 监控系统 1 套、10kV 分段采用分段测保一体装置、备自投装置单独配置、时钟同步系统 1 套 |
| | 主接线方式 | 220kV 采用双母线接线，110kV 采用双母线接线，10kV 采用单母线分段接线 |
| | 变电站规模 | 2 台 220/110/10kV 主变压器，2×180MVA，有载调压；220kV：2 个 TV，线路 6 回，主变压器开关 2 个，母联开关 1 个；110kV：2 个 TV，主变压器开关 2 个，出线 12 回，母联开关 1 个；10kV：2 个站用变压器，2 个 TV，主变压器开关 2 个，出线 24 回，电容器（电抗器）8 个，分段开关 1 个 |

### 18.4.3 典型方案估算书

估算投资为总投资，编制依据按第 17 章要求。典型方案 F1–4 估算书包括总估算汇总表、安装工程专业汇总表、拆除工程专业汇总表、其他费用估算表，分别见表 18–23～表 18–26。

表 18-23　　典型方案 F1-4 总估算汇总表　　金额单位：万元

| 序号 | 工程或费用名称 | 含税金额 | 占工程投资的比例（%） | 不含税金额 | 可抵扣增值税金额 |
|---|---|---|---|---|---|
| 一 | 建筑工程费 | | | | |
| 二 | 安装工程费 | 166.06 | 38.19 | 150.62 | 15.44 |
| 三 | 拆除工程费 | 4.64 | 1.07 | 4.26 | 0.38 |
| 四 | 设备购置费 | 216.38 | 49.76 | 191.5 | 24.88 |
| | 其中：编制基准期价差 | 2.88 | 0.66 | 2.88 | |
| 五 | 小计 | 387.08 | 89.01 | 346.38 | 40.7 |
| | 其中：甲供设备材料费 | 269.49 | 61.97 | 238.5 | 30.99 |
| 六 | 其他费用 | 47.77 | 10.99 | 47.77 | |
| 七 | 基本预备费 | | | | |
| 八 | 特殊项目 | | | | |
| 九 | 工程投资合计 | 434.85 | 100 | 394.15 | 40.7 |
| | 其中：可抵扣增值税金额 | 40.7 | | | 40.7 |
| | 其中：施工费 | 117.58 | 27.04 | 107.87 | 9.71 |

表 18-24　　典型方案 F1-4 安装工程专业汇总表　　金额单位：元

| 序号 | 工程或费用名称 | 安装工程费 | | | 设备购置费 | 合计 |
|---|---|---|---|---|---|---|
| | | 未计价材料费 | 安装费 | 小计 | | |
| | 安装工程 | 558568 | 1102061 | 1660628 | 2163776 | 3824404 |
| 四 | 控制及直流系统 | 535167 | 481905 | 1017072 | 2163776 | 3180848 |
| 1 | 监控或监测系统 | 535167 | 481905 | 1017072 | 2163776 | 3180848 |
| 1.1 | 计算机监控系统 | 535167 | 481905 | 1017072 | 2163776 | 3180848 |
| 六 | 电缆防护设施 | 11183 | 16343 | 27526 | | 27526 |
| 2 | 电缆防火 | 11183 | 16343 | 27526 | | 27526 |
| 七 | 全站接地 | 12218 | 1100 | 13317 | | 13317 |
| 1 | 接地网 | 12218 | 1100 | 13317 | | 13317 |
| 九 | 调试 | | 602713 | 602713 | | 602713 |
| 1 | 分系统调试 | | 602713 | 602713 | | 602713 |
| | 合计 | 558568 | 1102061 | 1660628 | 2163776 | 3824404 |

表 18-25　　典型方案 F1-4 拆除工程专业汇总表　　金额单位：元

| 序号 | 工程或费用名称 | 拆除工程费 |
|---|---|---|
| | 拆除工程 | 46367 |
| | 安装拆除 | 46367 |
| 四 | 控制及直流系统 | 46367 |
| 1 | 监控或监测系统 | 46367 |
| 1.1 | 计算机监控系统 | 46367 |
| | 合计 | 46367 |

表 18-26 典型方案 F1-4 其他费用估算表  金额单位：元

| 序号 | 工程或费用项目名称 | 编制依据及计算说明 | 合价 |
|---|---|---|---|
| 2 | 项目管理费 | | 166432 |
| 2.1 | 管理经费 | （建筑工程费＋安装工程费＋拆除工程费）×3.53% | 60257 |
| 2.2 | 招标费 | （建筑工程费＋安装工程费＋拆除工程费）×1.81% | 30897 |
| 2.3 | 工程监理费 | （建筑工程费＋安装工程费＋拆除工程费）×4.41% | 75279 |
| 3 | 项目技术服务费 | | 311275 |
| 3.1 | 前期工作费 | （建筑工程费＋安装工程费）×3.05% | 50649 |
| 3.3 | 工程勘察设计费 | | 236922 |
| 3.3.2 | 设计费 | 设计费×100% | 236922 |
| 3.4 | 设计文件评审费 | | 14657 |
| 3.4.1 | 初步设计文件评审费 | 基本设计费×3.5% | 7027 |
| 3.4.2 | 施工图文件评审费 | 基本设计费×3.8% | 7630 |
| 3.5 | 施工过程造价咨询及竣工结算审核费 | （建筑工程费＋安装工程费＋拆除工程费）×0.53% | 9047 |
| | 合计 | | 477707 |

### 18.4.4 典型方案电气设备材料表

典型方案 F1-4 电气设备材料表见表 18-27。

表 18-27 典型方案 F1-4 电气设备材料表

| 序号 | 设备或材料名称 | 单位 | 数量 | 备注 |
|---|---|---|---|---|
| | 安装工程 | | | |
| 四 | 控制及直流系统 | | | |
| 1 | 监控或监测系统 | | | |
| 1.1 | 计算机监控系统 | | | |
| 500008899 | 变电站监控系统，AC220kV | 套 | 1 | |
| 二次设备 | 监控主机数据服务器 | 套 | 2 | |
| 二次设备 | 综合应用服务器 | 套 | 1 | |
| 二次设备 | Ⅰ区数据通信网关机兼图形网关机 | 台 | 2 | |
| 二次设备 | Ⅱ区数据通信网关机兼图形网关机 | 台 | 2 | |
| 二次设备 | Ⅲ/Ⅳ区数据通信网关机 | 台 | 2 | |
| 二次设备 | 防火墙 | 台 | 2 | |
| 二次设备 | 正向隔离装置 | 台 | 2 | |
| 二次设备 | 反向隔离装置 | 台 | 1 | |
| 500008911 | 时间同步装置，AC220kV | 套 | 1 | |
| 二次设备 | 公用测控装置 | 台 | 2 | |

| 序号 | 设备或材料名称 | 单位 | 数量 | 备注 |
|---|---|---|---|---|
| 二次设备 | 主变压器测控装置 | 台 | 8 | 1、2号主变压器高、中、低及本体测控 |
| 二次设备 | 220kV 线路测控装置 | 台 | 6 | |
| 二次设备 | 220kV 母联测控装置 | 台 | 1 | |
| 二次设备 | 110kV 线路测控装置 | 台 | 12 | |
| 二次设备 | 110kV 分段测控装置 | 台 | 1 | |
| 二次设备 | 10kV 站用变压器保护测控装置 | 台 | 2 | |
| 二次设备 | 10kV 线路保护测控装置 | 台 | 24 | |
| 二次设备 | 10kV 电容器保护测控装置 | 台 | 8 | |
| 二次设备 | 10kV 分段保护测控装置 | 台 | 1 | |
| 二次设备 | 10kV 备自投装置 | 台 | 1 | |
| 二次设备 | 10kV TV 并列装置 | 台 | 1 | |
| 二次设备 | 110kV TV 并列装置 | 台 | 1 | |
| 二次设备 | 220kV TV 并列装置 | 台 | 1 | |
| 二次设备 | 220kV 公用测控装置 | 台 | 2 | |
| 二次设备 | 110kV 公用测控装置 | 台 | 2 | |
| 二次设备 | 10kV 公用测控装置 | 台 | 2 | |
| 二次设备 | 交换机 | 台 | 10 | |
| 二次设备 | 网络打印机 | 台 | 1 | |
| | 铠装光缆双模 12 芯 | km | 0.500 | 2 根 |
| 100000013 | 220kV 变电站控制电缆 | km | 18 | |
| 100000019 | 220kV 变电站电力电缆 | km | 4 | |
| 500128947 | 屏蔽双绞线 | m | 800 | |
| 500017121 | 超五类网络通信线 | m | 1000 | |
| 500027477 | 接地铜缆≥100mm² | m | 200 | |
| 六 | 电缆防护措施 | | | |
| 2 | 电缆防火 | | | |
| 500011727 | 防火涂料 | t | 0.450 | |
| 500011738 | 防火堵料 | t | 0.750 | |

### 18.4.5 典型方案工程量表

典型方案 F1-4 工程量见表 18-28。

**表 18－28** 典型方案 F1－4 工程量表

| 序号 | 项目名称 | 单位 | 数量 | 备注 |
|---|---|---|---|---|
| | 安装工程 | | | |
| 四 | 控制及直流系统 | | | |
| 1 | 监控或监测系统 | | | |
| 1.1 | 计算机监控系统 | | | |
| JGD4－4 | 控制、保护屏柜安装 保护屏柜 220kV 变电站 | 块 | 20 | |
| JGZ14－1 | 公共设备安装调测 通用计算机、打印机、扫描仪 | 台 | 1 | |
| JGZ11－5 | 交换机安装调测 网络交换机 盒式 | 台 | 10 | |
| JGZ17－6 | 光缆架（敷）设 室内光缆敷设 | 100m | 5 | |
| JGD7－3 | 全站电缆敷设 控制电缆 全站 | 100m | 180 | |
| JGD7－1 | 全站电缆敷设 电力电缆 6kV 以下 全站 | 100m | 40 | |
| JGZ7－1 | 布放设备电缆 布放线缆 | 100m | 18 | |
| 六 | 电缆防护设施 | | | |
| 2 | 电缆防火 | | | |
| JGD7－11 | 电缆防火安装 防火涂料 | t | 0.450 | |
| JGD7－10 | 电缆防火安装 防火堵料 | t | 0.750 | |
| 九 | 调试 | | | |
| 1 | 分系统调试 | | | |
| 调 JGS1－1 R×0.8 C×0.8 J×0.8 | 电力变压器系统 10kV | 系统 | 2 | |
| 调 JGS1－4 R×0.8 C×0.8 J×0.8 | 电力变压器系统 220kV | 系统 | 2 | |
| JGS1－11 | 配电装置系统 10kV 断路器 | 间隔 | 33 | |
| JGS1－13 | 配电装置系统 110kV | 间隔 | 13 | |
| JGS1－14 | 配电装置系统 220kV | 间隔 | 7 | |
| JGS1－40 | 备用自投系统 10kV | 系统 | 1 | |
| JGS1－101 | 时间同步系统 220kV | 站 | 1 | |
| | 拆除工程 | | | |
| | 安装拆除 | | | |
| 四 | 控制及直流系统 | | | |
| 1 | 监控或监测系统 | | | |
| 1.1 | 计算机监控系统 | | | |
| 调 CYD7－3 R×0.5 C×0.5 J×0.5 | 全站电缆拆除 控制电缆 | 100m | 140 | |

续表

| 序号 | 项目名称 | 单位 | 数量 | 备注 |
|---|---|---|---|---|
| 调 CYD7－1<br>R×0.5<br>C×0.5<br>J×0.5 | 全站电缆拆除　电力电缆 6kV 以下 | 100m | 35 | |
| 调 CYZ1－40<br>R×0.5<br>C×0.5<br>J×0.5 | 辅助设备拆除　设备电缆 | 100m | 14 | |

## 18.5　F1－5 500kV 综合自动化改造

### 18.5.1　典型方案主要内容

本典型方案为更换 1 套全站自动化设备，配套增加时间同步系统；不考虑拆除旧屏；不考虑新增屏柜基础，均按现场具备新屏位考虑。不考虑新增电缆沟，所有线缆均按在现有沟道内新敷设考虑。不考虑站内其他保护装置更换，不考虑二次安防设备更换，不考虑故障录波器及故障信息子站更换，不考虑端子箱更换。

### 18.5.2　典型方案主要技术条件

典型方案 F1－5 主要技术条件见表 18－29。

表 18－29　　　　　　　　　　　典型方案 F1－5 主要技术条件

| 方案名称 | 工程主要技术条件 | |
|---|---|---|
| 500kV 综合自动化改造 | 电压等级 | 500kV |
| | 规格型号 | 综自系统含时间同步系统，低压侧为测保一体装置 |
| | 主要设备 | 500kV 监控系统 1 套、时钟同步系统 1 套 |
| | 主接线方式 | 500kV 采用 3/2 接线型式，220kV 采用双母线双分线段接线，66kV 采用单母线接线 |
| | 变电站规模 | 3 台 500/220/66kV，主变压器 2×250MVA，有载调压；500kV：共 5 串，2 个 TV，线路 8 回，主变压器开关 2 个；220kV：4 个 TV，主变压器开关 2 个，出线 12 回，分段开关 2 个；66kV：2 个站用变压器，2 个 TV，主变压器开关 2 个，每段电容器（电抗器）4 个 |

### 18.5.3　典型方案估算书

估算投资为总投资，编制依据按第 17 章要求。典型方案 F1－5 估算书包括总估算汇总表、安装工程专业汇总表、拆除工程专业汇总表、其他费用估算表，分别见表 18－30～表 18－33。

**表 18－30**　　　　　　　　　　**典型方案 F1－5 总估算汇总表**　　　　　　金额单位：万元

| 序号 | 工程或费用名称 | 含税金额 | 占工程投资的比例（%） | 不含税金额 | 可抵扣增值税金额 |
|---|---|---|---|---|---|
| 一 | 建筑工程费 | | | | |
| 二 | 安装工程费 | 255.74 | 43.49 | 232.09 | 23.65 |
| 三 | 拆除工程费 | 6.62 | 1.13 | 6.07 | 0.55 |
| 四 | 设备购置费 | 258.87 | 44.02 | 229.1 | 29.77 |
| | 其中：编制基准期价差 | 4.39 | 0.75 | 4.39 | |
| 五 | 小计 | 521.23 | 88.64 | 467.26 | 53.97 |
| | 其中：甲供设备材料费 | 336.96 | 57.3 | 298.21 | 38.75 |
| 六 | 其他费用 | 66.82 | 11.36 | 66.82 | |
| 七 | 基本预备费 | | | | |
| 八 | 特殊项目 | | | | |
| 九 | 工程投资合计 | 588.05 | 100 | 534.08 | 53.97 |
| | 其中：可抵扣增值税金额 | 53.97 | | | 53.97 |
| | 其中：施工费 | 184.27 | 31.34 | 169.06 | 15.21 |

**表 18－31**　　　　　　　　　　**典型方案 F1－5 安装工程专业汇总表**　　　　　金额单位：元

| 序号 | 工程或费用名称 | 安装工程费 | | | 设备购置费 | 合计 |
|---|---|---|---|---|---|---|
| | | 未计价材料费 | 安装费 | 小计 | | |
| | 安装工程 | 813719 | 1743726 | 2557445 | 2588692 | 5146137 |
| 四 | 控制及直流系统 | 785912 | 877083 | 1662994 | 2588692 | 4251687 |
| 1 | 监控或监测系统 | 785912 | 877083 | 1662994 | 2588692 | 4251687 |
| 1.1 | 计算机监控系统 | 785912 | 877083 | 1662994 | 2588692 | 4251687 |
| 六 | 电缆防护设施 | 15590 | 22789 | 38379 | | 38379 |
| 2 | 电缆防火 | 15590 | 22789 | 38379 | | 38379 |
| 七 | 全站接地 | 12218 | 1100 | 13317 | | 13317 |
| 1 | 接地网 | 12218 | 1100 | 13317 | | 13317 |
| 九 | 调试 | | 842754 | 842754 | | 842754 |
| 1 | 分系统调试 | | 842754 | 842754 | | 842754 |
| | 合计 | 813719 | 1743726 | 2557445 | 2588692 | 5146137 |

**表 18－32**　　　　　　　　　　**典型方案 F1－5 拆除工程专业汇总表**　　　　　金额单位：元

| 序号 | 工程或费用名称 | 拆除工程费 |
|---|---|---|
| | 拆除工程 | 66152 |
| | 安装拆除 | 66152 |
| 四 | 控制及直流系统 | 66152 |
| 1 | 监控或监测系统 | 66152 |
| 1.1 | 计算机监控系统 | 66152 |
| | 合计 | 66152 |

表 18-33　　　　　　　　　典型方案 F1-5 其他费用估算表　　　　　　　金额单位：元

| 序号 | 工程或费用项目名称 | 编制依据及计算说明 | 合价 |
|---|---|---|---|
| 2 | 项目管理费 | | 255801 |
| 2.1 | 管理经费 | （建筑工程费＋安装工程费＋拆除工程费）×3.53% | 92613 |
| 2.2 | 招标费 | （建筑工程费＋安装工程费＋拆除工程费）×1.81% | 47487 |
| 2.3 | 工程监理费 | （建筑工程费＋安装工程费＋拆除工程费）×4.41% | 115701 |
| 3 | 项目技术服务费 | | 412378 |
| 3.1 | 前期工作费 | （建筑工程费＋安装工程费）×3.05% | 78002 |
| 3.3 | 工程勘察设计费 | | 301800 |
| 3.3.2 | 设计费 | 设计费×100% | 301800 |
| 3.4 | 设计文件评审费 | | 18671 |
| 3.4.1 | 初步设计文件评审费 | 基本设计费×3.5% | 8952 |
| 3.4.2 | 施工图文件评审费 | 基本设计费×3.8% | 9719 |
| 3.5 | 施工过程造价咨询及竣工结算审核费 | （建筑工程费＋安装工程费＋拆除工程费）×0.53% | 13905 |
| | 合计 | | 668179 |

## 18.5.4　典型方案电气设备材料表

典型方案 F1-5 电气设备材料表见表 18-34。

表 18-34　　　　　　　　　典型方案 F1-5 电气设备材料表

| 序号 | 设备或材料名称 | 单位 | 数量 | 备注 |
|---|---|---|---|---|
| | 安装工程 | | | |
| 四 | 控制及直流系统 | | | |
| 1 | 监控或监测系统 | | | |
| 1.1 | 计算机监控系统 | | | |
| 500008900 | 变电站监控系统，AC500kV | 套 | 1 | |
| 二次设备 | 监控主机数据服务器 | 套 | 2 | 2台监控主机含一键顺控功能；其中1台监控主机含智能防误功能 |
| 二次设备 | 综合应用服务器 | 套 | 1 | |
| 二次设备 | Ⅰ区数据通信网关机兼图形网关机 | 台 | 2 | 带一键顺控数据通信功能 |
| 二次设备 | Ⅱ区数据通信网关机兼图形网关机 | 台 | 2 | |
| 二次设备 | Ⅲ/Ⅳ区数据通信网关机 | 台 | 2 | |
| 二次设备 | 防火墙 | 台 | 2 | |
| 二次设备 | 正向隔离装置 | 台 | 1 | |

续表

| 序号 | 设备或材料名称 | 单位 | 数量 | 备注 |
|---|---|---|---|---|
| 二次设备 | 反向隔离装置 | 台 | 1 | |
| 500008916 | 时间同步装置，AC500kV | 套 | 1 | |
| 二次设备 | 公用测控装置 | 台 | 10 | |
| 二次设备 | 主变压器测控装置 | 台 | 8 | 1、2 号主变压器高、中、低及本体测控 |
| 二次设备 | 500kV 断路器测控装置 | 台 | 15 | |
| 二次设备 | 500kV 线路测控装置 | 台 | 8 | |
| 二次设备 | 220kV 线路测控装置 | 台 | 12 | |
| 二次设备 | 220kV 分段测控装置 | 台 | 2 | |
| 二次设备 | 220kV 母联测控装置 | 台 | 2 | |
| 二次设备 | 66kV 站用变压器保护测控装置 | 台 | 2 | |
| 二次设备 | 66kV 电容器（电抗器）保护测控装置 | 台 | 4 | |
| 二次设备 | 220kV TV 并列装置 | 台 | 2 | |
| 二次设备 | 交换机 | 台 | 10 | |
| 二次设备 | 网络打印机 | 台 | 1 | |
| | 铠装光缆双模 12 芯 | km | 6 | 8 根 |
| 100000014 | 500kV 变电站控制电缆 | km | 26 | |
| 100000020 | 500kV 变电站电力电缆 | km | 5 | |
| 500128947 | 屏蔽双绞线 | m | 1000 | |
| 500017121 | 超五类网络通信线 | m | 1200 | |
| 500027477 | 接地铜缆≥100mm$^2$ | m | 200 | |
| 六 | 电缆防护措施 | | | |
| 2 | 电缆防火 | | | |
| 500011727 | 防火涂料 | t | 0.650 | |
| 500011738 | 防火堵料 | t | 0.950 | |

### 18.5.5 典型方案工程量表

典型方案 F1 - 5 工程量见表 18 - 35。

表 18 - 35　　　　　　　典型方案 F1 - 5 工程量表

| 序号 | 项目名称 | 单位 | 数量 | 备注 |
|---|---|---|---|---|
| | 安装工程 | | | |
| 四 | 控制及直流系统 | | | |
| 1 | 监控或监测系统 | | | |
| 1.1 | 计算机监控系统 | | | |

续表

| 序号 | 项目名称 | 单位 | 数量 | 备注 |
|---|---|---|---|---|
| JGD4-6 | 控制、保护屏柜安装　保护屏柜　500kV变电站 | 块 | 35 | |
| JGZ14-1 | 公共设备安装调测　通用计算机、打印机、扫描仪 | 台 | 1 | |
| JGZ11-5 | 交换机安装调测　网络交换机　盒式 | 台 | 10 | |
| JGZ17-6 | 光缆架（敷）设　室内光缆敷设 | 100m | 60 | |
| JGD7-3 | 全站电缆敷设　控制电缆　全站 | 100m | 260 | |
| JGD7-1 | 全站电缆敷设　电力电缆6kV以下　全站 | 100m | 50 | |
| JGZ7-1 | 布放设备电缆　布放线缆 | 100m | 22 | |
| 六 | 电缆防护设施 | | | |
| 2 | 电缆防火 | | | |
| JGD7-11 | 电缆防火安装　防火涂料 | t | 0.650 | |
| JGD7-10 | 电缆防火安装　防火堵料 | t | 0.950 | |
| 九 | 调试 | | | |
| 1 | 分系统调试 | | | |
| 调JGS1-3<br>R×0.68<br>C×0.68<br>J×0.68 | 电力变压器系统　110kV | 系统 | 2 | |
| 调JGS1-6<br>R×0.8<br>C×0.8<br>J×0.8 | 电力变压器系统　500kV | 系统 | 2 | |
| 调JGS1-13<br>R×0.88<br>C×0.88<br>J×0.88 | 配电装置系统　110kV | 间隔 | 4 | |
| JGS1-14 | 配电装置系统　220kV | 间隔 | 14 | |
| JGS1-16 | 配电装置系统　500kV | 间隔 | 8 | |
| JGS1-103 | 时间同步系统　500kV | 站 | 1 | |
| | 拆除工程 | | | |
| | 安装拆除 | | | |
| 四 | 控制及直流系统 | | | |
| 1 | 监控或监测系统 | | | |
| 1.1 | 计算机监控系统 | | | |
| 调CYD7-3<br>R×0.5<br>C×0.5<br>J×0.5 | 全站电缆拆除　控制电缆 | 100m | 220 | |
| 调CYD7-1<br>R×0.5<br>C×0.5<br>J×0.5 | 全站电缆拆除　电力电缆6kV以下 | 100m | 40 | |
| 调CYZ1-40<br>R×0.5<br>C×0.5<br>J×0.5 | 辅助设备拆除　设备电缆 | 100m | 18 | |

# 第九篇 使 用 说 明

## 第19章 典型造价使用说明

### 19.1 典型方案应用范围

本册典型方案主要应用于电网生产技术改造工程编制与审核工作，指导编制单位编制电网生产技术改造工程概预算，审核单位对比审核实际工程费用，分析费用差异原因。

### 19.2 典型方案应用方法

第一步：分析实际工程的主要技术条件和工程参数。

第二步：根据实际工程的主要技术条件和工程参数，从典型方案库中选择对应方案；若典型方案库中无实际工程的技术条件，则采用类似技术条件的典型方案。

第三步：按照实际工程的工程参数，选择单个方案或多个方案进行拼接。

（1）更换单一构件。

1）选择方案：选取单个方案，并根据实际工程的情况，乘以构件数量，实现工程量累加，得到拟编制工程的工程量。

2）取费及价格水平调整：按照当地取费要求、材机调价水平要求对方案进行调整。

3）工程量调整：根据实际工程与典型方案的差异，对工程量和物料进行调整，得出本体费用。

4）其他费用调整：根据实际工程所在区域调整典型方案中可调整的其他费用项，《预规》中规定的其他费用项计算标准不变，依此标准重新计算实际工程的其他费用。

（2）更换组合构件。

1）选择方案：选取多个方案，并根据实际工程的情况，每个方案乘以对应的构件数量，然后将各方案的工程量进行累加，拼接后得到拟编制工程的工程量。

2）取费及价格水平调整：按照当地取费要求、材机调价水平要求对方案进行调整。

3）工程量调整：根据实际工程与典型方案的差异，对工程量和物料进行调整，得出本体费用。

4）其他费用调整：根据实际工程所在区域调整典型方案中可调整的其他费用项，《预规》中规定的其他费用项计算标准不变，依此标准重新计算实际工程的其他费用。

第四步：得到实际工程造价，并得出实际工程与典型方案的差异。

# 第四部分
# 通信（检修）专业

# 第十篇 总　　　论

## 第20章 概　　　述

为服务国家电网公司"一体四翼"发展战略，支撑现代设备管理体系建设，进一步提升电网生产技术改造与设备大修项目（简称项目）管理水平，提高项目可研、设计、采购、结算质效，国家电网公司委托国网经济技术研究院有限公司（简称国网经研院）、国网河北省电力有限公司（简称国网河北电力）牵头收集整理 2019 年 6 月～2023 年 8 月期间各类典型项目，明确技术条件和工程取费标准，在《电网生产技术改造工程典型造价（2017 年版）》的基础上，修编形成《电网生产技术改造与设备大修项目典型造价汇编（2023 年版）》（简称《2023 年版典型造价》）。

《2023 年版典型造价》基于标准化设计，遵循"方案典型、造价合理、编制科学"的原则，形成典型方案库。一是方案典型。通过对大量实际工程的统计、分析，结合公司各区域工程建设实际特点，合理归并、科学优化典型方案。二是造价合理。统一典型造价的编制原则、编制深度和编制依据，按照国家电网公司项目建设标准，综合考虑各地区工程建设实际情况，体现近年项目造价的综合平均水平。三是编制科学。典型造价编制工作结合项目管理实际，提出既能满足当前工程要求又有一定代表性的典型方案，根据现行的估算编制依据，优化假设条件，使典型造价更合理、更科学。

《电网生产技术改造与设备大修项目典型造价汇编（2023 年版） 通信/继电保护/自动化技改检修分册》为第六册，包含通信（技改）、继电保护（技改）、自动化（技改）、通信（检修）四部分，其中通信（检修）专业适用于检修普通（管道）光缆、检修 ADSS 光缆及附件等电网设备大修项目。

本分册共分为三篇，第一篇为总论，包括概述、编制过程、总说明；第二篇为典型方案造价，包含方案概况、主要技术条件、估算费用、电气设备材料和工程量等内容；第三篇为使用说明。

本分册典型造价应用时需与实际工作结合，充分考虑电网工程技术进步、国家政策等影响造价的各类因素。一是处理好与工程实际的关系。典型造价与工程实际的侧重点不同，但编制原则、技术条件一致，因此，在应用中可根据两者的特点，相互补充参考。二是因地制宜，加强对各类费用的控制。《2023 年版典型造价》按照《电网检修工程预算编制与计算规定（2020 年版）》（简称《预规》）计算了每个典型方案的具体造价，对于计价依据明确的费用，在实际工程设计评审等管理环节中必须严格把关；对于建设场地征用及清理费用等地区差异较大、计价依据未明确的费用，应进行合理的比较、分析与控制。

# 第21章　典型造价编制过程

典型造价编制工作于2021年7月启动，2023年8月形成最终成果，期间召开5次研讨会，明确各阶段工作任务，对典型方案、估算编制原则和典型造价进行评审，提高典型造价科学性、正确性和合理性。具体编制过程如下：

2021年7～9月，召开启动会，明确编制任务，研讨《电网生产技术改造工程典型造价（2017年版）》方案设置情况，结合项目实际情况，经多次会议讨论，梳理形成《2023年版典型造价》方案清单。

2021年10～11月，细化方案清单，明确典型方案的主要技术条件及主要工程量，明确对应的定额子目。在北京召开集中研讨会，审定典型方案的技术条件及设计规模，初步确定定额子目及配套使用规则。

2021年12月～2022年4月，国网经研院、国网河北电力统一编制标准、明确编制依据，各参研单位根据典型方案技术规模、《预规》等计价规范，编制形成典型造价案例库。

2022年5～11月，在编制组内开展互查互审工作，对典型造价案例库的技术规模和定额计费情况征集修改意见，组织多轮修改工作和集中审查工作，统一《2023年版典型造价》形式。

2022年12月～2023年1月，线上召开电网生产技改与设备大修项目典型造价汇报审查会议，根据审查意见，依据《国网设备部关于印发电网生产技术改造和设备大修项目估算编制指导意见的通知》（设备计划〔2022〕96号文）调整典型造价估算书，并根据当前市场价格更新主要材料与设备价格。

2023年2～6月，邀请国网湖北省电力有限公司、国网福建省电力有限公司对编制成果进行审查，同期组织第二次编制组内互查互审工作，对审查意见进行集中梳理研讨并对应完成修改工作。

2023年6～8月，国网经研院与国网河北电力完成终稿校审工作。

# 第22章 典型造价总说明

典型造价编制严格执行国家有关法律法规、电网工程技术改造预算编制与计算规定和配套定额、电网检修工程预算编制与计算规定和配套定额，设备材料以 2022 年为价格水平基准年，结合实际工程情况，形成典型造价方案、确定典型造价编制依据。估算书的编制深度和内容符合现行《电网技术改造工程预算编制与计算规定（2020 年版）》及《电网检修工程预算编制与计算规定（2020 年版）》的要求，表现形式遵循《预规》规定的表格形式、项目划分及费用性质划分原则。

## 22.1 典型方案形成过程

本册典型方案从实际工程选取，参考河北、山东、江苏、河南、重庆、辽宁、宁夏、新疆等地区电网设备大修项目类型确定，典型方案形成过程如下：

（1）典型方案选择原则：根据造价水平相当的原则，科学合理归并方案，确保方案的适用性、典型性。

（2）典型方案选取：以各地区常见工程为基础，充分考虑地区差异，整理分析典型工程，按专业类型及工程规模形成主体框架。

（3）典型方案确定：根据不同地区、各电压等级电网设备大修项目特点，以单项工程为计价单元，优化提炼出具有一定代表性的典型方案。

（4）典型方案主要技术条件：明确典型方案的主要技术条件，确定各方案边界条件及组合原则。

（5）典型方案主要内容：确定各方案具体工作内容。

## 22.2 典型造价编制依据

（1）项目划分及取费执行国家能源局发布的《电网技术改造工程预算编制与计算规定（2020 年版）》及《电网检修工程预算编制与计算规定（2020 年版）》。

（2）定额采用《电网技术改造工程概算定额（2020 年版）》《电网技术改造工程预算定额（2020 年版）》《电网检修工程预算定额（2020 年版）》《电网拆除工程预算定额（2020 年版）》。

（3）措施费取费标准按北京地区（Ⅱ类地区）计取，不计列特殊地区施工增加费。

（4）定额价格水平调整执行《电力工程造价与定额管理总站关于发布 2020 版电网技术改造及检修工程概预算定额 2022 年上半年价格水平调整系数的通知》（定额〔2022〕21 号）相关规定。人工费和材机费调整金额只计取税金，汇总计入总表"编制基准期价差"。

（5）建筑地方材料根据《北京工程造价信息》（月刊〔总第 266 期〕）计列。

（6）电气设备及主要材料价格统一按照《电网工程设备材料信息参考价（2022 年第三季

度）》计列，信息价格中未含部分，按照 2022 年第三季度国家电网公司区域工程项目招标中标平均价计列。综合材料价格按《电力建设工程装置性材料综合信息价（2021 年版）》计列。

（7）住房公积金和社会保险费按北京标准执行，分别按 12%和 28.3%（含基本养老保险、失业保险、基本医疗保险、生育保险、工伤保险）计取。

（8）甲供设备材料增值税税金按 13%计列，乙供设备材料及施工增值税税金按 9%计列，设计、监理、咨询等技术服务增值税税金按 6%计列。

（9）取费表取费基数及费率见附录 E，其他费用取费基数及费率见附录 F。

## 22.3　典型造价编制相关说明

典型造价编制过程中通过广泛调研，明确了各专业设计方案的主要技术条件，确定了工程造价的编制原则及依据，具体如下：

（1）各典型造价技术方案中的环境条件按北京地区典型条件考虑，各参数假定条件为地形：平原；地貌：Ⅲ类土；海拔：2000m 以下；气温：−20～45℃。

（2）建筑材料按不含税价考虑，电气设备、主要材料按含税价考虑。

（3）设备、配件按供货至现场考虑，按设备、配件价格及相应计提比例计列卸车费，施工现场的配件保管费已在临时设施费和企业管理费等费用中综合考虑。

（4）设计费除计列基本设计费外，同时计列了施工图预算编制费和竣工图文件编制费，施工图预算编制若由施工队伍编制，则不应列入设计费中。

（5）多次进场增加费考虑综合情况，实际进出场次数按 1 次考虑。

（6）总费用中不计列基本预备费。

（7）"典型方案工程量表"与"典型方案电气设备材料表"中"序号"列显示内容包含项目划分的序号、定额编码、物料编码。其中项目划分的序号、定额编码与《预规》及定额保持一致。

（8）根据《预规》与定额要求需对定额进行调整时，在定额序号前标"调"，同时分别注明人材机的调整系数，其中"R"表示人工费，"C"表示材料费，"J"表示机械费。根据实际情况，没有与实际工作内容完全一致的定额时，需套用相关定额或其他定额时，在定额序号前标"参"，根据实际情况，定额中的人材机与定额子目明细不同时，套用此定额需在定额序号前加"换"。

## 22.4　典型造价编码规则

典型方案编码含义：

典型方案编码规则分别见表 22-1 和表 22-2。

表 22-1 专 业 分 类 编 码 规 则

| 专业分类 | 变电 | 输电 | 配电 | 通信 | 继电保护 | 自动化 |
|---|---|---|---|---|---|---|
| 技改代码 | A | B | C | D | E | F |
| 检修代码 | XA | XB | XC | XD | / | / |

表 22-2 序 号 编 码 规 则

| 流水号 | 1 | 2 | 3 | … | N | N+1 |
|---|---|---|---|---|---|---|
| 代码 | 1 | 2 | 3 | … | N | N+1 |

## 22.5 典型造价一览表

典型造价一览表为本册方案总览，包含方案编码、方案名称、方案规模、方案投资、甲供装置性材料费，详见表 22-3。

表 22-3 通信（检修）专业典型造价一览表

| 方案编码 | 方案名称 | 方案规模 | 方案投资 | 其中：甲供装置性材料费 |
|---|---|---|---|---|
| XD | 通信（检修）专业 | | | |
| | 检修光缆及附件 | | 万元 | 万元 |
| XD-1 | 检修普通（管道）光缆 | 10km | 16.15 | 2.98 |
| XD-2 | 检修 ADSS 光缆及附件 | 10km | 22.25 | 8.01 |

# 第十一篇　典型方案造价

## 第23章　检修光缆及附件

典 型 方 案 说 明

更换光缆典型方案共 2 个，工作范围只包含光缆本体及光缆段配套金具的架设、接续、测试（不考虑跨越）。

### 23.1　XD-1 检修普通（管道）光缆

#### 23.1.1　典型方案主要内容

本典型方案为检修普通（管道）光缆，内容包括检修普通（管道）光缆 10km，光缆单盘测试 4 次，光缆接续 4 处，防火封堵 2 处，光缆全程测试。

#### 23.1.2　典型方案主要技术条件

典型方案 XD-1 主要技术条件见表 23-1。

表 23-1　　　　　　　　　　典型方案 XD-1 主要技术条件

| 方案名称 | 工程主要技术条件 | |
| --- | --- | --- |
| 检修普通（管道）光缆 | 光缆型号 | 管道/普通光缆 |
| | 纤芯 | G.652 |
| | 芯数 | 24 |

#### 23.1.3　典型方案估算书

估算投资为总投资，编制依据按第 22 章要求。典型方案 XD-1 估算书包括检修工程总表、设备检修专业汇总表、其他费用估算表，分别见表 23-2～表 23-4。

表 23-2　　　　　　　　　　典型方案 XD-1 检修工程总表　　　　　　　金额单位：万元

| 序号 | 工程或费用名称 | 含税金额 | 占工程投资的比例（%） | 不含税金额 | 可抵扣增值税金额 |
| --- | --- | --- | --- | --- | --- |
| 一 | 建筑修缮费 | | | | |
| 二 | 设备检修费 | 15.57 | 88.17 | 14.18 | 1.39 |
| 三 | 配件购置费 | | | | |
| | 其中：编制基准期价差 | 0.27 | 1.53 | 0.27 | |
| 四 | 小计 | 15.57 | 88.17 | 14.18 | 1.39 |

续表

| 序号 | 工程或费用名称 | 含税金额 | 占工程投资的比例（%） | 不含税金额 | 可抵扣增值税金额 |
|------|------|------|------|------|------|
| 五 | 其他费用 | 2.09 | 11.83 | 1.97 | 0.12 |
| 六 | 基本预备费 | | | | |
| 七 | 工程总费用合计 | 17.66 | 100 | 16.15 | 1.51 |
| | 其中：可抵扣增值税金额 | 1.51 | | | 1.51 |
| | 其中：施工费 | 12.21 | 69.14 | 11.2 | 1.01 |

表 23-3　　　　　　　典型方案 XD-1 设备检修专业汇总表　　　　　金额单位：元

| 序号 | 工程或费用名称 | 设备检修费 | | 配件购置费 | 合计 |
|------|------|------|------|------|------|
| | | 检修费 | 未计价材料费 | | |
| | 设备检修工程 | 121984 | 33706 | | 155690 |
| 一 | 通信线路安装工程 | 121984 | 33706 | | 155690 |
| 4 | 管道光缆/音频电缆线路 | 121984 | 33706 | | 155690 |
| | 合计 | 121984 | 33706 | | 155690 |

表 23-4　　　　　　　　典型方案 XD-1 其他费用估算表　　　　　金额单位：元

| 序号 | 工程或费用项目名称 | 编制依据及计算说明 | 合价 |
|------|------|------|------|
| 2 | 项目管理费 | | 5947 |
| 2.1 | 管理经费 | 设备检修费×0.75% | 1168 |
| 2.2 | 招标费 | 设备检修费×0.67% | 1043 |
| 2.3 | 工程监理费 | 设备检修费×2.4% | 3737 |
| 3 | 项目技术服务费 | | 14956 |
| 3.1 | 前期工作费 | 设备检修费×1.12% | 1744 |
| 3.2 | 工程勘察设计费 | | 11755 |
| 3.2.2 | 设计费 | 设计费×100% | 11755 |
| 3.3 | 设计文件评审费 | | 858 |
| 3.3.1 | 初步设计文件评审费 | 设计费×3.5% | 411 |
| 3.3.2 | 施工图文件评审费 | 设计费×3.8% | 447 |
| 3.4 | 结算文件审核费 | 设备检修费×0.29% | 600 |
| | 合计 | | 20904 |

### 23.1.4　典型方案电气设备材料表

典型方案 XD-1 电气设备材料表见表 23-5。

**表 23-5**　　　　　　　　　　典型方案 XD-1 电气设备材料表

| 序号 | 设备或材料名称 | 单位 | 数量 | 备注 |
|---|---|---|---|---|
| | 设备检修工程 | | | |
| 一 | 通信线路安装工程 | | | |
| 4 | 管道光缆/音频电缆线路 | | | |
| 500123326 | 普通光缆 24 芯 | km | 10 | |
| 500022143 | 光缆接头盒，普通光缆用，24 | 只 | 4 | |
| 500022170 | 光缆余缆架 | 付 | 4 | |
| 500011738 | 防火堵料 | t | 0.02 | |

### 23.1.5　典型方案工程量表

典型方案 XD-1 工程量见表 23-6。

**表 23-6**　　　　　　　　　　典型方案 XD-1 工程量表

| 序号 | 项目名称 | 单位 | 数量 | 备注 |
|---|---|---|---|---|
| | 设备检修工程 | | | |
| 一 | 通信线路安装工程 | | | |
| 4 | 管道光缆/音频电缆线路 | | | |
| XYZ14-46 | 管道光（电）缆检修 沟内人工敷设穿子管光缆 36 芯以下 | 100m | 100 | |
| XYZ14-20 | 金具检修、接头盒检查 普通光缆接头盒 | 个 | 4 | |
| XYZ14-25 | 金具检修、接头盒检查 余缆架更换 | 个 | 4 | |
| JGD7-10 | 电缆防火安装 防火堵料 | t | 0.02 | |
| XYZ14-74 | 光缆单盘测试 36 芯以下 | 盘 | 4 | |
| XYZ14-54 | 中继光缆接续 36 芯以下 | 头 | 4 | |
| XYZ14-92 | 光缆全程测试 中继光缆测试 24 芯以下 | 中继段 | 1 | |

## 23.2　XD-2检修 ADSS 光缆及附件

### 23.2.1　典型方案主要内容

本典型方案为检修 ADSS 光缆及附件，内容包括检修 ADSS 光缆 10km，检修 ADSS 光缆附件，光缆单盘测试 4 处，ADSS 光缆接续 4 处，光缆全程测试。

### 23.2.2　典型方案主要技术条件

典型方案 XD-2 主要技术条件见表 23-7。

**表 23-7**　　　　　　　　　　典型方案 XD-2 主要技术条件

| 方案名称 | 工程主要技术条件 | |
|---|---|---|
| | 光缆型号 | ADSS 全介质自承式光缆 |
| 检修 ADSS 光缆及附件 | 纤芯 | G.652 |
| | 芯数 | 24 |
| | 护套类型 | AT |

### 23.2.3　典型方案估算书

估算投资为总投资，编制依据按第 22 章要求。典型方案 XD-2 估算书包括检修工程总表、设备检修专业汇总表、其他费用估算表，分别见表 23-8～表 23-10。

表 23-8　　　　　　　　　　　　典型方案 XD-2 检修工程总表　　　　　　　　金额单位：万元

| 序号 | 工程或费用名称 | 含税金额 | 占工程投资的比例（%） | 不含税金额 | 可抵扣增值税金额 |
|---|---|---|---|---|---|
| 一 | 建筑修缮费 | | | | |
| 二 | 设备检修费 | 21.61 | 88.24 | 19.53 | 2.08 |
| 三 | 配件购置费 | | | | |
| | 其中：编制基准期价差 | 0.29 | 1.18 | 0.29 | |
| 四 | 小计 | 21.61 | 88.24 | 19.53 | 2.08 |
| 五 | 其他费用 | 2.88 | 11.76 | 2.72 | 0.16 |
| 六 | 基本预备费 | | | | |
| 七 | 工程总费用合计 | 24.49 | 100 | 22.25 | 2.24 |
| | 其中：可抵扣增值税金额 | 2.24 | | | 2.24 |
| | 其中：施工费 | 12.56 | 51.29 | 11.52 | 1.04 |

表 23-9　　　　　　　　　　　典型方案 XD-2 设备检修专业汇总表　　　　　　　金额单位：元

| 序号 | 工程或费用名称 | 设备检修费 | | 配件购置费 | 合计 |
|---|---|---|---|---|---|
| | | 检修费 | 未计价材料费 | | |
| | 设备检修工程 | 124523 | 91537 | | 216061 |
| 一 | 通信线路安装工程 | 124523 | 91537 | | 216061 |
| 2 | 架空光缆/音频电缆线路 | 124523 | 91537 | | 216061 |
| | 合计 | 124523 | 91537 | | 216061 |

表 23-10　　　　　　　　　　　典型方案 XD-2 其他费用估算表　　　　　　　金额单位：元

| 序号 | 工程或费用项目名称 | 编制依据及计算说明 | 合价 |
|---|---|---|---|
| 2 | 项目管理费 | | 8254 |
| 2.1 | 管理经费 | 设备检修费×0.75% | 1620 |
| 2.2 | 招标费 | 设备检修费×0.67% | 1448 |
| 2.3 | 工程监理费 | 设备检修费×2.4% | 5185 |
| 3 | 项目技术服务费 | | 20550 |
| 3.1 | 前期工作费 | 设备检修费×1.12% | 2420 |
| 3.2 | 工程勘察设计费 | | 16313 |
| 3.2.2 | 设计费 | 设计费×100% | 16313 |
| 3.3 | 设计文件评审费 | | 1191 |

续表

| 序号 | 工程或费用项目名称 | 编制依据及计算说明 | 合价 |
|---|---|---|---|
| 3.3.1 | 初步设计文件评审费 | 设计费×3.5% | 571 |
| 3.3.2 | 施工图文件评审费 | 设计费×3.8% | 620 |
| 3.4 | 结算文件审核费 | 设备检修费×0.29% | 627 |
| | 合计 | | 28803 |

### 23.2.4　典型方案电气设备材料表

典型方案 XD-2 电气设备材料表见表 23-11。

表 23-11　　　　　　　　典型方案 XD-2 电气设备材料表

| 序号 | 设备或材料名称 | 单位 | 数量 | 备注 |
|---|---|---|---|---|
| | 设备检修工程 | | | |
| 一 | 通信线路安装工程 | | | |
| 2 | 架空光缆/音频电缆线路 | | | |
| 500122497 | ADSS 光缆（全介质自承式）24 芯 | km | 10 | |
| 500022151 | 光缆接头盒，ADSS 光缆用，24 | 只 | 4 | |
| 500022170 | 光缆余缆架，ADSS 光缆用，24 | 付 | 4 | |
| 500124926 | 光缆悬垂串，70kN，ADSS 用单线夹，非绝缘，12.9/14.1 | 套 | 35 | |
| 500124899 | 光缆耐张串，70kN，ADSS 用单线夹，非绝缘，12.9/14.1 | 套 | 30 | |
| 500141110 | 光缆卡具，ADSS 光缆用，粗杆用 | 付 | 80 | |
| 500118948 | 铁件（紧固夹具，ADSS 用） | t | 0.150 | |
| 500141104 | 光缆防振金具，ADSS 光缆用，防振鞭，12.9/14.1 | 付 | 100 | |

### 23.2.5　典型方案工程量表

典型方案 XD-2 工程量见表 23-12。

表 23-12　　　　　　　　典型方案 XD-2 工程量表

| 序号 | 项目名称 | 单位 | 数量 | 备注 |
|---|---|---|---|---|
| | 设备检修工程 | | | |
| 一 | 通信线路安装工程 | | | |
| 2 | 架空光缆/音频电缆线路 | | | |
| XYZ14-35 | 光缆检修　ADSS 光缆 | 100m | 100 | |
| XYZ14-74 | 光缆单盘测试　36 芯以下 | 盘 | 4 | |
| XYZ14-54 | 中继光缆接续　36 芯以下 | 头 | 4 | |
| XYZ14-92 | 光缆全程测试　中继光缆测试　24 芯以下 | 中继段 | 1 | |
| XYX5-123 | 防振锤更换　单导线（避雷线、OPGW） | 个 | 100 | |

# 第十二篇  使　用　说　明

## 第24章　典型造价使用说明

### 24.1　典型方案应用范围

本册典型造价主要应用于电网设备大修项目估（概）算编制与审核工作，指导编制单位编制电网设备大修项目估（概）算，审核单位对比审核实际工程费用，分析费用差异原因。

### 24.2　典型方案应用方法

第一步：分析实际工程的主要技术条件和工程参数。

第二步：根据实际工程的主要技术条件和工程参数，从典型方案库中选择对应方案；若典型方案库中无实际工程的技术条件，则采用类似技术条件的典型方案。

第三步：按照实际工程的工程参数，选择单个方案或多个方案进行拼接。

更换单一构件。

（1）选择方案：选取单个方案，并根据实际工程的情况，乘以构件数量，实现工程量累加，得到拟编制工程的工程量。

（2）取费及价格水平调整：按照当地取费要求、材机调价水平要求对方案进行调整。

（3）工程量调整：根据实际工程与典型方案的差异，对工程量和物料进行调整，得出本体费用。

（4）其他费用调整：根据实际工程所在区域调整典型方案中可调整的其他费用项，《预规》中规定的其他费用项计算标准不变，依此标准重新计算实际工程的其他费用。

第四步：得到实际工程造价，并得出实际工程与典型方案的差异。

# 附录 A　建筑、安装、拆除工程取费基数及费率一览表

通信（技改）、继电保护（技改）、自动化（技改）建筑、安装、拆除工程费取费基数及费率一览表见表 A1。

表 A1　　通信（技改）、继电保护（技改）、自动化（技改）建筑、安装、
拆除工程费取费基数及费率一览表

| 项目名称 | | | 取费基数 | 费率（%） | | | | |
|---|---|---|---|---|---|---|---|---|
| | | | | 建筑工程 | 安装工程 | 建筑拆除 | 安装拆除 | 通信线路 |
| 直接费 | 措施费 | 冬雨季施工增加费 | 人工费+机械费 | 3.07 | 3.96 | 3.42 | 2.13 | 2.49 |
| | | 夜间施工增加费 | | 0.54 | 1.96 | — | — | — |
| | | 施工工具用具使用费 | | 2.39 | 3.16 | 5.51 | 2.07 | 2.45 |
| | | 临时设施费 | | 11.7 | 7.45 | — | — | 6.16 |
| | | 施工机构迁移费 | | 1.22 | 3.87 | — | — | 0.75 |
| | | 安全文明施工费 | | 11.87 | 7.82 | 12.84 | 9.15 | 6.15 |
| 间接费 | 规费 | 社会保险费 | 人工费 | 28.3 | 28.3 | 28.3 | 28.3 | 28.3 |
| | | 住房公积金 | | 12 | 12 | 12 | 12 | 12 |
| | | 企业管理费 | 人工费+机械费 | 36.30 | 29.35 | 40.00 | 27.85 | 20.05 |
| 利润 | | | 人工费+机械费 | 14.93 | 7.76 | 8.71 | 7.09 | 7.31 |
| 编制基准期价差 | | | 人工价差 | 4.75 | 4.97 | 4.75 | 4.97 | 4.97 |
| | | | 材机价差 | 5.58（35kV/110kV）5.86（220kV）5.29（500kV） | 5.58（35kV/110kV）5.86（220kV）5.29（500kV） | 6.96 | 6.96 | 4.51 |
| 增值税 | | | 直接费+间接费+利润+编制基准期价差 | 9 | 9 | 9 | 9 | 9 |

注　"夜间施工增加费"设备安装工程可按工程实际计取。

# 附录B  通信（技改）专业其他费用取费基数及费率一览表

通信（技改）专业其他费用取费基数及费率一览表见表B1。

表 B1　　　　　　　通信（技改）专业其他费用取费基数及费率一览表

| 序号 | 工程或费用名称 | 取费基数、计算方法或依据 | 费率（%） | 备注 |
|------|------|------|------|------|
| 1 | 建设场地征用及清理费 | | | |
| 1.1 | 土地征用费 | | | 不计列 |
| 1.2 | 施工场地租用费 | | | 不计列 |
| 1.3 | 迁移补偿费 | | | 不计列 |
| 1.4 | 余物清理费 | | | 不计列 |
| 1.5 | 输电线路走廊清理费 | | | 不计列 |
| 1.6 | 线路跨越补偿及措施费 | | | 不计列 |
| 1.7 | 水土保持补偿费 | | | 不计列 |
| 2 | 项目管理费 | | | |
| 2.1 | 管理经费 | 建筑工程费+安装工程费+拆除工程费 | 3.53 | |
| 2.2 | 招标费 | 建筑工程费+安装工程费+拆除工程费 | 1.81 | 线路工程为0.4 |
| 2.3 | 工程监理费 | 建筑工程费+安装工程费+拆除工程费 | 4.41 | 线路工程为3.43 |
| 2.4 | 设备材料监造费 | | | 不计列 |
| 3 | 项目技术服务费 | | | |
| 3.1 | 前期工作费 | 建筑工程费+安装工程费 | 3.05 | 线路工程为2.1 |
| 3.2 | 知识产权转让及研究试验费 | 按《预规》规定计列 | | |
| 3.3 | 工程勘察设计费 | | | |
| 3.3.1 | 勘察费 | | | 不计列 |
| 3.3.2 | 设计费 | 按《预规》规定计列 | | |
| 3.4 | 设计文件评审费 | | | |
| 3.4.1 | 初步设计文件评审费 | 基本设计费 | 3.50 | |
| 3.4.2 | 施工图文件评审费 | 基本设计费 | 3.80 | |
| 3.5 | 施工过程造价咨询及竣工结算审核费 | 建筑工程费+安装工程费+拆除工程费 | 0.53 | 线路工程为0.38 |
| 3.6 | 项目后评价费 | 建筑工程费+安装工程费+拆除工程费 | | 不计列 |
| 3.7 | 工程检测费 | | | 不计列 |
| 3.8 | 设备改造服务费 | | | 不计列 |
| 3.9 | 技术经济标准编制费 | 建筑工程费+安装工程费+拆除工程费 | | 不计列 |

注　"招标费、设计文件评审费、施工过程造价咨询及竣工结算审核费"可按工程实际计取。

# 附录 C　继电保护（技改）专业其他费用
# 取费基数及费率一览表

继电保护（技改）专业其他费用取费基数及费率一览表见表 C1。

表 C1　　　　　　　　继电保护（技改）专业其他费用取费基数及费率一览表

| 序号 | 工程或费用名称 | 取费基数、计算方法或依据 | 费率（%） | 备注 |
|---|---|---|---|---|
| 1 | 建设场地征用及清理费 | | | |
| 1.1 | 土地征用费 | | | 不计列 |
| 1.2 | 施工场地租用费 | | | 不计列 |
| 1.3 | 迁移补偿费 | | | 不计列 |
| 1.4 | 余物清理费 | | | 不计列 |
| 1.5 | 输电线路走廊清理费 | | | 不计列 |
| 1.6 | 线路跨越补偿及措施费 | | | 不计列 |
| 1.7 | 水土保持补偿费 | | | 不计列 |
| 2 | 项目管理费 | | | |
| 2.1 | 管理经费 | 建筑工程费+安装工程费+拆除工程费 | 3.53 | |
| 2.2 | 招标费 | 建筑工程费+安装工程费+拆除工程费 | 1.81 | |
| 2.3 | 工程监理费 | 建筑工程费+安装工程费+拆除工程费 | 4.41 | |
| 2.4 | 设备材料监造费 | | | 不计列 |
| 3 | 项目技术服务费 | | | |
| 3.1 | 前期工作费 | 建筑工程费+安装工程费 | 3.05 | |
| 3.2 | 知识产权转让及研究试验费 | 按《预规》规定计列 | | |
| 3.3 | 工程勘察设计费 | | | |
| 3.3.1 | 勘察费 | | | 不计列 |
| 3.3.2 | 设计费 | 按《预规》规定计列 | | |
| 3.4 | 设计文件评审费 | | | |
| 3.4.1 | 初步设计文件评审费 | 基本设计费 | 3.50 | |
| 3.4.2 | 施工图文件评审费 | 基本设计费 | 3.80 | |
| 3.5 | 施工过程造价咨询及竣工结算审核费 | 建筑工程费+安装工程费+拆除工程费 | 0.53 | |
| 3.6 | 项目后评价费 | 建筑工程费+安装工程费+拆除工程费 | | 不计列 |
| 3.7 | 工程检测费 | | | 不计列 |
| 3.8 | 设备改造服务费 | | | 不计列 |
| 3.9 | 技术经济标准编制费 | 建筑工程费+安装工程费+拆除工程费 | | 不计列 |

注　"招标费、设计文件评审费、施工过程造价咨询及竣工结算审核费"可按工程实际计取。

# 附录 D 自动化（技改）专业其他费用
## 取费基数及费率一览表

自动化（技改）专业其他费用取费基数及费率一览表见表 D1。

表 D1 自动化（技改）专业其他费用取费基数及费率一览表

| 序号 | 工程或费用名称 | 取费基数、计算方法或依据 | 费率（%） | 备注 |
|---|---|---|---|---|
| 1 | 建设场地征用及清理费 | | | |
| 1.1 | 土地征用费 | | | 不计列 |
| 1.2 | 施工场地租用费 | | | 不计列 |
| 1.3 | 迁移补偿费 | | | 不计列 |
| 1.4 | 余物清理费 | | | 不计列 |
| 1.5 | 输电线路走廊清理费 | | | 不计列 |
| 1.6 | 线路跨越补偿及措施费 | | | 不计列 |
| 1.7 | 水土保持补偿费 | | | 不计列 |
| 2 | 项目管理费 | | | |
| 2.1 | 管理经费 | 建筑工程费+安装工程费+拆除工程费 | 3.53 | |
| 2.2 | 招标费 | 建筑工程费+安装工程费+拆除工程费 | 1.81 | |
| 2.3 | 工程监理费 | 建筑工程费+安装工程费+拆除工程费 | 4.41 | |
| 2.4 | 设备材料监造费 | | | 不计列 |
| 3 | 项目技术服务费 | | | |
| 3.1 | 前期工作费 | 建筑工程费+安装工程费 | 3.05 | |
| 3.2 | 知识产权转让及研究试验费 | 按《预规》规定计列 | | |
| 3.3 | 工程勘察设计费 | | | |
| 3.3.1 | 勘察费 | | | 不计列 |
| 3.3.2 | 设计费 | 按《预规》规定计列 | | |
| 3.4 | 设计文件评审费 | | | |
| 3.4.1 | 初步设计文件评审费 | 基本设计费 | 3.50 | |
| 3.4.2 | 施工图文件评审费 | 基本设计费 | 3.80 | |
| 3.5 | 施工过程造价咨询及竣工结算审核费 | 建筑工程费+安装工程费+拆除工程费 | 0.53 | |
| 3.6 | 项目后评价费 | 建筑工程费+安装工程费+拆除工程费 | | 不计列 |
| 3.7 | 工程检测费 | | | 不计列 |
| 3.8 | 设备改造服务费 | | | 不计列 |
| 3.9 | 技术经济标准编制费 | 建筑工程费+安装工程费+拆除工程费 | | 不计列 |

注 "招标费、设计文件评审费、施工过程造价咨询及竣工结算审核费"可按工程实际计取。

# 附录 E　通信（检修）专业建筑、安装、拆除工程取费基数及费率一览表

通信（检修）专业建筑、安装、拆除工程费取费基数及费率一览表见表 E1。

表 E1　　通信（检修）专业建筑、安装、拆除工程费取费基数及费率一览表

| 项目名称 | | | 取费基数 | 费率（%）线路检修 |
|---|---|---|---|---|
| 直接费 | 措施费 | 冬雨季施工增加费 | 人工费+机械费 | 4.69 |
| | | 施工工具用具使用费 | | 4.36 |
| | | 临时设施费 | | 8.75 |
| | | 安全文明施工费 | | 12.77 |
| 间接费 | 规费 | 社会保险费 | 人工费 | 28.3 |
| | | 住房公积金 | | 12 |
| | 企业管理费 | | 人工费+机械费 | 40.91 |
| 利润 | | | | 6.47 |
| 编制基准期价差 | | | 人工价差 | 4.97 |
| | | | 材机价差 | 5.12 |
| 增值税 | | | 直接费+间接费+利润+编制基准期价差 | 9 |

注　"夜间施工增加费"设备安装工程可按工程实际计取。

# 附录F 通信（检修）专业其他费用取费基数及费率一览表

通信（检修）专业其他费用取费基数及费率一览表见表F1。

表 F1                     通信（检修）专业其他费用取费基数及费率一览表

| 序号 | 工程或费用名称 | 取费基数、计算方法或依据 | 费率（%） | 备注 |
|------|----------------|--------------------------|-----------|------|
| 1 | 检修场地租用及清理费 | | | |
| 1.1 | 土地租用费 | | | 不计列 |
| 1.2 | 余物清理费 | | | 不计列 |
| 1.3 | 输电线路走廊清理费 | | | 不计列 |
| 1.4 | 线路跨越补偿费 | | | 不计列 |
| 1.5 | 水土保持补偿费 | | | 不计列 |
| 2 | 项目管理费 | | | |
| 2.1 | 管理经费 | 建筑修缮费+设备检修费 | 0.75 | |
| 2.2 | 招标费 | 建筑修缮费+设备检修费 | 0.67 | |
| 2.3 | 工程监理费 | 建筑修缮费+设备检修费 | 2.4 | |
| 2.4 | 工程保险费 | 按《预规》规定计列 | | |
| 3 | 项目技术服务费 | | | |
| 3.1 | 前期工作费 | 建筑修缮费+设备检修费 | 1.12 | |
| 3.2 | 工程勘察设计费 | | | |
| 3.2.1 | 勘察费 | | | 不计列 |
| 3.2.2 | 设计费 | 按《预规》规定计列 | | |
| 3.3 | 设计文件评审费 | | | |
| 3.3.1 | 初步设计文件评审费 | 设计费 | 3.50 | |
| 3.3.2 | 施工图文件评审费 | 设计费 | 3.80 | |
| 3.4 | 结算文件审核费 | 建筑修缮费+设备检修费 | 0.29 | |
| 3.5 | 项目后评价费 | 建筑修缮费+设备检修费 | | 不计列 |
| 3.6 | 工程检测费 | | | 不计列 |
| 3.7 | 设备专修费 | | | 不计列 |
| 3.8 | 技术经济标准编制费 | 建筑修缮费+设备检修费 | | 不计列 |

注 "招标费、设计文件评审费、结算文件审核费"可按工程实际计取。

# 参 考 文 献

[1] 国家能源局. 电网技术改造工程预算编制与计算规定（2020年版）[M]. 北京：中国电力出版社，2021.

[2] 国家能源局. 电网检修工程预算编制与计算规定（2020年版）[M]. 北京：中国电力出版社，2021.

[3] 国家能源局. 电网技术改造工程概算定额（2020年版）[M]. 北京：中国电力出版社，2021.

[4] 国家能源局. 电网技术改造工程预算定额（2020年版）[M]. 北京：中国电力出版社，2021.

[5] 国家能源局. 电网检修工程预算定额（2020年版）[M]. 北京：中国电力出版社，2021.

[6] 国家能源局. 电网拆除工程预算定额（2020年版）[M]. 北京：中国电力出版社，2021.

[7] 中国电力企业联合会. 电力建设工程装置性材料综合预算价格（2018年版）[M]. 北京：中国电力出版社，2020.

[8] 北京市建设工程造价管理总站. 北京工程造价信息（月刊〔第266期〕）[G]. 北京：北京市住房和城乡建设委员会，2022.

[9] 国家电网有限公司电力建设定额站. 2022年第三季度电网工程设备材料信息价（总41期）[S]. 北京：国家电网有限公司，2022.

[10] 电力工程造价与定额管理总站. 电力工程造价与定额管理总站关于发布2020版电网技术改造及检修工程概预算定额2022年上半年价格水平调整系数的通知（定额〔2022〕21号）[S]. 北京：电力工程造价与定额管理总站，2022.

[11] 中华人民共和国住房和城乡建设部. 35kV～110kV变电站设计规范：GB 50059—2011 [S]. 北京：中国计划出版社，2012.

[12] 中华人民共和国住房和城乡建设部. （2015年版）混凝土结构设计规范：GB 50010—2010 [S]. 北京：中国建筑工业出版社，2011.

[13] 中华人民共和国住房和城乡建设部. 钢结构设计标准：GB 50017—2017 [S]. 北京：中国建筑工业出版社，2018.

[14] 国家电网公司. 国家电网公司输变电工程典型设计（2011年版）[M]. 北京：中国电力出版社，2011.

[15] 国家电网公司. 输变电工程造价分析内容深度规定：Q/GDW 433—2010 [S]. 北京：中国电力出版社，2010.

[16] 国家电网公司. 110kV变电站通用设计规范：Q/GDW 203—2008 [S]. 北京：中国电力出版社，2008.

[17] 国家电网公司. 220kV变电站通用设计规范：Q/GDW 204—2008 [S]. 北京：中国电力出版社，2008.

[18] 国家电网公司. 500kV变电站通用设计规范：Q/GDW 342—2009 [S]. 北京：中国电力出版社，2009.

[19] 国家能源局. 变电站测控装置技术规范：DL/T 1512—2016 [S]. 北京：中国电力出版社，2016.

[20] 国家能源局. 220kV～750kV变电站设计技术规程：DL/T 5218—2012 [S]. 北京：中国计划出版社，2012.

[21] 国家能源局. 变电工程初步设计内容深度规定：DL/T 5452—2012 [S]. 北京：中国电力出版社，2012.

［22］ 中华人民共和国住房和城乡建设部. 35kV～110kV 变电站设计规范：GB 50059—2011［S］. 北京：中国计划出版社，2011.

［23］ 国家能源局. 输变电工程工程量清单计价规范：Q/GDW 11337—2014［S］. 北京：中国电力出版社，2014.

［24］ 国家能源局. 输变电工程可行性研究投资估算编制导则：DL/T 5469—2021［S］. 北京：中国计划出版社，2021.